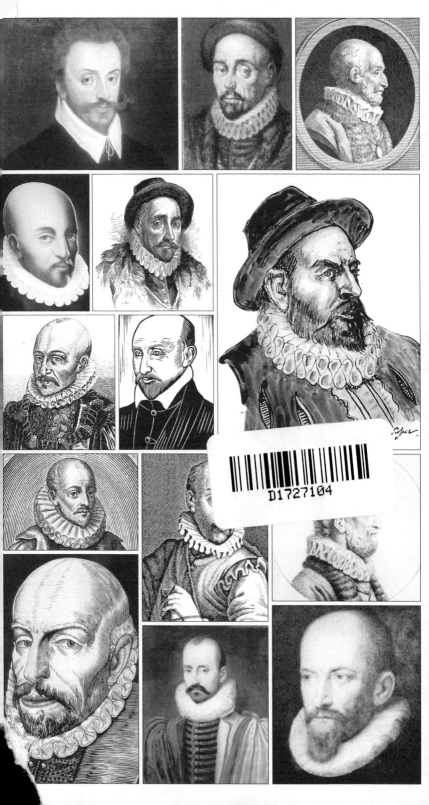

D1727104

Hans Stilett

VON DER LUST,
AUF DIESER ERDE
ZU LEBEN

Wanderungen durch Montaignes Welten

Ein Kommentarband anderer Art

Eichborn BERLIN

Mit * gekennzeichnete Wörter verweisen
auf die Quellen im Anhang.
Zur besseren Lesbarkeit wurden Auslassungen,
kleinere Umstellungen und kurze Einschübe
in den Zitaten nicht gekennzeichnet.

ES(S) : Seitenzahl(en) der *Essais*
(Eichborn/Frankfurt, 1998/1999)
RS(S) : Seitenzahl(en) des *Reisetagebuchs*
(Eichborn/Berlin, 2002)

Michel de Montaignes durch die *Essais* und das *Reisetagebuch* dokumentierte Vielgestalt spiegelt sich auch in seinem ikonographischen Nachleben wider: Keines der zahlreich überlieferten Porträts ist authentisch, zusammen aber ergeben sie ein Mosaik der unterschiedlichen Vorstellungen, die man sich in den letzten vierhundert Jahren von Montaigne gemacht hat.

1 2 3 4 09 08

© Eichborn AG, Frankfurt am Main, 2008
Umschlaggestaltung: Christiane Hahn
Lektorat: Wolfgang Hörner
Layout: Cosima Schneider
Satz: Greiner & Reichel, Köln
Druck und Bindung: Druckerei Pustet, Regensburg
ISBN 978-3-8218-5842-5

Eichborn Verlag, Kaiserstraße 66, 60329 Frankfurt am Main
Mehr Informationen zum Programm von
Eichborn Berlin und Eichborn finden Sie unter
www.eichborn-berlin.de und www.eichborn.de

NARRATIVE INHALTSÜBERSICHT

Vor dem muße- und musenfeindlichen Alltagstreiben brauchen wir als Zufluchtsort ein Hinterstübchen, um unser *eigenes Selbst in Besitz zunehmen* — Montaignes Versuch hierzu scheitert anfangs, denn als er sich aus allen Ämtern in den Turm seines Schlosses zurückzieht, macht sich sein *Geist hundertmal mehr zu schaffen als zuvor, da er für andre tätig war* — Der Entschluß, über diese Erfahrungen künftig Buch zu führen, wird zur Schubkraft für sein monumentales Selbsterkennungswerk — Seine Vermittlerdienste in den blutigen französischen Bürgerkriegen ziehen ihn jedoch immer stärker in die Außenwelt zurück — Daher werden die Zwischenaufenthalte im Schloßturm für ihn und sein Schreiben nur um so wichtiger — Auf der Suche nach sich selbst entdeckt Montaigne schließlich die *humaine condition*, denn *jeder Mensch trägt die ganze Gestalt des Menschseins in sich*

ABSTECHER IN DIE
ÜBERSETZERWERKSTATT:

Translatorisches Nussknacken — global

Schwierigkeiten und hermeneutische Bedeutung der Übersetzerarbeit, erläutert am Beispiel des Begriffs der *humaine condition*

2. PERPETUUM MOBILE

› 39 ‹

Beispiele für den menschlichen Drang nach Beschleunigung in der Antike und heute — Ihm setzt Montaigne seine geruhsamen Lebenspraktiken entgegen — Er verabscheut alle Fortbewegungsmittel, außer Pferde — Bei den körperlichen wie den geistigen Verrichtungen erweist sich unser Wille keineswegs als autonom — Die *Gunst der Stunde* ist von hoher kreativer Potenz — Doch *wenn der Geist zu hoch ausgreift, greift er daneben* — Die Ordnung der Natur, *die für die Flöhe und Maulwürfe sorgt, sie sorgt auch für die Menschen, wenn sie sich mit der gleichen Geduld wie die Flöhe und Mauwürfe von ihr leiten lassen* — Das Vernünftigste ist es, sich den Zufälligkeiten des Lebens anzuvertrauen, denn *die Welt ist nichts als ein ewiges Auf und Ab*

3. EIN CHRISTLICHER HEIDE

> 51 <

Der praktizierende Katholik Montaigne hält sich für sein eigenes Denken und Meinen die Kirche vom Leib — Leitbild ist ihm die Lehre des Skeptikers Pyrrhon, denn *noch nie haben Sterbliche etwas so offensichtlich Wahrheitsgemäßes und Heilsames ersonnen* — Mit seinem berühmten Motto *Was weiß ich?* macht Montaigne das Fragezeichen zum geistigen Kraftzentrum der *Essais* — Eines der schönsten Ergebnisse ist seine eingreifende Toleranz — Montaigne stellt die Instrumentalisierung der christlichen Religion für die Kriege seiner Zeit an den Pranger — Von Plutarch übernimmt er das Postulat der *uns unerreichbaren Ferne von Gottes Majestät* — Als Grieche der Antike hätte er sich *vermutlich am ehesten zur Gottheit jener Menschen bekannt, welche die Sonne anbeteten*

4. FURIOSO, CON DOLORE

> 69 <

Montaigne findet die Eingeborenen der zu seiner Zeit im heutigen Brasilien entdeckten *anderen Welt* allenfalls in dem *Sinne barbarisch, daß sie ihrer ursprünglichen Einfalt noch sehr nahe sind* — Dabei verschließt er vor deren blutrünstigen Taten keineswegs die Augen — Ihm geht es vielmehr darum zu zeigen, daß *wir sie in jeder Art von Barbarei übertreffen* — Für die schöpferischen Fähigkeiten jener Eingeborenen zitiert er poetische Beispiele, die selbst Goethe zur Nachdichtung anregten — Der kulturelle Reichtum der Azteken und Inka jedoch übertrifft in manchem sogar Rom, Griechenland und Ägypten — Mit einer wortmächtigen Anklage geißelt Montaigne das Ausrottungswerk der Konquistadoren

zu verfallen: *Es ist ein großer Unterschied, ob einer nicht sündigen will oder nicht zu sündigen weiß*

7. VON VENUS ZU PALLAS ATHENE

› 97 ‹

In der dichtenden venezianischen Kurtisane Veronica Franco trifft Montaigne auf die Verkörperung seines Wunschbilds von Liebe: Venus vereint mit den Musen, Amour mit Kultur — Da *keine Leidenschaft unabweisbarer* ist als die Liebe, steht den Frauen das gleiche Recht zu wie den Männern, sich ihr hinzugeben — Gleichzeitig plädiert Montaigne jedoch für Rücksichtnahme und Maßhalten: *Etwas Erregung, ja, aber bitte keine Raserei!* — Mit vielen adligen Damen seiner Nachbarschaft und an den Königshöfen steht er in engen Beziehungen — Immer mehr nimmt Venus dabei Züge der Pallas Athene an — Idealtypisch begegnet ihm diese schließlich in der Jungfrau Marie de Gournay — Hieraus entwickelt sich eine vertrauensinnige Beziehung, so daß er nach dem Verlust seines Geistesbruders Étienne de la Boétie noch einmal das Glück einer *unverbrüchlichen Freundschaft* erlebt — Marie de Gournay übernimmt nach Montaignes Heimgang die Editionsarbeit an den *Essais*, die sie bis zum eigenen Lebensende elfmal kommentiert herausgibt

ABSTECHER IN DIE
ÜBERSETZERWERKSTATT:

Hader um Hoden

Zwei Mediziner und ein Literaturwissenschaftler streiten über die hypothetische Kleinheit von Montaignes Glied, und ein Jurist widerlegt alle drei

8. DER ESS- UND TRINKGELÜSTE
WECHSELSPIEL

> 121 <

Die Stoiker sagen, der Mensch könne sich von täglich einer Olive ernähren — Montaigne wäre freilich der letzte, dem solch karge Kost mundete — Man sollte weniger darauf achten, was man ißt, als mit wem — Gleichwohl widmet sich Montaigne dem Geschmack der Speisen mehr als den Umständen ihres Verzehrs — Im *Reisetagebuch* besingt er in höchsten Tönen die deutsche Küche — Am besten ist es, dem zu folgen, was der natürliche Appetit einem vorschreibt — Daher überläßt Montaigne sich den *uns hier und jetzt greifbaren Vergnügen: auf geistige Weise sinnlich, auf sinnliche Weise geistig* — Obwohl die heutigen Ärzte Montaignes Präzision beim Beschreiben von Krankheitssymptomen loben, bezweifeln sie seine Fähigkeit, sich selbst zu kurieren — Auf höchst verständnis- und humorvolle Weise beschreibt er die vorwiegend positiven Effekte des Trinkens — Montaignes kulinarischer Eros bereichert auch die Metaphorik seiner Sprache — Das gilt besonders fürs Einverleiben und Ausscheiden von geistiger Nahrung

9. DES KRANKEN RÜSTKAMMER

> 135 <

Man bannt die Übel nachhaltiger durch Höflichkeit als durch Widerstand — Doch sobald es der Schmerz allzu grausam treibt, ändert sich auch Montaignes Sprache: Nun ist von *Haß* die Rede — Er entscheidet sich also von Fall zu Fall, ob ihm Kampf ratsam erscheint oder Konzilianz — Dabei plädiert er für ein freies Ausagieren der körperlichen Bedrängnisse — Man soll sein Leiden freilich nicht schlimmer darstellen, als es ist: *Einen, der immer wieder den Erbarmungswürdigen spielt, findet keiner mehr erbarmungswürdig* — Montaigne geht so weit, das *Caritas*-Gebot umzukehren: Rücksichtnahme sollte man eher vom Kranken verlangen als von den überforderten Angehörigen — Er schiebt Versuche, sich über die Schwere einer Krankheit hinwegzutäuschen, auf seinen Geist ab — Dessen Einbildungskraft kann ein Übel aber auch derart verhäßlichen, daß man aus Angst davor ihm erst recht anheimfällt — Als Vorbild sollte man die Haltung eines durchschnittlichen Bauern nehmen: *Kein Leiden plagt ihn, es plage ihn denn!* — Wer dem *Nachgrübeln* über seine Gesundheit *überstürzt nachgibt, beschwört sein eignes Verderben herauf*

10. IM TURM UND AUF TOUR

> 145 <

Montaigne überprüft die Welthaltigkeit seiner im Turm unternommenen Gedankengänge, indem er Land und Leute unmittelbar in Augenschein nimmt — Beim Vergleich zwischen *Reisetagebuch* und *Essais* ergeben sich erstaunliche Korrespondenzen — Die Hinwendung zu den *kleinen Leuten* macht Montaigne noch geselliger, als er ohnehin ist — Ihm fällt angenehm auf, daß in Deutschland die religiösen Streitigkeiten nicht blutig ausgetragen werden — Seine ästhetische Konzeption einer Verflechtung von Menschen- und Naturwerk bestimmt die Urteile über Handwerk, Architektur und Technik — Nach der Reise sieht er seine Überzeugung von der absoluten Relativität allen Meinens und Glaubens bestätigt — Das Wasser ist für ihn Inbegriff der Bewegtheit alles Seienden — Auf dichteste Weise hat dies Étienne de la Boétie dargestellt: im Gedicht

11. WIDER DIE WORTENTWERTUNG

> 161 <

Montaignes Hypothese, er würde notfalls *lieber das Augenlicht als das Gehör oder die Sprache aufgeben*, ist erschreckend — Unvorstellbar, daß es die *Essais* und das *Reisetagebuch* je hätte geben können, wäre ihm seine visuelle Weltwahrnehmung vom Schicksal verwehrt worden — Dennoch lautet sein unabdingbares Credo: *Nur durch das Wort sind wir Menschen und zur Gemeinschaft fähig* — Daher prangert er all jene an, die es verfälschen, verdrehen oder verflachen — Dem Reden um des Redens willen stellt Montaigne seine Konzeption einer sachorientierten Gesprächs- und Dikussionskunst entgegen — Hierbei geht es ihm keineswegs um die klassische Rhetorik, deren Winkelzüge und Windigkeiten er vielmehr kritisiert — Alles, was den freien Meinungsaustausch behindert, ist Montaigne zuwider, denn *die Wechselrede ist die Wiege der Wahrheit*

12. KATARAKTE DER KOMIK

> 177 <

Montaignes Form des Humors besteht darin, daß er sich beim Lachenmachen das Lachen verkneift — Die Schilderung seines Temperaments treibt er bis zur verbalen Selbstdemontage — Er wird nicht müde, die vielfältigen Zeugnisse von menschlichem Schein statt Sein aufzuspüren — Von besonderem Reiz ist sein spitzbübisches Spiel mit den Formalien und Finessen der Rechtsprechung — Ein fiktives Beispiel dafür stellt die formal perfekte Verteidigung des männlichen Gliedes dar — Er sieht, wie Gesetze von Hohlköpfen ausgeheckt und von Hohlköpfen angewandt werden — Vielleicht überfordern die Rechtsnormen den Menschen, weil sie seiner Natur widersprechen — Doch letztlich gilt: Sind wir auch lächerliche, so doch zugleich lachfähige Wesen

13. GEDANKENFLUCHTEN

> 191 <

Montaigne weist darauf hin, wieviel dem Autor Verborgnes man in den *Essais* finden kann: *So entdeckt ein kundiger Leser noch ganz andere Glanzlichter als jene, die der Verfasser dem Text aufgesetzt oder auch nur bemerkt hat, und gewinnt auf solche Weise dem Werk viel reichhaltigere Aspekte und Bedeutungen ab* — Er versucht, plötzliche Eingebungen so fix wie möglich zu fixieren, denn ihn quält die Flucht der Gedanken — Diese wird durch seine Gedächtnisschwäche noch gefördert — Andrerseits findet er es tröstlich, daß sie ihn davor bewahrt, *wie alle Welt Geist und Urteilskraft träge in den Spuren Dritter dahintrotten zu lassen*

ABSTECHER IN DIE
ÜBERSETZERWERKSTATT:
Mit eigener Hand?

Am Beispiel der Vieldeutigkeit des mittelfranzösischen Verbs *dicter* läßt sich demonstrieren, wie schwer die Beantwortung der Frage ist, ob Montaigne die *Essais* eigenhändig geschrieben oder sie diktiert hat

14. PANORAMA DER GRÜNDE

> 197 <

Wenn Montaigne im Vorwort *An den Leser* schreibt, mit den *Essais* habe er sich *kein anderes Ziel als ein rein häusliches und privates gesetzt*, so trifft diese Konzeption allein auf den Zeitpunkt ihres Erscheinens zu — Vergleicht man das Vorwort mit Montaignes anderen Aussagen über das Warum seines Schreibens, stößt man auf ein oft widersprüchliches Panorama von Gründen — Als er sich in den Turm seines Schlosses zurückzieht, will er seinen *Geist in voller Muße bei sich Einkehr halten lassen* — Als weiteren Grund nennt er eine *melancholi-sche Gemütsverfassung, ausgelöst vom Trübsinn der Einsamkeit* — Nach der günstigen Aufnahme seines Werks wagt er jedoch, nicht nur immer freier über sich zu sprechen, *sondern auch, es ausschließlich zu tun* — Sein stärkster Beweggrund aber dürfte die Erinnerung an den Tod seines Freundes Étienne de la Boétie gewesen sein

ABSTECHER IN DIE
ÜBERSETZERWERKSTATT:

Sinn gleich Sinn statt Wort gleich Wort

Wenn man den ersten Satz von Montaignes Vorwort (*C'est icy un livre de bonne foy, lecteur*) wörtlich übersetzte, würde man nicht nur seinen tieferen Sinn verfehlen, sondern ihn auch seines konnotativen Reichtums berauben

15. IM WANDELGANG DER FORMEN

> 205 <

Montaigne erklärt zwar, die Sprache, die er liebe, sei *kurz und bündig*, in den *Essais* wie im *Reisetagebuch* läßt er sich aber oft zu schier endlosen Wortergüssen hinreißen — Um so über-raschender, wenn sie dann doch in eine Art Telegrammstil münden — Das kann freilich kontraproduktiv sein, falls sich der Sinn hierdurch verdunkelt — Ebendies aber findet Mon-taigne unerträglich, denn selbst seine Wortspiele stehen im Dienst des Gemeinten — Seine Sprache besteht mehr noch als im Bilderreichtum in ihrem Klang: Er spricht *auf dem Papier nicht anders als aus dem Mund*

a) Bald Frosch-, bald Adlerperspektive

Die ständigen Verknüpfungen der mikro- und makrotextuellen
Aspekte in Montaignes Werk zwingen den Übersetzer, jedes
Wort nicht nur im unmittelbaren Zusammenhang zu betrach-
ten, sondern zugleich auf dessen rhetorische und semantische
Rolle im ganzen Textkorpus achtzugeben.

b) Das Elixier der Elisionen

Die Nutzung der Möglichkeit, im Deutschen zwischen vollen
und um unbetonte »e« verkürzten Wortformen zu wechseln,
eröffnet dem Übersetzer eine weitere Chance, Montaignes
Stil, besonders seiner *langage coupé* (*kantigen Sprache*) denkbar
nahe zu kommen

16. HOLZWEGE

> 215 <

Alle Versuche, Montaigne zu vereinseitigen, sind Holzwege,
die im Kahlschlag enden — Einer der trügerischsten ist die
Zergliederung der *Essais* in drei Textschichten (A-B-C) —
Pierre Villey setzte Anfang des 20. Jahrhunderts diese Zergliederung am starrsten ins Werk, wobei er Montaignes Meinungen von dessen jeweiliger Lektüre bestimmt sah: Textschicht
A weise ihn als Stoiker aus (denn er las die Stoiker), B als
Skeptiker (denn er las die Skeptiker), C als Epikureer (denn
er las Epikur) — Doch den Proteus Montaigne derart ins
Prokrustesbett schierer Lektürehörigkeit zu zwängen, gilt in
der Forschung längst als abwegig

Am Stück

Dem Übersetzer ist in der Frage der A-B-C-Schichtung jede
Wahl verwehrt, denn selbst wenn er sie wider bessere Einsicht
plausibel fände, würde der Versuch einer Übernahme schon
an den syntaktischen Unterschieden zwischen Ausgangs- und
Zielsprache scheitern

17. MASKENBALL DER ZITATE

> 225 <

Wenn Montaigne andere Autoren mehr oder weniger ab-
gewandelt seinem Text einfügt, verschweigt er (wie selbst
bei den Originalzitaten) fast immer die Quellen: *Wie die
Pferdediebe, die ihre Beute unkenntlich machen, färbe auch ich
der meinen Mähne und Schweif um.* Er rechtfertigt das mit
seiner Überzeugung, *daß der Ehre des Erfindens ein unvergleichlich hoher Vorrang gegenüber der Ehre bloßen Zitierens
gebühre* — Zugleich aber will er *jenen Kritikern eine Falle
stellen, die mit ihren leichtfertigen Verrissen über alle Arten von
Schriften herfallen: Ich möchte, daß sie, indem sie in mir den
Seneca verunglimpfen, sich die Zunge verbrennen* — Ohnehin
wolle er nicht für Gelehrte schreiben, sondern für den *aufgeschlossenen Leser,* diesen *aus eigener Kraft und mit sichrem
Blick Urteilenden*

Reiz und Risiko des Reimens

Montaigne hat die Drucker angewiesen, seine direkten Dichtungszitate von der Prosa deutlich abzusetzen — Um dieser
Sonderstellung gerecht zu werden, spricht vieles dafür, sie in
der Übersetzung reimgebunden wiederzugeben

daher nicht in den einzelnen Nein, sondern im großen Ja zum
Leben, so wie es ist

VORWORT

In Montaignes Diensten

Prodesse et delectare
Horaz

So etwas hatte es noch nicht gegeben: einen Philosophen, der bestreitet, Philosoph zu sein; einen Nichtpädagogen, der zum pädagogischen Pionier wird; einen Schriftsteller, der seine Texte als *Exkremente eines vergreisten Geistes* bezeichnet und doch eines der lebendigsten und gedankenreichsten Werke der Weltliteratur daraus zu formen weiß; einen Mann schließlich, den zwei sich blutig bekriegende Könige zum Kammerherrn erwählen, was er dazu nutzt, entscheidend zur Befriedung seines Landes beizutragen! Der Name dieser vielen in einem: Seigneur Michel de Montaigne.

Geboren wurde er am 28. Februar 1533 auf dem südöstlich von Bordeaux gelegenen namensgebenden Schloß, und dort starb er am 13. September 1592. Sein von den Idealen der Renaissance begeisterter Vater ließ ihm eine ganz eigene humanistische Erziehung und Ausbildung angedeihen, die sein späteres Leben und Wirken wesentlich mitbestimmt haben. Nach dem Studium der Jurisprudenz und langjähriger Arbeit an obersten Gerichtshöfen zog er sich 1571 in den Turm seines Schlosses zurück und begann dort die Arbeit an jenem monumentalen Werk der einhundertsieben *Essais* (*Versuche*), deren Kennzeichen eine rückhaltlose Selbst- und Welterforschung sowie eine ungemein lebendige Sprache sind — in ihrer Anschaulichkeit noch gesteigert durch die Beobachtungen auf seiner *Reise nach Italien über die Schweiz und Deutschland in den Jahren 1580–1581.* (Ausführliche Lebensdaten im Anhang: *Montaigne und seine Zeit.*)

Habent sua fata libelli — die Bücher haben ihr Schicksal. Das der *Essais* aber ist nicht nur seltsam, sondern geradezu abenteuerlich von Anbeginn. Die ersten beiden Bände erschienen 1580, 1582 und 1587; ihnen folgte 1588 die überarbeitete und um einen dritten Band ergänzte vierte Ausgabe: die letzte zu Montaignes Lebzeiten. Ab 1595 veröffentlichte seine *geistige Adoptivtochter* Marie le Jars de Gournay dann insgesamt elf postume Fassungen, an die sich auch die späteren Verleger zu halten pflegten — bis es zu einem editionsgeschichtlichen Eklat kam.

Inzwischen war nämlich Montaignes verschollen geglaubtes Handexemplar der Ausgabe von 1588 aufgetaucht, das er bis zu seinem Tod für eine neue Edition mit zahlreichen Änderungen und Zusätzen versehen hatte: das berühmte *Exemplaire de Bordeaux.* Nachdem Diderots Freund Jacques-André Naigeon die erste hierauf basierende Ausgabe im Jahre 1802 publiziert hatte, stürzte man sich sogleich auf die etwa dreitausend in den Editionen der Marie de Gournay davon abweichenden Stellen, um den alten Vorwürfen wieder Auftrieb zu geben, sie habe Montaignes Text allzu eigenwillig manipuliert. Obwohl man deshalb schon im 19. Jahrhundert den Veröffentlichungen der *Essais* zunehmend das *Exemplaire de Bordeaux* zugrunde legte, wurde es erst nach Erscheinen von dessen historisch-kritischer Ausgabe 1906–1933[*] zur Basis aller Editionen hernach. (Über den aktuellen Stand der Forschung siehe *Von Venus zu Pallas Athene* und *Holzwege.*)

Ähnlich abenteuerlich, wenn nicht noch spannungsreicher

verhält es sich mit dem Schicksal des Manuskripts von Montaignes *Tagebuch der Reise nach Italien über die Schweiz und Deutschland* (kurz: *Reisetagebuch*, das ich ja aus gutem Grund in unsere Wanderungen einbeziehe).

Zerfetzt und fast unleserlich, mit abgerißnem Titelblatt wurde es 1770, also einhundertachtundsiebzig Jahre nach dem Tod des Autors, in einer alten, völlig verstaubten Truhe auf Schloß Montaigne von Abbé Joseph Prunis entdeckt, der darüber den bekannten Enzyklopädisten Jean-Baptiste le Rond d'Alembert verständigte. Dieser ermunterte ihn zwar, seinen Fund für eine Publikation vorzubereiten, jedoch mit der Auflage, dabei *all die unnützen Details* wegzulassen. Obwohl der Abbé mit einer nolens volens verstümmelten Fassung dem Ansinnen nachkam, rührte d'Alembert keinen Finger mehr für ihn.

Prunis sah sich jedenfalls alleingelassen, als nun ein Intrigenspiel einsetzte, dessen Hauptakteur der Journalist und Schriftsteller Anne-Gabriel Meu(s)nier de Querlon gewesen sein dürfte, dem nach seiner heftigen Kritik an des Abbés Transkription schließlich selber die Herausgabe des *Reisetagebuchs* übertragen wurde — ob berechtigterweise, ist nicht mehr zu klären, denn sowohl Original als auch Transkription gingen verloren.

Hinsichtlich der von Querlon behaupteten Texttreue seiner in den Jahren 1774 und 1775 veranstalteten fünf Ausgaben gehen die Meinungen der Montaignisten auseinander. Was aber den Disput über die Authentizität des verschwundenen Originalmanuskripts selbst betrifft, dürfte er durch die Entdeckung der *Copie Leydet*, einer weiteren Abschrift des *Reisetagebuchs* in Auszügen, endgültig beendet sein.

Doch die Widerfahrnisse dieser Originalwerke mögen noch so abenteuerlich sein, gleichermaßen gilt: *Habent sua fata et translationes* — auch die Übersetzungen haben ihr Schicksal! Was die der *Essais* ins Deutsche angeht, ist sie gar von Skandalen umwittert.

So schrieb der namhafte Romanist Jürgen von Stackelberg 1978: *Montaignes »Essais«, das große Weisheitsbuch, die reifste*

Frucht des europäischen Renaissance-Humanismus, ein Lieblings-
buch vieler großer Franzosen und einiger großer Deutscher (darun-
ter Goethe und Nietzsche), ein Buch, das auch heute noch demjeni-
gen, der es einmal kennen und lieben gelernt hat, ein unentbehrlicher
Lebensbegleiter sein kann — dieses so heitere, friedenstiftende, zu-
tiefst schicksalsversöhnende Buch ist auf deutsch in toto nicht zu
haben! Es ist ein Skandal, anders nicht zu nennen.*

Als sich Montaignes 400. Todesjahr (1992) näherte, sah es
zunächst so aus, als wollten mehrere Verlage diesen Alarmruf
zum Anlaß nehmen, endlich Vorbereitungen für eine neue
Gesamtübersetzung der *Essais* ins Deutsche zu treffen, allen
voran Diogenes in Zürich. Nachdem dieser Verlag jedoch sein
von einem illustren Beratergremium gestütztes Großprojekt
publik gemacht hatte, gaben alle anderen ihre Planungen auf
und überließen so den Zürichern das Feld.

Deren Unternehmen scheiterte jedoch. Daraufhin ent-
schied sich Diogenes für die Ersatzlösung, des Johann Daniel
Tietz *erste und vollständige deutsche Übersetzung von Montaignes*
»Essais« als Nachdruck herauszubringen (zumal das französische Kulturministerium das ursprüngliche Projekt gefördert
hatte) — das Tietzsche Werk aber war bereits 1753/1754 erschienen, also weit über zweihundert Jahre alt!

Dieses Vorgehen bezeichnete der Übersetzer und Herausgeber Hans-Horst Henschen, Träger des renommierten Jo-
hann-Heinrich-Voß-Preises für Übersetzung der Deutschen
Akademie für Sprache und Dichtung, als *an Dürftigkeit kaum*
zu überbietende editorische Eigenleistung. Selten hat das Prinzip des
geringsten Aufwandes sich nackter und kläglicher selbst dargestellt.
Ich stehe nicht an, bei diesem Machwerk von einem »skandalon«
im griechichen Sinne von »Fallstrick«, »Anstoß«, »Ärgernis« und
»Verführung« zu sprechen, von einem echten Skandal. Diogenes
habe *mit dieser verlegerischen Notschlachtung die Chancen künf-*
tiger Montaigne-Editionen wahrscheinlich endgültig vertan: In
den nächsten Jahren wird wohl kaum ein Verlag das Wagnis einer
wirklichen Montaigne-Neuübersetzung mehr auf sich nehmen.*

Hier irrte Henschen — und das kam so: Zu jener Zeit hatte

ich mich längst auf eigene Faust und ohne irgendwelche Förderung an die Gesamtübersetzung der *Essais* begeben, denn ich folgte meiner Liebe auf den ersten Blick, die sich mit jeder Zeile, die mich weiter in dieses Wunder an Weisheit und Gewitztheit führte, festigte und vertiefte — und mit jeder übersetzten Zeile hoffte ich, sie sei ansprechend genug, den notgedrungen imaginierten, doch als real ersehnten Leser an meiner Freude teilhaben zu lassen. Kurzum: Ich suchte einen Verleger.

Da traf es sich gut, daß ich Wolfgang Hörner vom Eichborn-Verlag kennenlernte, der Hans Magnus Enzensberger auf mein *work in progress* hinwies — worauf dieser mir nach Prüfung von nur hundert Seiten anbot, die Gesamtübersetzung in seiner renommierten Anderen Bibliothek als Sonderausgabe zu edieren. Ich sagte nicht nein.

In Anbetracht der selbst kühnste Erwartungen übertreffenden Aufnahme meiner Übersetzung der *Essais* durch Kritik und Publikum schien es mir geboten, mich nun auch jenem anderen Flügel von Montaignes philosophisch-literarischem Diptychon zuzuwenden, mit dem er uns sein ins Weite schweifendes Denken durch das teilnehmende Beobachten ihm völlig fremder Feier- und Alltagswelten *leibhaftig* vor Augen führt: dem *Reisetagebuch*.

Die Notwendigkeit, dafür ebenfalls eine neue und zeitgemäße Fassung vorzulegen, ergab sich zudem aus der Tatsache, daß die Situation auf dem Buchmarkt auch hier *skandalös* zu nennen war, sogar doppelt — sah sich der deutschsprachige Leser doch allein auf Otto Flakes Übersetzung aus dem Jahre 1908 (!) angewiesen; denn obwohl man 1963 eine die gröbsten Fehler Flakes korrigierende Fassung publiziert hatte, lag seit 1988 wieder nur die unverbesserte alte vor.

So stand ich nach dem ersten Erscheinen meiner Gesamtübersetzung der *Essais* im Jahre 1988 weiterhin in Montaignes Diensten — nicht nur mit ebender Neuübersetzung des *Reisetagebuchs* (2002), sondern auch mit der Edition mehrerer Auswahlbände (1999–2005, zum Beispiel für Mediziner, Ju-

risten und Pädagogen), mit zahlreichen Lese- und Vortrags-
reisen, Zeitungs-, Rundfunk- und Fernsehinterviews sowie
der Beantwortung von Anfragen vieler Leser, die sich mit
bewunderswertem Eifer in die Lektüre meiner Übersetzungen gestürzt hatten.

Diese Arbeit der letzten zehn Jahre hat dazu geführt, daß
die Fertigstellung und Herausgabe eines im Nachwort zu
meiner Übersetzung der *Essais* in Aussicht gestellten Kom-
mentarbandes sich immer weiter hinauszog, was viele der ihn
erwartenden Leser verständlicherweise ungeduldig werden
ließ. Mögen sie sich für ihr Ausharren wenigstens insoweit
entschädigt sehen, als ich in die vorliegenden *Wanderungen
durch Montaignes Welten* die neuesten Spekulationen und Er-
kenntnisse der Forschung einbringen konnte — hier gilt: Wer
später kommt, hat die Nase vorn!

Mit Hans Magnus Enzensberger war ich mir einig, daß ein
trockener Stellenkommentar das letzte wäre, was Montaigne
gerecht würde — der sagt es selber klipp und klar: *Wer auf
gelehrtes Wissen aus ist, möge da angeln, wo er es findet — es gibt
nichts, was ich weniger wollte* [ES. 201/r], und: *Welch mißliches Wissen,
dieses reine Buchwissen!* [ES. 84/l] Hinzu kommt: Wer sich zu strikt
fachwissenschaftlichen Arbeiten in den philosophisch-litera-
rischen Weinberg Montaignes begeben will, muß ohnehin —
hiergegen ist kein Übersetzerkraut gewachsen — auf die mit-
telfranzösische Originalfassung der *Essais* zurückgreifen.

Montaigne viel gemäßer schien es mir daher, auf seine Lebendigkeit lebendig einzugehen, erzählend aufs Erzählte. So
lädt dieser Kommentarband *anderer Art* dich, Leser, dazu
ein, Montaignes Welten seiner eigenen Denk- und Darstel-
lungsbewegung folgend mit mir zu durchwandern. Weil Text
und Textur der *Essais* derart viele Kreuz- und Querbezüge
aufweisen und aus derart vielen farbigen Fäden (und nicht nur
einem roten) gewebt und durchzogen sind, daß man sich darin
wie in einem wundersamen Irrgarten verlaufen kann, fand
ich es ratsam, einige *Leit*fäden auszuwählen, die in besonderem Maße Orientierung und Aufschluß bieten. Gelegentlich

überschneiden sich die Wanderwege in den Zitaten, wodurch diese im jeweils veränderten Zusammenhang verändert ausgeleuchtet werden.

Mehrere Abstecher in die Übersetzerwerkstatt erläutern das Wie und Warum meiner Arbeitsweise.

Mögen am Ende, Leser, unsere gemeinsamen Wanderungen deine Schritte zu weiteren, ganz eignen Unternehmen beflügeln! Auf welchen Wegen auch immer man Montaignes Welten durchwandert, es bringt Gewinn — denn er bleibt *frisch wie am ersten Tag.**

I. DAS HINTERSTÜBCHEN

Frauen und Kinder, Vermögen und vor allem Gesundheit zu besitzen sollte jeder anstreben, der kann; aber wir dürfen uns nicht so fest hieran binden, daß unser Glück davon abhängt. Wir müssen uns ein Hinterstübchen zurückbehalten, ganz für uns, ganz ungestört, um aus dieser Abgeschiedenheit unseren wichtigsten Zufluchtsort zu machen, unsre wahre Freistatt. Hier gilt es, den alltäglichen Umgang mit uns selbst zu pflegen, von unsrer Einsamkeit so in Anspruch genommen, daß für den Umgang mit andern Menschen und Dingen kein Platz bleibt: indem wir mit uns Zwiesprache halten und indem wir lachen, als hätten wir keine Frau und keine Kinder, kein Hab und Gut, kein Gefolge und keine Dienerschaft, auf daß, sollten wir sie eines Tages verlieren, es uns nichts Neues sei, ohne sie zurechtzukommen. Unsere Seele vermag ihre Bahn um die eigene Mitte zu ziehn; sie kann sich selbst Gesellschaft leisten, sie hat genug anzugreifen und zu verteidigen, genug sich zu geben und von sich zu empfangen. (ES. 125/r)

Bei diesem *Hinterstübchen* handelt es sich, wörtlich übersetzt, um einen Hinter*laden* (*arrière-boutique*), der jedoch zu Montaignes Zeiten keineswegs als dem davor gelegenen Verkaufsraum nachrangig galt — im Gegenteil *pflegte man dort gerade die wertvollsten Waren zu lagern.** Es erscheint deshalb folgerichtig, wenn Montaigne ihn im übertragenen Sinne zum *Zufluchtsort* vor dem als muße- und musenfeindlich empfundnen Alltagstreiben macht, auf daß seine Seele sich hierin dem *ihm* Wertvollsten widmen könne: der nachdenklichen Beschäftigung mit sich selbst.

Das Streben danach erweist sich ihm freilich als voller Fährnis und Frust, denn *ist das Ziel der Einsamkeit zwar immer nur dieses: dank ihrer geruhsamer und unbeschwerter zu leben, so sucht man hierzu nicht immer den richtigen Weg.*

Selbst wenn wir uns vom Königshof und vom Marktplatz losgesagt haben, sind wir die größten Plagen unsres Lebens noch keineswegs los. Ehrgeiz, Habsucht und Wankelmut, Furcht und des Fleisches Begierden fallen nicht von uns ab, nur weil wir die Gegend wechseln:

>*Seht die Sorge, wie sie hinterm Reiter lauert,*
>*unheilschwangrer Miene, dicht an ihn gekauert!**

Oft folgen sie uns sogar bis in die Klöster und die Schulen der Philosophie. Nicht in Wüsten und Felsenhöhlen, nicht durch härene Gewänder und Fastenzeiten können wir uns von ihnen losreißen.

Daher ist es nicht genug, sich von der Herde abgekehrt zu haben, es ist nicht genug, den Ort zu wechseln: Vom Herdentrieb in unserm Innern müssen wir uns abkehren, zukehrn aber dem eignen Selbst, um es wieder in Besitz zu nehmen.

>*Du sagst: ›Ich hab' mich von den Fesseln losgerissen!‹*
>*Gewiß — dem Hunde gleich, der wütig und verbissen*
>*die Kette endlich sprengt; doch bringt's ihm wenig Glück,*
>*denn auf der Flucht folgt ihm am Hals ein langes Stück.**

Ja, wir schleppen unsere Ketten mit uns; unsere Freiheit ist unvollkommen, denn noch immer wenden wir den Blick auf das zurück, was wir verlassen haben, und unser Denken ist hiervon erfüllt. (ESS. 124/r–125/r)

Es war dieses *Mitschleppen der Ketten*, das die von Montaigne 1571 an seinen Rückzug aus den öffentlichen Bürden und Pflichten geknüpfte Hoffnung zunichte machte, er könne ja seinem *Geist keinen größeren Gefallen tun, als ihn voller Muße bei sich Einkehr halten und gleichmütig mit sich selbst beschäftigen zu lassen. Nun aber sehe ich, daß er sich umgekehrt wie ein durchgegangnes Pferd hundertmal mehr zu schaffen macht als zuvor, da er für andre tätig war.*

Gleichzeitig wurde diese Erfahrung zur wesentlichen Schubkraft für sein riesiges Selbsterkundungswerk, denn um die *Abwegigkeit und Rätselhaftigkeit* der vom müßiggängerischen Geist hervorgebrachten *Schimären und phantastischen Ungeheuer mir mit Gelassenheit betrachten zu können, habe ich über sie Buch zu führn begonnen*[E.S. 20/I] — welch glückliche Wendung! (Ausführlicher im *Panorama der Gründe*.)

Die *Essais* als Frucht dieser *Buchführung* dokumentieren freilich auch etwas andres: einen immer stärkeren Sog aus der Innen- in die Außenwelt, dem sich Montaigne nicht zuletzt wegen seiner von den damals hoffnungslos zerstrittenen Mächtigen in Anspruch genommnen, ja geforderten Vermittlungsdienste schwerlich entziehen konnte. Um so wichtiger wurde es für ihn, dieses zeit- und kraftfordernde, ja gefährliche Engagement schon aus psychischen Gründen durch möglichst häufige Zwischenaufenthalte im *Hinterstübchen* erträglich zu machen.

Der gelassenen und erholsamen Beschäftigung mit diesem Innen-, ja innersten Raum von Geist und Seele war ein bestimmter äußerer Ort gewiß am förderlichsten — Montaignes Turm, und hier besonders die Bibliothek:

Sie liegt im zweiten Stockwerk. Das Erdgeschoß wird von einer Kapelle eingenommen, das erste Stockwerk besteht aus einem Schlafgemach mit Nebenraum, wo ich mich oft hinlege, um allein zu sein; und darüber nun befindet sich die Bibliothek, die früher als große Kleider- und Wäschekammer diente und der unnützeste Raum meines Hauses war. Hier verbringe ich die meisten Tage meines Lebens und die meisten Stunden meiner Tage. Nachts aber halte ich mich dort nie auf. Daneben liegt ein recht wohnliches kleines Arbeitszimmer, das wohltuend licht ist und in dem winters Feuer gemacht werden kann.

Ich könnte, wenn ich die mit einem Umbau verbundnen Placke-reien nicht noch mehr als die Ausgaben fürchtete, leicht auf jeder Seite und gleicher Höhe eine Galerie anbringen lassen, hundert Schritt lang und zwölf breit. Jeder Ort der Zurückgezogenheit braucht einen Wandelgang. Meine Gedanken schlafen ein, wenn ich sitze; mein Geist rührt sich nicht, wenn die Beine ihn nicht bewe-gen — wie es allen ergeht, die ohne Buch [!] studiern.

Die Form der Bibliothek ist rund (außer einem geraden Stück Wand, das für Tisch und Stuhl so eben ausreicht). Daher läßt sie mich mit einem Blick all meine in fünf Reihen übereinander auf-gestellten Bücher sehn. Sie hat drei Fenster mit großartiger freier Aussicht und mißt sechzehn Schritt im Durchmesser.

Im Winter halte ich mich nicht ständig darin auf, denn mein Anwesen liegt, wie schon sein Name »Montaigne« sagt, auf einem Hügel, und kein Raum darin ist stärker den Winden ausgesetzt als dieses Turmzimmer; doch gerade, daß es abgelegen und ein bißchen mühsam zu erreichen ist, gefällt mir, weil es mir so die Leute vom Leib hält und die körperliche Anstrengung mir guttut.

Hier also bin ich ganz zu Hause, hier suche ich ganz mein eig-ner Herr zu sein und diesen einzigen Winkel sowohl der ehelichen und töchterlichen als auch der gesellschaftlichen Gemeinschaft zu entziehn. Überall sonst bin ich Herr nur dem Namen nach, in Wirklichkeit aber redet mir jeder dazwischen. Arm dran ist meines Erachtens, wer bei sich zu Hause nichts hat, wo er bei sich zu Hause ist, wo er sich verbergen, wo er mit sich selber hofhalten kann. Wie fein entlohnt doch der Ehrgeiz seine Diener, indem er sie zeitlebens einer Marktsäule gleich zur Schau stellt! »Großes Glück ist große Knechtschaft«.* Nicht einmal das Örtchen bietet ihnen einen Zu-fluchtsort.

An der Strenge des Lebenswandels, die sich unsre Mönche aufer-legen, kommt mir nichts so hart vor wie die Regel einiger Orden, nach der sie bei all ihrem Tun mit einer großen Zahl andrer in immerwährender Gemeinschaft zusammensein müssen. Ich fände es notfalls erträglicher, immer allein zu sein, als es nie sein zu kön-nen. (ESS. 412/r–413/l)

Während Montaigne sich der Gefahr stets bewußt blieb, die Ketten an den Betrieb der Städte und Königshöfe zu verinnerlichen und so mit ins *Hinterstübchen* zu schleppen, kam ihm andrerseits die Fähigkeit zugute, die *arrière-boutique* notfalls aus ihrer örtlichen Fixierung auf seinen Turm lösen zu können. Gewiß war sie ihm dort am behaglichsten, doch *die wahre Einsamkeit vermag man sogar inmitten* ebendieser *Städte und Königshöfe zu genießen* (ES. 125/r), denn *es gilt in der Welt zu le-ben und sie so zu nutzen, wie man sie vorfindet: Der Bürgermeister von Bordeaux und ich, das waren immer zwei, klar und säuberlich voneinander geschieden.* (ES. 509/r)

Mag auch *der Preis für eine totale Freiheit des Denkens*, wie Frédéric Brahami (Université de Franche-Comté) schreibt, *ein sozialer und moralischer Konformismus* sein, so handelt es sich bei Montaigne doch nicht um einen Konformismus aus Feigheit oder Heuchelei, sondern umgekehrt aus Achtung, ja Billigung der jeweils herrschenden Sitten und Gebräuche — eine echt *bipolare Konfiguration* * seiner Existenz also:

Der Weise, meine ich, sollte sich zwar innerlich aus dem Men-schengewühl zurückziehen und seinem Geist die Freiheit und Fä-higkeit bewahren, die Dinge unvoreingenommen zu beurteiln, nach außen hin sich aber voll und ganz an die landläufigen Formen und Normen halten. Die Öffentlichkeit hat sich um unsere Gedanken nicht zu scheren; das übrige jedoch — unsere Handlungen und unsre Arbeit, unsere Glücksgüter und unsre Daseinsweise — müssen wir den vorherrschenden Auffassungen anpassen und in den Dienst der Gesellschaft stellen, wie schon der gute und große Sokrates es ablehnte, sein Leben durch Ungehorsam gegen die Obrigkeit zu retten, selbst eine höchst unbillige und ungerechte. Denn die Regel der Regeln, das Gesetz der Gesetze besagt, daß jeder diejenigen des Landes einzuhalten hat, in dem er lebt. (ES. 65/r)

Für Montaigne ist der Mensch also janusköpfig, da im Span-nungsfeld zwischen Sein und Sollen bald intro-, bald extraver-tiert: *Wir sind, wie soll ich sagen, in uns selber doppelt, was dazu* *führt, daß wir das, was wir glauben, nicht glauben, und daß wir uns von dem nicht lösen können, was wir verurteiln.* (ES. 309/l) So bleibt *der Mensch innen wie außen voller Lug und Trug.*(ES. 297/l) Lionel Sozzi (Università degli Studi di Torino)* erinnert daran, daß auch der Innenraum folglich unter zwei Aspekten zu sehen ist: Während die Seele einerseits noch den weltlichen Lastern und Eitelkeiten nachhängt, sucht sie sich andrerseits ganz ins Verborgene zurückzuziehn: auf ihre eigentlichen *Reichtümer* und *Schätze.* (ES. 125/r)

Mit wachsendem Alter schreitet Montaigne auf diesem Königsweg zu sich selbst immer weiter voran. Während seiner aktiven Jahre dienten ihm die Zwischenaufenthalte im *Hinterstübchen* nicht zuletzt als Kraftquell für seine aufreibenden gesellschaftlichen und politischen Tätigkeiten — gemäß dem alten Sprichwort *reculer pour mieux sauter* (etwa: *Anlauf nehmen, um besser zu springen*), freilich im umgekehrten Sinne von Plinius und Cicero, denen er vorwirft, mit ihren Schriften es nur auf ihren Nachruhm abgesehn zu haben. Gerade dies aber *liegt von meinem Wege weit ab*:

Die Gemütsart, die im schärfsten Widerspruch zur Zurückgezogenheit steht, ist der Ehrgeiz. Ruhm und Ruhe sind zwei Dinge, die nicht unter einem Dach wohnen können. Soweit ich sehe, zogen diese beiden Männer nur Arme und Beine aus dem Treiben der Menge; ihre Seele, ihr Sinnen und Trachten aber blieben enger darin verfangen als je zuvor.

Setzen wir dem die Auffassung von zwei Philosophen entgegen, die sehr verschiednen Schulen angehörten: Epikur und Seneca. Brieflich wandten sie sich an ihre Freunde, der eine an Idomeneus, der andre an Lucilius, um sie zum Rückzug aus den öffentlichen Angelegenheiten und ihren hohen Ämtern in die Einsamkeit zu bewegen.

Durch eine nahtlose Textmontage, die nicht mehr erkennen läßt, was von wem ist, gelingt Montaigne nun das Kunststück, Epikur und Seneca (sowie untergemischt sich selbst) mit *einer* Stimme sprechen zu lassen:

Ihr habt, sagen sie, bis heute in der Strömung schwimmend und treibend gelebt, kehrt nun heim, um im Hafen zu sterben. Euer

Dasein gabt ihr bis heute dem Licht, gebt den Rest dem Schatten. Werft deshalb alle Sorge um Namen und Ruhm von euch ab, denn es steht zu befürchten, daß der Glanz eurer vergangnen Taten euch nur allzusehr umglänze und euch noch in eure Höhle folge. Gebt mit den anderen Gelüsten auch das nach dem Beifall der andern auf.

Es ist ein ehrloser Ehrgeiz, aus seiner Muße und Abgeschiedenheit im Schlupfwinkel noch Ruhm schlagen zu wollen. Man muß es wie die Tiere machen, die vor dem Eingang ihrer Höhle die Spuren verwischen. Worauf ihr zu sinnen habt, ist nicht mehr, daß die Welt von euch spreche, sondern wie ihr mit euch selbst sprechen solltet. Man kann in der Einsamkeit wie in der Gesellschaft zu Fall kommen. Wenn ihr aber die wahren Güter erkannt habt (und nur, soweit man sie erkennt, kann man sie genießen), findet ihr an ihnen euer Genügen, ohne eine Fortdauer eures Lebens oder eures Ruhms zu wünschen.

So lautet der Ratschlag der wahren, der unverfälschten Philosophie. (ESS. 128/r–129/l)

Diesen Ratschlag macht sich Montaigne derart zu eigen, daß er gegen Lebensende sein Wirken für das öffentliche Wohl zunehmend als Belastung empfindet und die Zwischenaufenthalte im *Hinterstübchen* sich folglich immer länger hinziehn, bis es ihm zur geruhsamen Dauerbleibe wird: *Schlupfwinkel* und *Höhle, Zufluchtsort* und *Freistatt* zugleich.

In ihr entdeckt er auf der Suche nach dem eignen Selbst als schönste Frucht schließlich die *humaine condition,* denn *jeder Mensch trägt die ganze Gestalt des Menschseins in sich.* (ES. 399/l)

Daher *ist es höchste, fast göttergleiche Vollendung, wenn man das eigene Sein auf rechte Weise zu genießen weiß. Wir suchen andere Lebensformen, weil wir die unsre nicht zu nutzen verstehn; wir wollen über uns hinaus, weil wir nicht erkennen, was in uns ist. Meiner Ansicht nach sind jene Leben am schönsten, die sich ins allgemeine Menschenmaß fügen, auf wohlgeordnete Weise, ohne Sonderwünsche, ohne Wundersucht.* (ES. 566/r)

ABSTECHER IN DIE
ÜBERSETZERWERKSTATT

Translatorisches Nußknacken — global

Montaignes großartiges Wort *Chaque homme porte la forme entière
de l'humaine condition* lautet bei mir (siehe oben und *Im Wandelgang
der Formen*): *Jeder Mensch trägt die ganze Gestalt des Menschseins in
sich.* Wieso habe ich *Gestalt* für *forme* gesetzt, wieso *Menschsein* für
l'humaine condition; und wieso ergänze ich das Zitat um *in sich?*

Für die Beantwortung dieser Dreifachfrage dürfte es hilfreich
sein, sich einige Übersetzungen der *Essais* aus den letzten vierhundert Jahren anzusehn.

John Florio (London 1603) formuliert: *Every man beareth the whole
stampe of humane condition.* (Etwa: *Jeder Mensch ist voll und ganz von
der menschlichen Bedingung geprägt.*)

Charles Cotton (London 1685): *Every man carries the whole form
of human condition* (ähnlich wie Florio, unter Beibehaltung von
forme).

Johann Daniel Tietz (Leipzig 1753/1754): *Jeder Mensch hat das ganze
Wesen eines Menschen.*

Johann Joachim Bode (Berlin 1793–1799): *Jeder Mensch trägt die
ganze Form des Standes der Menschheit in sich.*

Herbert Lüthy (Zürich 1953): *Jeder Mensch trägt in sich das ganze
Bild der Menschlichkeit.*

Donald M. Frame (Stanford, USA, 1957/1958): *Each man bears the
entire form of man's estate.* (Etwa: *Jeder Mensch trägt die ganze Form
von des Menschen Rang und Würde.*)

J.M. Cohen (London 1958): *Every man carries in himself the complete
pattern of human nature.* (Etwa: *Jeder Mensch trägt das vollständige
Muster der menschlichen Natur in sich.*)

Jakoov Koplivitz (Tel Aviv 1963): *Kol 'adam wᵉ'adam nos'ä lᵉqerbo
'et kol zortah šel hahawajah ha'änošit lᵉkhol ma'arkheija. (Jeder Mensch*

trägt in seinem Innern die ganze Form menschlichen Seins, mit all ihren Teilen.*)

Pierre Villey (Paris 1965, Neuausgabe): *Tout homme porte en soi la forme entière de l'humaine condition.* (Vorwort zu *Essai* III/2, Paraphrase des Originaltextes)

Fausta Garavini (Milano 1970): *Ogni uomo porta in se la forma intera dell'umana condizione. (Jeder Mensch trägt in sich die ganze Form der menschlichen Bedingung.*)

Dolores Picazo y Almudena Montojo (Madrid 1985): *Cada hombre encierra la forma entera de la condición humana.* (Etwa: *Jeder Mensch umschließt die ganze Form der menschlichen Bedingung*)

M.A. Screech (London 1987/1991): *Every man bears the whole Form of the human condition.* (Etwa: *Jeder Mensch trägt die ganze FORM der menschlichen Bedingung.* Erläuterung der Großschreibung von *Form* siehe unten.)

André Lanly (Genf/Paris 1987): *Chaque homme porte [en lui] la forme entière de la condition humaine. (Jeder Mensch trägt [in sich] die ganze Form der menschlichen Bedingung.* In einer Fußnote heißt es dazu: *Gewöhnlich spricht man von der »menschlichen Natur«.*)

Hanno Helbling (Zürich 1993): *Jeder Mensch trägt in sich die ganze menschliche Beschaffenheit.*

Else Henneberg Pedersen (Kopenhagen 1998): *Hvert menneske bærer hele menneskenaturens form i sig. (Jeder Mensch trägt die ganze Form der Menschennatur in sich.*)

Hideo Sekine (Tokio 1995/1997): *Ningen wa sorezore ningensei no kanzen-na keisô o uchi ni motte iru. (Jeder Mensch trägt die ganze Form der menschlichen Bedingung in sich.** Dieser Übersetzung liegt Pierre Villeys obige Paraphrase des Originaltextes zugrunde.)

Wenn man zur Beantwortung meiner Dreifachfrage diese kleine Mustermesse von deren Ende her auszuwerten sucht, fällt als erstes ins Auge, daß schon vor mir etwa die Hälfte der angeführten Übersetzer das *porte (trägt)* um *in sich* (und Jakoov Koplivitz sogar um *in seinem Innern*) erweitert — und damit vertieft. Während Lanly, auf formale Korrektheit bedacht, diesen Zusatz als lediglich dem besseren Verständnis dienend in eckige Klammern setzt, sehen sich die andern vom Sinn her berechtigt, ihn ihrem Text ohne solch philologischen Keuschheitsgürtel einzufügen.

Jeder, der sich um eine angemeßne Wiedergabe der schwierigen Stelle bemüht, kommt nicht umhin, die mannigfachen Deutungsmöglichkeiten der drei Satzteile und ihrer Bezüge zueinander in immer neuen Anläufen zu überdenken. Damit zeigt sich, daß dem literarischen und wissenschaftlichen Übersetzer oft eine hermeneutische Arbeit zufällt, die sich die Philosophen von Jahrhundert zu Jahrhundert höflich dankend weitergereicht haben, ohne daß es zu einer allgemein akzeptierten, geschweige letztgültigen Auslegung gekommen wäre.

Als besonders harte Nuß erweist sich in unserem Fall die *Conditio humana* (Montaignisch: *l'humaine condition*), die von den genannten Übersetzern teils unpräzisiert mit *menschlicher Bedingung* wiedergegeben, teils mehr oder minder einleuchtend paraphrasiert wird: von Bodes *Stand der Menschheit*, Lüthys *Menschlichkeit* und Frames *Rang und Würde des Menschen* über das *menschliche Sein* des Jakoov Koplivitz' sowie J.M. Cohens und Henneberg Pedersens *Menschennatur* bis zu Helblings *menschlicher Beschaffenheit*.

Der Philosoph Klaus Hammacher definiert: *Die menschliche Bedingung stellt sich im Leib dar** — womit er sowohl das obige *in sich* beglaubigt als auch den Weg zur Beantwortung meiner Dreifachfrage freimacht: Alles Darstellen bedarf der Form. Was aber hat beides mit dem Innern des Menschen zu tun, wo *darstellen* doch gemeinhin ein Heraustreten bedeutet, kein Hineingehn?

Werfen wir unseren Blick wieder auf die vorliegenden Fassungen: Offenbar wußten die meisten Übersetzer mit *forme* nichts recht anzufangen. So griffen sie zum gängigen Notbehelf und übernahmen das Wort wörtlich — oder ließen es, schlimmer, einfach weg. Als klärungsbemühter zeigen sich nur Florio mit *Prägung*, Lüthy mit *Bild*, Cohen mit *Muster* und Screech mit dem Kunstgriff, durch die im Englischen unübliche Großschreibung von *Form* die für das Verständnis des Zitats so wichtige Bedeutung dieses Worts hervorzuheben, ohne das Wagnis einer Interpretation einzugehn.

Hammacher löst das Problem auf seine Weise, indem er eben den *Leib* ins Zentrum rückt — durchaus überzeugend, denn hiermit erinnert er daran, daß unsere Existenz durch Geburt und Tod begrenzt ist. Diese Begrenzung aber gibt der *Conditio humana* erst ihre scharf umrissene Kontur, verdeutlicht *forme* zu *Gestalt*, denn auch *die Funktion des Bewußtseins hängt offensichtlich am leiblichen Dasein*, das uns am unabweisbarsten zur Einsicht in unsre Endlichkeit verhilft.

Hierbei gilt es jedoch, die der Bedingung eigentümliche Sphäre der Möglichkeiten offenzuhalten*. Die als Ur- und Inbild zu denkende Gestalt der *Conditio humana* verfügt somit über ein beachtliches Entfaltungspotential, das sich in den Individuen zur je eigenen *forme maîtresse* ausdifferenziert: zu jener existentiellen *Grundform*, die *keiner, falls er sich ausforscht, nicht in sich entdeckte und die sich gegen die Erziehung und den Sturm all der Anfechtungen zu behaupten sucht, die ihr feind sind.* (E.S. 402/I)

Jeder Mensch trägt die ganze Gestalt des Menschseins in sich — das ist die Formulierung, zu der ich mich also nach vielerlei Plausibilitätsvergleichen und häufigen Aufblicken vom komparatistischen Klein-Klein zum Groß-Groß der Montaigneschen Argumentationsbögen entschlossen habe. Was für meine Übersetzung der *Essais* generell gilt, demonstriert hier ein einzelner Satz: Zu meinen Entscheidungen tragen die Interpretationen meiner Vorgänger ebenso bei wie die Konsultation einschlägiger philosophischer Publikationen und mir wesentlich erscheinender Werke der mittlerweile ins Unübersehbare gewachsenen Sekundärliteratur. Vieles erscheint plausibel, vieles auch hält aber einer näheren Überprüfung nicht stand.

Einer *richtigen* Übersetzung so nah wie möglich zu kommen ist das Höchste, was sich ein literarischer Übersetzer erhoffen kann. In diesem Sinne habe ich versucht, zu dem seit über vierhundert Jahren weltweit geführten *Montaignolog* mein Scherflein beizutragen.

2. PERPETUUM MOBILE

Als Äsop, dieser große Mann, seinen Herrn im Gehen pissen sah, rief er aus: »Wie, werden wir gar im Laufen scheißen müssen?« (ES. 565/r)

Stellt man diesem aus der Antike stammenden Zitat einen ebenfalls vom menschlichen Drang nach Beschleunigung zeugenden Bericht aus unserem 21. Jahrhundert gegenüber, könnte die Versuchung unabweisbar werden, Äsops drastische Frage im Sinn des Gemeinten zu bejahen — zumindest für die Bewohner der Metropolen. Unter dem Titel *Auf der Überholspur* lesen wir:

Schnell, schneller, am schnellsten — im Zeitalter von Internet und Mobiltelefon scheint sich vieles im Leben zu beschleunigen. Sogar die Fußgänger in den Großstädten haben einen Zahn zugelegt, glaubt man einer Studie britischer Forscher. Achtzehn Meter in weniger als elf Sekunden: Mit diesem Tempo hetzen die Einwohner Singapurs über die Straßen ihrer Hauptstadt und stellen damit einen Rekord auf. Danach folgen die Menschen des beschaulichen Kopenhagen, die Fußgänger Madrids, der chinesischen Provinzhauptstadt Guangzhou und Dublins ... In Bern scheint man dagegen geradezu zu flanieren: Dort braucht man für achtzehn Meter fast 17,5 Sekunden ... Als die Forscher von der University of Hertfordshire in Hatfield ihre Ergebnisse anschließend mit den Meßwerten amerikanischer Forscher aus dem Jahr 1994 verglichen, staunten sie nicht schlecht: Im Schnitt sind die Menschen heute zehn Prozent schneller unterwegs. Der größte Tempozuwachs ist offensichtlich dort zu verzeichnen, wo der soziale und ökonomische Wandel am rasantesten stattgefunden hat — in Singapur und in Guangzhou. So hat sich das Lauftempo in Singapur um stattliche dreißig Prozent, in Guangzhou um zwanzig Prozent gesteigert. Die eher kurios erscheinende Studie spiegelt deutlich, was jedermann schon lange spürt: Das Leben ist deutlich hektischer geworden. *

Nun ist der Motor für Montaignes Denken, Darstellen und Dasein gerade die Bewegung — gleichsam sein existentieller Dauerzustand (siehe *Im Turm und auf Tour*). Um so mißlicher findet er es daher, wenn sie in jenen blinden Drang nach immer weiterer Beschleunigung ausartet, von dem er damals schon die meisten Menschen besessen sieht: *Unser Geist sträubt sich gegen die Einsicht, daß er Stunden genug für seine Aufgaben zur Verfügung hat, ohne dem Körper auch noch die kurze Spanne streitig zu machen, die dieser für seine Bedürfnisse braucht.* [ES. 565/r]

Einen wie wichtigen Rang hierin die oben so knapp wie drastisch vorgeführten Entleerungsdränge einnehmen, zeigt sich *e contrario* an den geruhsamen, ja hedonistischen Bewältigungsstrategien, mit denen Montaigne sie Tag für Tag in den Griff zu bekommen sucht — nicht ohne den Leser vor der Unbekümmertheit seiner Schilderung zu warnen:

Andre zeichnen sich durch Diskretion und angemeßne Redeweise aus, ich aber rede frank und frei; denn das Leben derer, die im Lichte der Öffentlichkeit stehn, ist der Etikette verpflichtet, das meine, im Dunkel der Privatheit stehend, genießt hingegen alle natürliche Ungebundenheit. Zudem neigt man als Gascogner sowieso ein wenig zur Indiskretion. Ich nehme mir jedenfalls heraus, im folgenden völlig offen zu sprechen.

Und das tut er, beginnend mit dem rhetorischen Pauken-schlag des *Sowohl die Könige wie die Philosophen scheißen, und die Damen auch.* Dann fährt er präzisierend fort: *Man sollte dieser Verrichtung genau festgelegte nächtliche Stunden zuweisen und sich durch Gewöhnung zu deren Einhaltung zwingen, wie ich es getan habe, sich hierbei jedoch nicht, wie ich es mit zunehmendem Alter tue, zum Sklaven der Sorge um eine besondere Annehmlichkeit von Örtchen und Sitz machen (noch sich den Vorgang durch langes Hok-kenbleiben verleiden). Ist es aber nicht einigermaßen entschuldbar, wenn wir für unsre schmutzigsten Geschäfte mehr Gepflegtheit und Reinlichkeit verlangen als anderswo? »Seiner Natur nach ist der Mensch ein auf Sauberkeit und Verfeinerung bedachtes Wesen.«**

Von allen natürlichen Verrichtungen lasse ich mich bei dieser am widerwilligsten unterbrechen. Ich habe viele Kriegsleute unter der Unbotmäßigkeit ihres Bauches leiden sehn, während der meine und ich uns niemals beim vereinbarten Stelldichein verpassen; und das findet in dem Augenblick statt, da ich aus dem Bett springe, falls uns nicht eine unabweisbare Beschäftigung oder Krankheit daran hindert. (ES. 548/l)

Man beachte, daß Montaigne von der *Einhaltung genau festgelegter nächtlicher Stunden* im Perfekt spricht, vom *Stelldich-ein in dem Augenblick, da ich aus dem Bett springe* hingegen im Präsens: eine plötzliche Befreiung offenbar von allen einschlägigen Zwängen. Das dürfte dem bekennenden Langschläfer Montaigne den Übergang in die Bewegungsvielfalt seines All-tags- und Reiselebens jedenfalls erleichtert haben, da sie ihm ja stets von neuem demonstrierte, daß individueller Mikro- und universaler Makrokosmos gleichermaßen von fortwährenden Schwingungen und Schwankungen bestimmt werden:

Die Welt ist nichts als ein ewiges Auf und Ab. Alles darin wankt und schwankt ohne Unterlaß: Die Erde, die Felsen des Kaukasus und die Pyramiden Ägyptens schaukeln mit dem Ganzen und in sich. Selbst die Beständigkeit ist nur ein verlangsamtes Schau-keln. (ES. 398/r)

Dieser Bewegungsvielfalt nun bleibt Montaigne bei den Menschen und Dingen seiner Umgebung wie in sich selbst beharrlich auf der Spur — mit feinem Gespür für die Abstufungen zwischen Erleiden und Einwirkung:

Was ich nicht lange auszuhalten vermag (und in meiner Jugend vermochte ich es noch weniger), sind Kutschen, Sänften und Schiffe — ja, ich verabscheue alle Fortbewegungsmittel außer Pferde, ob in der Stadt oder auf dem Land. Dabei ist mir eine Sänfte noch mehr zuwider als eine Kutsche, und aus demselben Grund ertrage ich eher das Geschüttel bei aufgewühlter See (obwohl es doch gewöhnlich Angst erregt) als die Bewegung, die man zu Wasser bei ruhigem Wetter verspürt: Die leichten Stöße, welche die Ruder dem von ihnen vorangetriebnen Boot mitteilen, erzeugen mir ein seltsam schwummriges Gefühl in Kopf und Magen, wie ich auch das Schaukeln eines Tragsessels nicht aushalte.

Wenn hingegen das Segel und der Strom uns sanft mit sich führen oder wir ins Schlepptau genommen werden, stört mich solch gleichmäßiges Dahingleiten nicht im geringsten; es ist also nur eine mit kurzen Abständen fortwährend unterbrochne Bewegung, die mir Pein bereitet, vor allem wenn sie sich langsam und lange hinzieht — anders wüßte ich es nicht zu beschreiben. (ESS. 451/r–452/l)

Warum er *alle Fortbewegungsmittel außer Pferde* so entschieden *verabscheut*, hat er hiermit auf feinste differenziert dargelegt. Gleichermaßen erstaunt jedoch, wie sehr sein Leben von einer ungewöhnlichen *Eigen*dynamik geprägt ist, mag er sie als Lust oder Last empfinden:

Mein Gang ist rüstig und rasch, und ich weiß nicht, was mir schwerer fällt: den Geist oder den Körper an einem Punkt festzuhalten. Bei feierlichen Anlässen ist es mir noch nie gelungen zu verhindern, daß irgendein Teil von mir sich ständig rührt und regt. Daher konnte man bei mir von klein auf behaupten, ich hätte Quecksilber oder den Veitstanz in den Beinen: Wohin ich sie auch setze, unablässig zappeln sie hin und her. Selbst sitzend bin ich wenig gesetzt. Als höchst erhellend erweist sich in diesem Kontext der Satz: *So habe ich auch, um mein Gestikulieren im Zaum zu halten, fast stets eine Reitgerte zur Hand, ob zu Pferde oder zu Fuß.* (ESS. 558/r–559/l)

Mehr noch als sein Pferd muß er sich also selbst im Zaume halten, was dem Verhältnis zwischen Zwei- und Vierbeiner die anrührende Note der Solidarität gibt. Jean Balsamo (Université de Reims) meint sogar: *Der beste Freund Montaignes war nach La Boétie ganz gewiß sein Pferd.** Ist dieses Urteil völlig abwegig? Erteilen wir Montaigne das Wort:

Wenn ich im Sattel sitze, steige ich nicht gern wieder ab, denn in dieser Haltung fühle ich mich am wohlsten, ob gesund oder krank. Auch Platon empfiehlt sie als heilsam, und Plinius sagt ebenfalls, sie sei dem Magen und den Gelenken förderlich. Da sie uns in der Tat bisher gut bekommen ist — weiter frisch voran! (ES. 146/l)

Und: *So steinkrank ich bin, halte ich mich acht bis zehn Stunden ununterbrochen im Sattel, ohne daß es mir zuviel würde,*

»von einer Kraft beseelt,
*wie sonst sie Greisen fehlt«** . (ES. 489/l)

Dann:

»Und wäre mir von meinem Los hienieden
*ein Leben ganz nach meiner Art beschieden«**,
so würde ich es mit dem Hintern im Sattel verbringen. (ES. 498/l)

Und schließlich: *Hätte ich zu wählen, würde ich, davon bin ich überzeugt, lieber als im Bett zu Pferde sterben, fern von meinem Haus und den Meinen.* (ES. 491/r)

Das Reiten hatte für Montaigne vermutlich auch deswegen eine derart große Bedeutung, weil er hier seine Vorstellung eines freien Zusammenspiels von Eigen- und Fremdbewegung auf ideale Weise verwirklicht sah: Wenn aneinander gebunden, müssen Mensch und Tier (wie Mensch und Mensch) ihr Wollen aufeinander abstimmen. *Cosa vuol' il cavallo? (Was will das Pferd?)* hörte ich einen italienischen Reitlehrer seiner Schülerin beschwörend zurufen, als deren Pferd unruhig wurde und sich aufzubäumen begann; und mir schien, es sei Montaigne, der es ihr zurief.

Vor allem die wunderliche Weise, auf die sich das menschliche Bewegtsein und Bewegtwerden zu manifestieren vermag, hat Montaigne nicht nur eingehend beobachtet, sondern oft auch so amüsiert wie amüsant aufgezeichnet:

Den *häufigen Ungehorsam des männlichen Glieds* etwa nimmt er zum Anlaß, in einem witzigen (und später in den *Katarakten der Komik* wörtlich wiedergegebenen) Plädoyer nachzuweisen, daß die rein körperlichen Vorgänge samt und sonders unserer Einwirkung entzogen seien, da es keinen Teil des Körpers gebe, der seinen Dienst unserem Willen nicht ebenso häufig versage, wie er gegen unsren Willen in Tätigkeit trete. Jeder von ihnen habe seine eigenen Triebkräfte, von denen er wachgerüttelt oder in Schlaf gelullt werde, *ohne daß man uns vorher um Erlaubnis fragte.* (ESS. 55/l–56/l)

Während bei den rein körperlichen Vorgängen sich unser Wille also ganz dem Walten der Natur zu fügen hat, ist er auch bei den geistigen Verrichtungen keineswegs autonom, im Gegenteil: *Sogar in unseren Überlegungen und Ratschlüssen bleiben wir auf die Mitwirkung von Glück und Zufall angewiesen, denn was immer unser Verstand zu schaffen vermag — es gibt nicht viel her: Je schärfer und lebhafter er ist, desto größere Schwächen entdeckt er in sich und desto mehr mißtraut er sich selbst. Ich teile deshalb die Meinung Sullas, daß es nur aufs Glück ankomme* (ES. 70/l–r)*, denn warum sollte man die blitzartigen Eingebungen, die einen Dichter so hinreißen, daß er vor Begeisterung außer sich gerät, nicht der Gunst der Stunde zuschreiben? Bekennt er denn nicht selbst, daß sie seine Fähigkeiten und Kräfte übersteigen, und gibt er nicht zu, daß sie anderswoher als aus ihm kommen und er daher keinerlei Macht über sie hat — jedenfalls keine größere als die Redner sie nach eigenem Bekunden über ihre leidenschaftlichen Temperamentsausbrüche haben, von denen sie derart gepackt werden, daß sie ganz aus dem Konzept geraten? Dasselbe gilt für die Malerei, wo der Hand des Künstlers zuweilen Pinselstriche entfließen, die dem, was er sich vorgestellt und vorgenommen hat, den Rang ablaufen, so daß er selbst hiervon völlig überwältigt ist.*

Aber welch großen Anteil Fortuna an all diesen Werken hat, zeigt sich noch viel deutlicher an den nicht nur ohne Zutun, sondern sogar ohne Wissen ihres Schöpfers darin enthaltenen Reizen und Schönheiten. So entdeckt zum Beispiel ein kundiger Leser in manchen Schriften noch ganz andere Vollkommenheiten als jene, die der Verfasser hineingelegt oder auch nur bemerkt hat, und er gewinnt auf solche Weise dessen Werk viel reichhaltigere Aspekte und Bedeutungen ab. (ES. 70/I)

Die kreative Potenz der *Gunst der Stunde* dürfte also darin liegen, daß hier äußere und innre Situation mehr oder minder zufällig konvergieren: daß *der* und *das* Sich-Bewegende plötzlich im Gleichgang zusammenfinden — zum Gleichklang im geglückten Werk. Jeder Exzeß ist dem feind, ja jede Bewegung, die sich nicht ans Gleichmaß der natürlichen Ordnung hält, ob körperlich oder im Geist:

Lassen wir die Dinge doch ein wenig gewähren! Die Ordnung, die für die Flöhe und Maulwürfe sorgt, sie sorgt auch für die Menschen, wenn sie sich mit der gleichen Geduld wie die Flöhe und Maulwürfe von ihr leiten lassen. Wir mögen noch so laut »hü« und »hott« schreien — das macht uns allenfalls heiser, bringt uns aber keinen Schritt weiter; denn diese Ordnung herrscht mit unerbittlicher Strenge. Unsere Furcht und unsre Verzweiflung erregen ihren Widerwillen, und statt sie damit zu unsrer Hilfe zu bewegen, verleiden wir sie ihr. Sie ist gehalten, der Krankheit ebenso ihren Lauf zu lassen wie der Gesundheit. Niemals wird man sie folglich zum Vorteil des einen auf Kosten des andern bestechen können, verfiele Ordnung doch dann in Unordnung. Fügen wir uns also, in Gottes Namen, fügen wir uns! Die der Ordnung folgen, führt sie; die ihr aber nicht folgen, reißt sie mit sich fort. (ES. 381/I)

Das seltsame Bild von der Ordnung, welche die sich ihr Widersetzenden *mit sich fortreißt (les entraîne)*, ist wohl so zu verstehen, daß diese ihr am Ende doch wieder anheimfallen — als Verirrte freilich, oder Zerstörte. Daher löste auch der *jammervolle Zustand* Torquato Tassos, den Montaigne auf seiner Italienreise zu Ferrara besucht hat, *mehr Befremden als Mitleid* in ihm aus (und gleichwohl, wie die emphatische Aufzählung von dessen ungewöhnlichen Eigenschaften erkennen läßt, eine tiefe Betroffenheit):

Woraus entsteht die feinsinnigste Narretei, wenn nicht aus der feinsinnigsten Klugheit? Wie aus großen Freundschaften große Feindschaften hervorgehn und aus blühenden Gesundheiten tödli-

che Krankheiten, so aus ungemein lebendigen Gemütsbewegungen die verranntesten Manien; es bedarf nur einer halben Drehung des Geigenwirbels, und die Melodie endet im Mißklang.

An den Handlungen der Irren erkennen wir, wie eng der Wahnsinn mit den schöpferischsten Verrichtungen unsrer Seele einhergeht. Wer wüßte nicht, wie unmerklich die Grenze zwischen geistiger Umnachtung und den lichten Höhenflügen eines freien Geistes, den Werken einer vollendeten Tugend ist! Platon sagt, die Melancholiker seien an Bildungsfähigkeit die überragendsten; aber niemand neigt auch so zum Wahnsinn wie sie.

Unzählige Geister wurden durch ihre eigene Beweglichkeit, ihre eigne Kraft zerrüttet und zerstört. In welchen Abgrund ist, gehetzt von seiner schöpferischen Unrast, jüngst Tasso gestürzt, einer der klügsten und genialsten unter ihnen, der mehr von der reinen Dichtkunst der Antike geprägt war als jeder andre italienische Dichter seit langem! Hat diesen Geist nicht in der Tat seine eigene Lebendigkeit gemordet? Sein Klarblick, der ihn blind machte? Die angespannte, scharfe Wahrnehmungsfähigkeit seines Verstandes, die ihm den Verstand raubte? Sein eifriges und hingebungsvolles Studium der Wissenschaften, das ihn verblöden ließ? Diese ungewöhnliche Begabung für die Übungen des Geistes, die ihn um die Übungen und den Geist brachte?

Es löste bei mir mehr Befremden als Mitleid aus, als ich ihn zu Ferrara in seinem so jammervollen Zustand sah, sich selbst überlebend, weder sich noch seine Werke mehr erkennend, die man, ohne daß er sich dessen bewußt war und doch vor seinen Augen, unkorrigiert und formlos herausgebracht hat. (ESS. 244/r–245/l)

Es klingt wie ein Seufzer der Erleichterung, für sich einen Schutz vor dergleichen Fährnissen gefunden zu haben, wenn Montaigne feststellt: *Die andern suchen durch ihre Selbsterforschung zu bewirken, daß ihr Geist sich in schwindelnde Höhen aufschwinge, ich durch die meine, daß er sich niederlasse und am Boden halte. Wenn er zu hoch ausgreift, greift er daneben.* (ES. 409/l)

Ist es einerseits die natürliche Ordnung, welche die sich ihr Widersetzenden dergestalt *mit sich fortreißt*, daß sie ihr als Gescheiterte zuletzt wieder anheimfallen, berauben sich andrerseits die Menschen selbst *des Gefühls und der Wertschätzung dessen, was ist*, denn *Furcht, Verlangen und Hoffnung schleudern uns der Zukunft entgegen, um uns mit dem in Anspruch zu nehmen, was sein wird.* »*Unglücklich der Geist, der um Künftiges bangt.*«*[(ES. 12/r)]*

Wie wir sehen, ist für Montaigne das Menschengemäßeste, *ergo* Vernünftigste, sich vorbehaltlos dem Spiel der Kontingenzen anzuvertraun — dem, was uns jeweils zufällt im Hier und Jetzt: *Wir sind, davon bin ich überzeugt, Wissende nur des heutigen Wissens, des vergangnen jedoch ebensowenig wie des künftigen.*[(ES: 74/r)] Daher gilt es, auf den ständig wechselnden Augenblick einzugehen, weil die eigne Existenz nur solcherart realisierbar bleibt. *Die Welt ist nichts als ein ewiges Auf und Ab. So vermag ich den Gegenstand meiner Darstellung nicht festzuhalten, denn auch er wankt und schwankt in natürlicher Trunkenheit einher. Deshalb nehme ich ihn jeweils so, wie er in dem Augenblick ist, da ich mich mit ihm befasse. Ich schildere nicht das Sein, ich schildre das Unterwegssein: weniger von einem Lebensalter zum andern oder, wie das Volk sagt, »von Jahrsiebt zu Jahrsiebt«, als von Tag zu Tag, von Minute zu Minute.*

Ich muß mich mit meiner Darstellung nach der Stunde richten, könnte ich mich doch bald wieder verändern, durch Vorsatz nicht minder als durch Zufall. Dies hier ist also das Protokoll unterschiedlicher und wechselhafter Geschehnisse sowie unfertiger und mitunter gegensätzlicher Gedanken, sei es, weil ich selbst ein anderer geworden bin, sei es, weil ich die Dinge unter anderen Voraussetzungen und andern Gesichtspunkten betrachte. Daher mag ich mir zwar zuweilen widersprechen, aber der Wahrheit, wie Demades sagte, widerspreche ich nie.[(ESS. 398/r–399/l)]

Desgleichen: *Mein Sinnen und Trachten schweift bald in die eine Richtung, bald in die andre, und viele dieser Bewegungen geschehen ohne mein Zutun. Mein Inneres unterliegt täglich wechselnden, rein zufälligen Impulsen.*[(ES. 470/r und *passim*)]

Hören wir hierzu den Philosophen Thomas Metzinger: *Was wir heute noch das »Selbst« nennen, ist kein Ding, sondern ein Prozeß. Die Identität ist höchstens eine Beziehung, die jeder*

Mensch zu sich selbst hat. Wir finden aber nichts im Gehirn oder im Geist, was sich durch die Zeit hindurch hält und die Selbigkeit der Person garantiert, ihr Stabilität gibt und deswegen als Kern der Person gelten könnte. Wittgenstein hat gesagt, daß die Stärke des Fadens nicht darin liegt, daß eine Faser durch die ganze Länge läuft, sondern darin, daß viele Fasern ineinandergreifen. Der Faden kann sehr bunt sein — und trotzdem stabil.*

Welche Werke aber könnten dies besser demonstrieren als ebendie *Essais*, in denen *viele Fasern ineinandergreifen*, die Montaigne dem Dasein derart abgewann, daß dessen Bewegtheit in der literarischen Repräsentanz ständig weiterpulst? Seiner mimetischen Meisterschaft ist es gelungen, Worten die Wirkungsmacht des Lebens einzuverleiben, denn *wir gehen Hand in Hand und im gleichen Schritt: mein Buch und ich. Anderswo kann man ein Werk getrennt von demjenigen loben oder tadeln, der es bewerkstelligt hat, hier nicht — mit einem erfaßt man beide!*[ES. 399/r] Und: *Indem ich mich für andere malte, legte ich klarere Farben in mir frei, als sie es ursprünglich waren. Ich habe mein Buch nicht mehr gemacht, als es mich gemacht hat: ein Buch, das mit seinem Autor wesensgleich ist.* [ES. 330/l]

Die Unbeweglichkeit, schreibt Michel Jeanneret (Université de Genève), *ist für Montaigne ebenso eine Form des Todes wie jede zwanghaft gradlinige Bewegung. Daher läßt er seinen Gedanken freien Lauf: Sie verlieren sich, finden sich wieder und stellen völlig unerwartete Verbindungen her.* Das gelte nicht nur für die Komposition vieler Kapitel, sondern oft auch für die Wortfolgen: *Einschübe und die Argumentationslinie durcheinanderbringende Abschweifungen sowie parasitäre Sätze, welche die Syntax überdehnen und aus dem Gleichgewicht bringen, zeugen von einem voll im Gang befindlichen Denken. So kommt es selbst vor, daß Montaigne es sich mitten im Schreiben völlig anders überlegt und das eben Niedergeschriebne zum Teil oder ganz verwirft.**

Montaigne war also keineswegs dagegen gefeit, vom Ansturm der Ideen, vom Wirbel der Emotionen hingerissen zu werden — so hingerissen, daß auch sein Stil in Turbulenzen geriet (siehe *Im Wandelgang der Formen*). Doch stets ist ihm jener blinde *Drang nach Beschleunigung* fremd geblieben, wie er die vorn angeführten Beispiele kennzeichnet.

Titel wie *Morgen ist auch ein Tag* und *Alles zu seiner Zeit!* (*Essais* II/4 und II/28) verdeutlichen, daß es Montaignes Wesensart am meisten entsprach, in aller Gelassenheit den Ratschlägen der Volks- und Philosophenweisheit zu folgen und sich den Wechselfällen des Lebens zu fügen — gerade hierdurch vermochte er ja nach Menschenmaß auf sie einzuwirken. So führt er uns ein erlebtes und gelebtes *Perpetuum mobile* vor Augen, dessen Vibrieren sich den Lesern der *Essais* mitteilt, solang es Leser geben wird.

3. EIN CHRISTLICHER HEIDE

*Ich trage hier ungeformte und unfertige Gedanken vor (wie es jene
tun, die umstrittne Fragen öffentlich aufwerfen, damit die Schulen
der Gelehrten sie erörtern): nicht um die Wahrheit zu verkünden,
sondern um sie zu suchen; und ich unterwerfe sie dem Urteil derer,
denen es zukommt, Richtlinien nicht nur für meine Handlungen
und meine Schriften festzulegen, sondern selbst für meine Gedanken.
Verurteilung wie Billigung von ihrer Seite wird mir gleichermaßen
willkommen und dienlich sein; denn es erschiene mir fluchwürdig,
wenn sich etwas fände, das ich aus Unwissenheit oder Unachtsam-
keit gegen die heiligen Gebote der katholischen und apostolischen
römischen Kirche gesagt hätte, in deren Schoß ich geboren bin und
sterben werde. Und so, indem ich mich voll und ganz der Entschei-
dungsmacht ihrer Zensur anheimgebe, die alles über mich vermag,
wende ich mich nun um so unbeschwerter den verschiedenartigsten
Gegenständen zu.* (ES. 159/l)

Diesen Text hat Montaigne erst nach seiner Rückkehr aus Italien mit dem denkwürdigen Besuch beim obersten Vertreter der vatikanischen Zensurbehörde (*Maestro del Sacro Palazzo*) seiner Ausgabe der *Essais* von 1582 eingefügt. Was eine Unterwerfungsgeste zu sein scheint, dürfte eher, wie der Anfang des ersten Satzes und das Ende des letzten nahelegen, als salvatorische Klausel gemeint sein, mit der Montaigne den Freiraum für sein Denken und Meinen zu sichern sucht, den er sich mit den Bänden eins und zwei seines *Opus magnum* zu schaffen wußte.

Dafür spricht schon die Tatsache, daß er die vom vatikanischen Zensor beanstandeten Stellen nicht nur nicht geändert hat, sondern sie im dritten Band sogar noch zu wiederholen, ja zu erweitern wagte. Dies ohne Gefährdung von Werk und Person tun zu können ist gewiß auch ein Erfolg seiner von Wahrheitsmut wie taktischem Geschick bestimmten Verhandlungsweise bei der Rückgabe der *Essais*, die ihm, als er Rom betrat, konfisziert worden waren:

Am Montag vor Ostern 1581 wurden mir abends meine »Essais« zurückgegeben, versehen mit den nach Meinung der Ordensbrüder notwendigen Korrekturen. Der »Maestro del Sacro Palazzo« hatte sich, da er kein Wort Französisch verstand, allein nach dem Bericht eines französischen Ordensbruders ein Urteil darüber bilden können. So stellte ihn denn alles, was ich gegen die Einwände jenes Franzosen zu meiner Entlastung vorbrachte, derart zufrieden, daß er es schließlich mir selbst überließ, mir ungehörig scheinende Dinge nach bestem Wissen und Gewissen zu überarbeiten.

Ich bat ihn jedoch, in einigen Punkten dem Kritiker durchaus zu folgen. So hätte ich tatsächlich das Wort »fortune« verwendet, ketzerische Dichter namentlich angeführt und den abtrünnigen Kaiser Julian entschuldigt, ferner die Auffassung vertreten, daß jeder, der betet, in diesem Augenblick von jedem lästerlichen Wunsch frei sein müsse, daß alles, was über eine einfache Tötung hinausgehe, Grausamkeit sei, daß man einen Knaben zur unbeschränkten Teilnahme am Leben erziehen müsse und dergleichen mehr. Zu alledem bekennte ich mich, denn ich hätte diese Dinge in der Überzeugung geschrie-

ben, daß sie keine Irrtümer seien. Hinsichtlich andrer Dinge bestritt ich jedoch, daß der Kritiker meine Auffassung verstanden habe.

Der »Maestro«, ein gwiefter Mann, wollte mir zu verstehen geben, daß er von den Verbesserungsvorschlägen ohnehin nicht allzuviel halte, und er verteidigte mich daher höchst einfallsreich gegen die Angriffe eines andren Italieners, der ebenfalls zugegen war. [(RS. 180–181)]

Man bedenke: Der oberste Zensor, *ein gwiefter Mann* (wie Montaigne sofort erkennt), zeigt sich unerwartet entgegenkommend. Will er den Besucher damit lediglich aus der Reserve locken? In der Tat erwidert Montaigne, ein gwiefter Mann auch er, das Entgegenkommen des Zensors, indem er seinerseits vorschlägt, *in einigen Punkten dem Kritiker durchaus zu folgen,* und dann zählt er die problematischen Punkte sogar in aller Ausführlichkeit auf — kein schlechter Schachzug, dürfte er doch den Zensor in seinem schon aufgrund von Montaignes Einwänden gegen andere beanstandete Stellen gefaßten Entschluß bestärkt haben, diesen selbst ihm *ungehörig scheinende Dinge nach bestem Wissen und Gewissen* überarbeiten zu lassen.

Sieg auf der ganzen Linie? Ja, für beide Seiten! Indem Montaigne die Kirche im Dorf — vielmehr: im überschwenglich gepriesenen Rom ließ (dessen *Herrscher die ganze Christenheit als oberste Autorität umfaßt*[RS. 191]), *die einzige der ganzen Menschheit gehörende Stadt, die einzige Weltstadt, denn die hier gebietende Obrigkeit wird vom Erdkreis samt und sonders anerkannt, Rom ist die Metropole aller christlichen Nationen,*[ES. 503/r]), hielt er sich fürs eigene Denken und Meinen *die oberste Autorität der ganzen Christenheit* erfolgreich vom Leibe. Mit einem handschriftlichen Zusatz im *Exemplaire de Bordeaux* faßt er noch einmal zusammen, worum es ihm im Grunde geht:

Ja, ich trage hier menschliche Gedanken vor, meine, einfach als die eines Menschen. Es sind eigenständige Erwägungen, nicht auf himmlische Verfügung festgelegte, über jeden Zweifel und Zwist erhabne Wahrheiten; Sache des Meinens, nicht des Glaubens; Darlegung dessen, was ich meinem Kopfe folgend denke, nicht dessen, was ich Gottes Gebot folgend bekenne — so wie Kinder ihre Versuche vortragen: belehrbar, nicht belehrend; auf laienhafte, nicht klerikale

Weise, doch gleichwohl gläubig durch und durch. Und davor heißt es: *Es ließe sich nicht ganz zu Unrecht sagen, daß die menschliche Rede ihre eigenen niedrigen Formen habe und sich der Würde, Majestät und Macht des göttlichen Wortes nicht bedienen sollte. Ich für mein Teil lasse meine Sprache daher kirchenamtlich nicht abgesegnete Wörter wie »Los«, »Schicksal« und »Zufall«, wie »Glück« und »Unglück«, wie »Götter« und dergleichen ganz nach ihrer Art verwenden.* (ESS. 161/r–162/l)

Die Frage, wie dann sein *doch gleichwohl gläubig durch und durch* mit den Freiheiten vereinbar sei, die er sich derart entschieden und offen herausnimmt, hat immer wieder zu Zweifeln an Montaignes Aufrichtigkeit geführt. So schreibt Frédéric Brahami: *Praktisch scheint Montaignes Fideismus die Maske (oder sogar der objektive Verbündete) des Atheismus zu sein. Gibt er sich vorsichtshalber als Fideist, um nicht als Freidenker entlarvt zu werden?**

Der Begriff *Fideismus* tritt als Postulat der Unvereinbarkeit von Wissen und Glauben, von Verstand und christlicher Offenbarung erst Anfang des neunzehnten Jahrhunderts auf, wird jedoch, da er Montaignes Haltung gegenüber den religiösen Fragen weitgehend entspricht, von Forschung und Literatur seither häufig auf ihn angewendet, vor allem von Hugo Friedrich in seinem Standardwerk *Montaigne**. Brahamis Verdacht freilich, er könne sich der *avant la lettre* fideistischen Argumentation nur zur Tarnung eines durchgängigen Freidenkertums bedient haben, ist abwegig, wie unsre nähere Betrachtung des so oft beschworenen *Skeptikers* Montaigne zeigen wird.

Zunächst fällt auf, daß er sich selbst nie als Skeptiker bezeichnet hat und das Wort in den *Essais* nur ein einziges Mal auftaucht, in folgendem Zusammenhang:

Wer immer etwas sucht, gelangt schließlich an den Punkt, wo er entweder sagt, ich habe es gefunden, oder, es lasse sich nicht finden, oder, er sei noch auf der Suche. Alle Philosophie teilt sich in diese drei Gruppen. Ihr Vorhaben zielt auf Wahrheit, Wissen und Gewißheit.

Die Peripatetiker, die Epikureer, die Stoiker und andre meinten, die Wahrheit gefunden zu haben. Damit begründeten sie die Wissenschaften, die wir besitzen und die sie als gesicherte Erkenntnis behandelten.

Kleitomachos, Karneades und die andern Mitglieder der Mittleren Akademie hingegen verzweifelten an der Erforschung der Wahrheit und urteilten, daß sie mit unsren Mitteln nicht zu fassen sei. Daraus schlossen sie auf die menschliche Unzulänglichkeit und Unwissenheit. Diese Schule hatte die größte Gefolgschaft und die edelmütigsten Anhänger.

Pyrrhon und andre Skeptiker oder »Epechisten« erklären, daß sie noch auf der Suche nach der Wahrheit seien. Ihr Urteil besagt, daß jene, die sie gefunden zu haben glauben, sich unendlich täuschten und daß sogar bei den Anhängern der zweiten Gruppe, die versichern, die Kräfte des Menschen reichten zu deren Erlangung niemals aus, eine allzu überhebliche Voreiligkeit mitspreche, denn festzusetzen, inwieweit unser Vermögen ausreiche, die Schwierigkeit der Dinge zu erkennen und zu beurteilen, verlange ein großes, ein außerordentliches Wissen, und sie bezweifeln, daß der Mensch es je erwerben könne.

Die Unwissenheit, die sich kennt, über sich zu Gericht sitzt und sich verurteilt, ist in der Tat keine völlige Unwissenheit; um es zu sein, dürfte sie nicht wissen, daß sie nichts weiß. Deshalb lautet das Urteil der Pyrrhonisten: Keinen festen Standpunkt beziehen, zweifeln und nachforschen, nichts als sicher betrachten und für nichts einstehn.

Andere werden durch die Sitten ihres Landes oder die elterliche Erziehung oder durch Zufall ohne Möglichkeit einer eignen Urteilsbildung und Wahl, ja meistens schon im unmündigen Alter wie von einem mächtigen Sog in diese oder jene Denkströmung gezogen: in die Schule der Stoiker etwa oder die der Epikureer, der sie sich nun unentrinnbar ausgeliefert finden, gleichsam von einem Angelhaken aufgespießt, von dem sie sich nicht mehr freibeißen können. Warum soll den Pyrrhonisten nicht mit gleichem Recht gestattet sein, ihre Freiheit zu bewahren und die Dinge in Unabhängigkeit zu überdenken, ohne sich ihnen knechtisch auszuliefern?

Jene geistige Einstellung der Pyrrhonisten, gradlinig und unbe-
irrbar, mit der sie alle Dinge zur Kenntnis nehmen, ohne ein Urteil
darüber abzugeben oder sie gar für wahr zu halten, ebnet ihnen den
Weg zur »Ataraxie«, einer friedsamen und gleichmütigen Lebens-
weise, frei von den Erregungen, die unser Meinen und das Wissen,
das wir von den Dingen zu haben wähnen, in uns auslösen und aus
denen Furcht und Habsucht entstehn, Neid und maßlose Begierden,
Ehrgeiz und Stolz, Aberglaube und Neuerungssucht, Ungehorsam
und Aufruhr, Halsstarrigkeit und die meisten körperlichen Leiden.

Was nun das tätige Leben angeht, sind die Pyrrhonisten allen
andern gleich. Sie folgen ihren natürlichen Neigungen sowie dem
Drang und Zwang der Leidenschaften und halten sich dabei an
Gesetz und Ordnung, an den Brauch und die kulturelle Tradition
»Nicht daß wir die Dinge ergründen wollte Gott, sondern daß wir
sie nutzen.«* *So lassen sie ihr übliches Tun durchaus von ihnen*
leiten, nur eben ohne Meinung und Urteil.

Noch nie haben Sterbliche etwas so offensichtlich Wahrheitsgemäßes
und Heilsames ersonnen wie die Lehre des Pyrrhon. (ESS. 249/r–251/r)

Für unser Thema ist es höchst aufschlußreich, daß Montaigne sich so entschieden als Anhänger der Pyrrhonisten
bekennt und damit die von der *Mittleren Akademie* postulierte
Unfähigkeit des Menschen zur Wahrheitsfindung gleich ihnen als *überhebliche Voreiligkeit* abtut. Somit bleibt auch für ihn
jede Gewißheit zweifelhaft: die des Nichtwissens und Nicht-
wissen-Könnens keineswegs minder als die des Wissens.
Schließlich gelingt es ihm sogar, den Pyrrhonisten (und damit
sich selbst) einen Weg aus ihren Aporien zu weisen — die er
folgendermaßen darstellt:

Ich sehe, wie die pyrrhonischen Philosophen ihre Grundkonzeption
in keinerlei Redeweise ausdrücken können, denn dazu brauchten sie
eine neue Sprache. Die unsere ist aus lauter affirmativen Sätzen
gebildet, die mit ihrer Lehre völlig unvereinbar sind. Wenn sie folg-
lich sagen »Ich zweifle«, kann man sie sofort an der Gurgel packen
und zu dem Eingeständnis nötigen, zumindest dies wüßten und
versicherten sie also: daß sie zweifeln. Auf solche Weise zwingt man
sie, zu folgendem Vergleich aus der Medizin Zuflucht zu nehmen,

ohne den sie ihre Einstellung nicht erklären könnten: Wenn sie die Behauptung »Ich weiß nicht« oder »Ich zweifle« aufstellten, entleere diese Aussage, sagen sie, sich selbst mit allem übrigen — nicht mehr und nicht minder als der Rhabarber, der die schlechten Säfte austreibt und dabei sich selbst mit abführt.

Montaigne durchhaut nun den gordischen Knoten mit dem gedankenscharfen Schluß, daß *diese Anschauung sich eindeutiger in die Frage fassen läßt: »Was weiß ich?«* — ein folgenschwerer Akt, wird er das Fragezeichen doch zum geistigen Kraftzentrum seines ganzen Unternehmens machen! So hat er die geniale Wortfindung denn auch als seinen *Wahlspruch über dem Bild einer Waage auf eine Medaille prägen lassen.* (ES. 263/r)

In der Tat dürfte es kein zweites Werk der Weltliteratur geben, daß derart interrogativ in der Wolle gefärbt ist. Das Fragezeichen gilt es deshalb selbst da mitzudenken, wo es nicht in Erscheinung tritt. Das zeigt sich noch in den kleinsten Details: an der Art etwa, wie Montaigne das *Exemplaire de Bordeaux* handschriftlich redigiert. So merken die Herausgeber der *Édition Municipale* in einer Fußnote an, *daß Montaigne oft eine neue Fassung vollständig hinschrieb, ohne vorher diejenige durchzustreichen, die er aufgeben wollte, um so beide besser miteinander vergleichen und notfalls auf die erste zurückgreifen zu können, falls er seine Meinung ändern sollte. Das macht es uns nicht selten unmöglich zu entscheiden, an welche Lesart er sich endgültig zu halten gedachte.* * Um die jeweilige Textstelle möglichst zutreffend gewichten zu können, ist es daher unumgänglich zu prüfen, wie viele wörtliche oder sinngemäße Parallelstellen in den *Essais* vorkommen.

Diese zunächst zögerlich wirkende, in Wahrheit jedoch entschloßne Verhaltensweise, nicht nur das Denken und Meinen der andern zu hinterfragen, sondern auch das eigne aus den Fesseln des So-und-nicht-anders zu befreien, bringt als eine der schönsten Früchte Montaignes Toleranz hervor, eine Toleranz keineswegs der Teilnahmslosigkeit, sondern des lebendigen Stellungnehmens, das sich zur zornigen Polemik steigern kann, wann immer das grundsätzlich bejahte Sosein des Menschen zur *Un*menschlichtkeit entartet — verwiesen sei nur auf Montaignes leidenschaftliche Verurteilung von Kindesmißhandlung und Fanatismus, von Folter und Hexenverbrennung, von Krieg und Völkermord.

Daß die Täter solch schrecklicher Exzesse sich oft auf religiöse Gebote berufen, hat seinen Blick für das Auseinanderklaffen von wahrem Glauben und dessen praktizierten Formen zunehmend geschärft — konnte er in diesen doch nur selten eine Spur von jenem erkennen. So wurden sie ihm wie alles andere zum Gegenstand seiner *erschließenden Skepsis**:

Wären wir dank eines lebendigen Glaubens mit Gott verbunden, dränge dieser Strahl der Gottheit auch nur ein wenig in uns ein, würde er rundum wieder hervorscheinen. Wollt ihr es vor Augen geführt bekommen? Dann vergleicht einmal unsere Sitten mit denen eines Mohammedaners oder eines Heiden: Wir werden stets darunterbleiben, während wir doch im Hinblick auf die Erstrangigkeit unserer Religion als leuchtende Vorbilder unvergleichlich hoch über ihnen stehen müßten, auf daß man sage: »*So gerecht sind sie, so barmherzig, so gütig? Wahrlich, dann sind es Christen!*« *Denn alle anderen Kennzeichen teilen wir mit allen andren Religionen: Hoffnung und Vertrauen, Bußhandlungen und Rituale, Wundertaten und Blutzeugnisse. Das Unterscheidungsmerkmal der Wahrheit unseres Glaubens aber müßte unsre Tugend sein.* (ES. 218/r)

Ebendamit aber scheinen die Christen ihre liebe Not zu haben. Um die auch und gerade bei den höchsten kirchlichen Würdenträgern zutage tretende Diskrepanz zwischen Anspruch und Lebenswirklichkeit zu verdeutlichen, erzählt Montaigne zwei Anekdoten:

Als jener Tartarenkönig, der das Christentum angenommen hatte, nach Lyon zu kommen gedachte, um die Füße des Papstes zu küssen und den heiligen Lebenswandel kennenzulernen, den er bei uns vorzufinden hoffte, tat unser guter Ludwig der Heilige recht daran, ihm das inständig auszureden, weil er fürchtete, daß der Gast sich im Gegenteil angesichts unsres zuchtlosen Treibens von einem so unheilig gelebten heiligen Glauben angewidert abwenden könnte. Und: *Völlig umgekehrt freilich erging es jenem andern, der in der gleichen Absicht Rom besucht hatte. Als er dort die Ausschweifungen der Prälaten und des Volkes der damaligen Zeit sah, faßte er in unsrer Religion um so festeren Fuß, da er sich überlegte, wie groß ihre göttliche Kraft doch sein müsse, wenn sie inmitten solcher Verderbtheit und in derart lasterhaften Händen ihre Würde und ihren Glanz behalten könne.* (ESS. 218/r–219/l)

Hat bis hierhin der Ironiker Montaigne die Darlegungen mitbestimmt, nimmt nun der Polemiker das Heft allein in die Hand, um mit einer donnernden Philippika die hemmungslose Instrumentalisierung der Religion als das Hauptübel seines Jahrhunderts zu brandmarken:

Wir finden es befremdlich, wenn wir in den Religionskriegen, von denen unser Staat zur Zeit heimgesucht wird, die Ereignisse wie in allen anderen Kriegen hin- und herwogen sehn. Das tun sie jedoch nur, weil wir nichts als unsere eignen Interessen in sie einbringen. Laßt uns die Wahrheit eingestehn: Wer aus unseren Truppen, selbst aus der regulären, königstreuen Armee, alle heraussieben wollte, die darin aus reinem Glaubenseifer marschieren, und hierzu noch jene, denen es zumindest um den Schutz der Gesetze ihres Landes oder den Dienst für ihren Fürsten geht, der brächte nicht einmal eine vollzählige Kompanie zusammen. Woher kommt dies alles, wenn nicht daher, daß sie von wechselhaften persönlichen Beweggründen getrieben werden, die nichts mit der Sache zu tun haben? (ES. 219/l–r)

Ich sehe in aller Klarheit, daß wir nur jene Pflichten der Frömmigkeit bereitwillig erfüllen, mit denen wir zugleich unseren Leidenschaften frönen können. Die Christen übertreffen alle andern an Feindeshaß. Unser Glaubenseifer bewirkt Unglaubliches, wenn er sich mit unsrer Neigung zu Ehrgeiz und Habsucht, zu Verleumdung und Rachgier, zu Grausamkeit und Aufruhr verbündet. Die Gegenrichtung hin zu Mäßigung, Wohlwollen und Güte aber schlägt er, falls ihn nicht wie durch ein Wunder eine höchst seltene Veranlagung hierzu bewegt, weder zu Fuß noch auf Flügeln ein. Unsere Religion ist geschaffen, die Laster auszurotten; doch sie beschirmt sie, zieht sie groß und spornt sie an. (ES. 219/r)

Aber auch für die wahrhaft Gläubigen, die durch ein gottgefälliges Leben dieser allgemeinen religiösen Verwilderung

Paroli zu bieten suchen, gilt letzten Endes, *daß wir unsere Religion nur auf unsre Weise und aus unsren eigenen Händen annehmen (und nicht anders, als die andern Religionen angenommen werden): entweder weil wir sie im Lande unsrer Geburt als üblich vorfanden oder weil wir ihre Altehrwürdigkeit und das Ansehn der Männer achten, die sich zu ihr bekannten, oder weil wir die Strafen fürchten, die sie den Ungläubigen androht, oder weil wir ihren Versprechen trauen. Gewiß sollten solche Erwägungen in unserm Glauben eine Rolle spielen, aber nur eine untergeordnete, handelt es sich hierbei doch um rein menschliche Bande. Ein anderer Himmelsstrich, andre Glaubenszeugen, ähnliche Verheißungen und Drohungen könnten uns auf dieselbe Weise einen entgegengesetzten Glauben einpflanzen.*

Christen sind wir im gleichen Sinne, wie wir Périgorden oder Deutsche sind. (ES. 220/l–r)

So scheint es berechtigt zu sagen, es sei die Synthese von Fideismus und Pyrrhons Lehre gewesen, die Montaigne zu der Erkenntnis geführt haben, daß seine sich Christen nennenden Zeitgenossen entweder Betrüger sind, weil sie glauben machen wollen, was sie nicht glauben, oder aber etwas zu glauben glauben, was der Mensch aus eigenem Vermögen gar nicht glauben *kann* — bleibt Gott doch als *allein wahrhaft Seiendes* unerkennbar von uns geschieden:

Es liegt in der Natur der Sinne, sich selber täuschend uns zu täuschen, indem sie das, was zu sein scheint, für das nehmen und hinstellen, was ist, weil sie nicht recht wissen, was »ist«.

Aber was ist das nun, was wahrhaft »ist«? Das, was ewig ist, was also nie einen Anfang hatte und nie ein Ende haben wird und dem die Zeit nie die geringste Veränderung zufügen kann — sie, die als stets Bewegte einem Schatten gleich die unaufhaltsam, ohne Rast und Ruh dahinfließende und -flutende Materie begleitet. Die ihr ureignen Worte sind: »vorher« und »danach« oder »ist gewesen« und »wird sein«, die auf den ersten Blick schon deutlich machen, das sie nicht etwas ist, das ist; denn es wäre doch äußerst töricht und ganz offensichtlich falsch, von etwas, das noch nicht existiert oder zu existieren bereits aufgehört hat, zu sagen: Es »ist«.

So bleibt nur der zwingende Schluß, daß allein Gott »ist«; nicht aufgrund irgendeines Zeitmaßes, sondern einer unbewegten und unbeweglichen Ewigkeit, unvergänglich und unwandelbar; vor dem nichts ist und nach dem nichts sein wird (und schon gar nichts Neueres oder Jüngres), sondern der als allein wahrhaft Seiendes mit einem einzigen »Jetzt« das ganze »Immerdar« ausfüllt. Es gibt nichts, das wirklich »ist«, als ihn allein.

Wie könnte man die uns unerreichbare Ferne von Gottes Majestät besser umschreiben als mit diesen von tiefster Frömmigkeit zeugenden Worten des Katholiken Montaigne? Doch halt! Am Ende bekennt er, daß er sie *von einem Heiden, nämlich Plutarch übernommen* habe. [ES. 300/l–r]

So dürfte er denn auch für die Athener mit ihrem *Dem unbekannten Gott* geweihten Altar größeres Verständnis aufgebracht haben als für des Paulus Worte *Nun verkündige ich euch denselben, dem ihr unwissend Gottesdienst tut**, die ihnen den unbekannten Gott als christlichen erkennbar machen sollten:

Unter allen Vorstellungen, die sich die Menschen der Antike von der Religion machten, scheint mir jene der Wahrheit am nächsten zu kommen und daher am berechtigsten zu sein, die Gott als eine unbegreifliche Macht ansah, als Ursprung und Bewahrer aller Dinge, als Inbegriff aller Gutheit und aller Vollkommenheit — eine Macht, die der Menschen ehrfürchtige Anbetung in welcher Form und unter welchem Namen auch immer mit Wohlgefallen aufnehme. Wesentlich schärfer noch habe Pythagoras die Wahrheit mit seiner Bewertung umrissen, *diese erste Ursache, dies Sein alles Seienden müsse undefiniert, unbeschrieben und unerklärt* bleiben. [ESS. 256/r–257/l]

Montaignes Fideismus machte es ihm somit leicht, den aufs Jenseits fixierten Erlösungsglaube der kirchlichen Interpretation zu überlassen, da ihm dessen diesseitige Erscheinungsformen Material genug für sein Studium der religiösen *Conditio humana* boten. Ob König oder Kirche — beiden gegenüber galt für ihn: *Nicht der Verstand ist dazu erzogen, sich zu biegen und zu beugen, meine Knie sind es.* [ES. 471/l]

Dabei bezwecken Montaignes Ausführungen zur christlichen Religion *keineswegs eine Schädigung des Glaubens* an sich, wie Hugo Friedrich schreibt, *im Gegenteil, der Glaube bleibt möglich; nur werden seine Inhalte, wie jegliche Transzendenz überhaupt, hinausverlegt in eine absolute Dunkelheit. So beschäftigt sich Montaigne nie im einzelnen mit den schwierigen Glaubenssätzen: mit der Trinität, mit der Erbsünde, mit der Menschwerdung Gottes, mit dem Erlösertod. Er umwirbt sie nicht, er bekämpft sie nicht, er läßt sie auf sich beruhen.*

Es endet alles in der Faktizität des Menschen und im Einverständnis mit der aus der Dunkelheitserfahrung resultierenden Begrenzung. Man hat den Eindruck, als entlaste sich Montaigne mit seinem Fideismus von den christlich bestimmten Glaubensinhalten, um Ruhe vor ihnen zu haben. Was an Frömmigkeit im Essai »Apologie de Raymond Sebond« und in den anderen Essais lebt, ist so wenig spezifisch christlich, so sehr allgemein lebensphilosophisch, daß er es mit den Worten und Inhalten der hellenistischen Weisheit besser aussprechen kann als mit der christlichen Lehre. *

Daß Gottes Wohlgefallen an ehrfürchtiger Anbetung unberührt davon bleibe, *in welcher Form und unter welchem Namen* sie erfolge, läßt Montaigne imaginieren, als Grieche der Antike *hätte ich mich vermutlich am ehesten zur Gottheit jener Menschen bekannt, welche die Sonne anbeteten,* die er mit geliehener Stimme im längsten Gedichtzitat der *Essais* als diejenige Gottheit besingt,

> *»die allen Dingen leuchtet, dieses ew'ge Licht,*
> *dies Auge aller Welt! Aus Gottes Angesicht*
> *erstrahlen seine Blicke uns im Erdental,*
> *erhalten all die Lebewesen sonder Zahl,*
> *erhelln des Menschen Tun, ob bös, ob tugendhaft.*
> *Die Sonne, groß und schön, erfüllt mit ihrer Kraft*
> *den Raum, und sie erschafft im Gang von Haus zu Haus*
> *der Jahreszeiten Lauf: stets zwölfmal ein und aus.*
> *Die schweren Wolken teilen sich auf ihr Geheiß;*
> *des Kosmos Seele, Geist, dies Feuer lohend heiß,*
> *durchmißt an einem Tag den ganzen Himmelskreis,*

ein ruhlos ruhend' Rund, ein Vagabund im Gleis
der Welt sich treulich haltend, eilend weilend nur:
des Tages Vater und der Erstling der Natur.« *(ES. 257/r)

Und gleichwohl war er Katholik? Ob gläubiger, bleibe dahingestellt, doch praktizierender auf jeden Fall — hauptsächlich aus drei Gründen:

Da es den Menschen, erstens, nicht gegeben ist, darüber zu bestimmen, in welche religiöse Tradition sie hineingeboren werden, handeln sie am vernünftigsten, wenn sie sich an die jeweils vorgefundne halten — er also an die der *katholischen und apostolischen römischen Kirche, in deren Schoß ich geboren bin und sterben werde* (siehe oben).

Zweitens: Montaigne sieht im Katholizismus, wie Bruno Petey-Girard (Université de Paris XII-Créteil) betont, das Element der *Stabilität, deren das Königreich für seine Aufrechterhaltung bedarf**, denn *die christliche Religion hat alle Kennzeichen äußerster Gerechtigkeit und Nützlichkeit, keines aber ist unmißverständlicher als die Ermahnung, der Obrigkeit zu gehorchen.* (ES. 66/r)

Dabei bemäntelt er die Verkommenheit der katholischen Partei in den blutigen Bürgerkriegen keineswegs, sondern stellt sie um so verbitterter an den Pranger: *Ich beobachte, wie in den Kämpfen, denen wir jetzt ausgesetzt sind und die Frankreich spalten und zerstückeln, jeder sich abmüht, seine Sache zu verfechten, dabei aber (bis hin zu den Besten) mit Lug und Trug vorgeht. Wer freiweg hierüber schreiben wollte, müßte sich weit hervorwagen und dürfte keinen Schaden scheun. Selbst die Partei, die das größere Recht auf ihrer Seite hat, ist Glied eines von Würmern wimmelnden Körpers.* (ES. 501/l)

Doch nachdem er *die äußerst verhängnivollen Auswirkungen* der Rebellion gegen die Obrigkeit erleben mußte, steht seine Haltung unverrückbar fest: *Ich verabscheue gewaltsame Neuerungen, welches Gesicht sie auch tragen mögen. Wer einem Staat den ersten Stoß gibt, wird meistens als erster in seinen Sturz mitgerissen. Die Frucht des Aufruhrs bleibt selten in der Hand dessen, der ihn angestiftet hat; er rührt nur das Wasser für andere auf, die dann im trüben fischen.* (ES. 66)

Montaigne hat für viele Anliegen der Hugenotten durchaus Verständnis, hält er selber es doch längst für dringend erforderlich, der allgemeinen sittlichen und religiösen Verwahrlosung seines Landes entgegenzutreten. Schon während seiner Schulzeit am *Collège de Guyenne* standen viele seiner verehrten Lehrer dem Protestantismus nahe, und er bekennt: *Wenn mich in meiner Jugend irgend etwas hätte in Versuchung führen können, wäre es am ehesten der Ehrgeiz gewesen, mich in die von der Reformation heraufbeschworenen Auseinandersetzungen und Gefahren zu stürzen!*(ES. 160/r) Auch später erinnert er sich noch einmal an *den vom Reiz des Besondren, der Neuerung und der erwarteten Widerstände geschärften Stachel.* (ES. 335/r)

Daß er dieser *Versuchung* gleichwohl nicht erlegen ist und dem *Stachel* zu widerstehen wußte, führt er auf folgende *simple Überlegung* zurück, *die schon meine ausgreifendere Jugend im Zaum hielt: Es ist nicht ratsam, daß ich meine Schultern mit der Bürde belade, in einer so gewichtigen Wissenschaft wie der Theologie verantwortlich mitzureden und mich auf diese Weise an etwas heranzuwagen, an das ich mich vernünftigerweise nicht einmal in den leichtesten mir beigebrachten Wissenschaften heranwagen würde (und in denen kann man doch unbekümmert drauflosurteilen, ohne Schaden anzurichten).*

Mir scheint es höchst vermessen, die beständigen Bräuche und öffentlichen Einrichtungen einer unbeständigen Privatmeinung zu unterwerfen (denn die private Vernunft hat auch nur private Urteilsbefugnis) und mit den göttlichen Gesetzen so umzuspringen, wie es hinsichtlich der bürgerlichen kein Staat hinnehmen würde, da diese, obwohl der menschlichen Vernunft weitaus zugänglicher, als oberste Richter über ihren Richtern stehn; deshalb bemühen sich ja die fähigsten Köpfe, lediglich deren überkommene Anwendung auszulegen und zu erweitern, nicht aber, von ihr abzuweichen und sie durch Neuerungen zu ersetzen. (ES. 67/l)

Ablehnung der Neuerungen, Verständnis für die Neuerer — es waren, wie Olivier Millet (Universität Basel) darlegt, nicht zuletzt die bis ins nächste Umfeld Montaignes sich auswirkenden Ereignisse seiner Zeit, die ihn hierzu bewogen:

Zweifellos hat der Übertritt seiner Schwester Jeanne und seines Bruders Thomas zum Protestantismus wesentlich die Haltung Montaignes beeinflußt, ebenso wie die Tatsache, daß er das volle Vertrauen seiner hugenottischen Nachbarn genoß — ganz zu schweigen von der engen Beziehung zu Heinrich von Navarra.*

Sogar sein eigenes Werk weist mancherlei protestantische Züge auf, wie seine Selbstbezichtigungen gegenüber dem vatikanischen Zensor zeigen, oder das vielsagende Bekenntnis: *Ganz im Sinne der Hugenotten, die unsre Ohrenbeichte ablehnen, beichte ich in aller Öffentlichkeit, und dies gewissenhaft und rückhaltlos. Manches, was ich keinem sagen möchte, sage ich hier allen, und meine vertrautesten Freunde verweise ich, wenn sie über mein geheimstes Wissen und Denken Aufschluß wünschen, an mein Buch.*(ES. 423/r) Auch anderen Glaubenssätzen der Hugenotten stimmt er rundheraus zu, so wenn er schreibt: *Man hat mir erzählt, daß es bei jenen, die nicht unserer Konfession sind, verboten sei, unter sich den Namen Gottes im gewöhnlichen Reden zu verwenden. Sie wollten nicht, daß man sich seiner in Form von Ausrufen und Kraftworten bediene, oder bei Zeugenaussagen und Vertragsabschlüssen; und darin, finde ich, haben sie recht.*(ES. 162/l)

Dennoch bleibt sein praktizierter Katholizismus davon unberührt — aus einem dritten Grund:

Die obersten für uns zuständigen Richter sind die Sinne, die von den Dingen aber nur die äußere Erscheinung wahrnehmen; es braucht uns daher nicht zu verwundern, wenn in allen Vorgängen des gesellschaftlichen Lebens die Förmlichkeiten und Schaustellungen eine derart große Rolle spielen, daß sie sogar dessen wichtigsten und wirksamsten Teil bilden. Immer haben wir es mit dem Menschen zu tun, und der ist nun einmal überaus körperlich.

Jene, die es bei uns in den letzten Jahren unternommen haben, eine völlig vergeistigte und unsinnliche Religionsausübung durchzusetzen, sollten daher nicht erstaunt sein, wenn manche meinen, sie wäre ihnen längst unter den Fingern dahingeschmolzen und zergangen, könnte sie sich nicht als Fanal, Feldzeichen und Werkzeug der Parteiung und Spaltung weit stärker denn aus innerer Kraft unter uns halten.(ES. 468/r)

Obwohl er ausdrücklich darauf hinweist, daß *die Sinne von den Dingen nur die äußere Erscheinung wahrnehmen*, tut auch dies seiner Wertschätzung für die katholische Form der Religionsausübung keinerlei Abbruch, im Gegenteil: *Man wird mir schwerlich einreden können, daß der Anblick unserer Kruzifixe mit der Darstellung dieses erbärmlichen Sterbens, daß das Gepränge und die feierlichen Rituale in unseren Kirchen, daß die unsre Gedanken zur Andacht einstimmenden Hymnen — daß all diese Erregung der Sinne die Seele des Volkes nicht mit einer frommen Leidenschaft durchglühe, die ihm äußerst förderlich ist.* [ES. 257/l–r]

Das gilt ihm jedoch nicht nur für die Seele des Volkes, vielmehr *ist kein Herz so hart, daß die Süße der Musik es nicht anrührte und erweichte; keine Seele so verstockt, daß sie sich nicht von Ehrfurcht ergriffen fühlte, wenn sie die düstere Weite unserer Kirchen, die Vielfalt ihrer Ornamente, die feierliche Ordnung unsrer Gottesdienste betrachtet und dem erhebenden Schall und Hall unsrer Orgeln sowie dem getragnen und weihevollen Wohlklang unsrer Choräle lauscht. Selbst jene, die mit Verachtung eintreten, fühlen in ihrem Herzen einen gewissen Schauder und eine Art Erschrecken, die sie in ihrer Ablehnung wankend machen.* [ES. 295/r]

Freilich bleiben solche durch die Sinne vermittelten Gefühlserregungen keineswegs den Besuchern katholischer Kirchen und den Teilnehmern an ihren Messen vorbehalten, sondern werden gleichermaßen vom Gebrauch anderer Riten, ja dem Genuß heidnischer Kunstwerke ausgelöst — wiederum eine bezeichnende Wende und Erweiterung der Montaigneschen Argumentation: *Deshalb stimme ich der Behauptung zu, die Verwendung von Weihrauch und Wohlgerüchen in den Kirchen, seit alters bei allen Religionen verbreitet, sei zu dem Zweck eingeführt worden, unsre Sinne zu erfreuen, wachzurütteln und zu reinigen, damit wir dem Gottesdienst mit größerer Andacht folgen können.* [ESS. 158/r–159/l] Und: *Ich für mein Teil finde mich nicht stark genug, mir ungerührt Verse von Horaz oder Catull anzuhören, wenn sie mit wohlgeübter Stimme von einem schönen jungen Mund vorgetragen werden. Zenon sagte daher mit Recht, die Stimme sei die Blume der Schönheit.* [ES. 295/r]

Insoweit also ergötzt sich der synästhetische Welt- und Menschenwahrnehmer an den von Handwerk oder Kunst erzeugten Farb- und Formwundern, und alle Wohlklänge von Liturgie und Lyrik weiß er in vollen Zügen zu genießen — aber nur, falls die von ihnen hervorgerufenen Empfindungen nicht zur religiösen Verzückung entarten. *Jeder* Überschwang ist ihm zuwider, im Glauben nicht anders als in der Liebe (*etwas Erregung, ja — aber bitte keine Raserei!*[ES. 445/r]), denn *solch ins Jenseits entrückte Seelenzustände erschrecken mich wie unzugängliche und schwindelerregende Höhen.* [ES. 566/l]

Selbst in seinem Lobgesang auf *jene verehrungswürdigen Seelen, die schon im Diesseits der ewigen Himmelsspeise teilhaftig werden,* schwingt ein tiefes Befremden mit, das schließlich in eine drastische Warnung an *unsereinen* mündet:

Ich will hier keineswegs mit uns Zwergenvolk und dem eitlen Sinnen und Trachten, das unsereinen vom Wesentlichen ablenkt, jene verehrungswürdigen Seelen vermengen, welche die Inbrunst von Glauben und Versenkung zur unentwegten und gewissensernsten Anschauung der göttlichen Dinge erhebt: Seelen, die kraft einer lebendigen und leidenschaftlichen Hoffnung schon im Diesseits der ewigen Himmelsspeise teilhaftig werden, nach der alle christliche Sehnsucht als dem höchsten und endgültigen Ziele lechzt, der einzigen immerwährenden und unverweslichen Freude. Solch hehres Streben ist Sache auserwählter Seelen. Bei unsereinem aber habe ich stets zwei Dinge in besonders engem Zusammenspiel gesehn: überhimmlisches Denken und unterweltliches Tun. [ES. 565/r]

Daher findet er *jene Leben am schönsten, die sich ins allgemeine Menschenmaß fügen, auf wohlgeordnete Weise, ohne Sonderwünsche, ohne Wundersucht.* Das Greisenalter aber empfiehlt der christliche Heide wie Horaz *in die Hände jenes Gottes, der Gesundheit und Weisheit beschützt — eine fröhliche Weisheit freilich, und gesellige:*

Laß, o Apoll, was ich erwarb, mich froh genießen,
gesunden Leibes, ungeschwächt an Leib und Seele —
kein schmachvoll Altern mög' des Lebens Lauf beschließen!
Und gib, daß auch der Lyra Labsal mir nicht fehle!*[ES. 566/r]

4. FURIOSO, CON DOLORE

*Ich habe lange Zeit einen Mann bei mir gehabt, der zehn, zwölf
Jahre in jener anderen Welt verbracht hatte, die zu unsrer Zeit
entdeckt worden ist. Er war ein einfacher, ungeschliffner Mensch —
was ja eine günstige Voraussetzung für wahrheitsgetreue Aussagen
bildet; denn gebraucht wird ein Mann, der entweder äußerst wahr-
heitsliebend oder so schlichten Gemütes ist, daß er sich Fiktionen gar
nicht auszudenken und als glaubwürdig hinzustellen vermag. Mein
Mann nun war von dieser Art.* (ES. 110/r)

Wann immer möglich, pflegt Montaigne ihm Zugetragenes
autoptisch zu überprüfen; wann nicht, sieht er sich, wie das
Zitat zeigt, seine Gewährsleute äußerst sorgfältig an, ehe er
ihnen Glauben schenkt.

In unserem Beispiel hält er die Auskünfte seines Augen-
zeugen jedenfalls für derart zuverlässig (zumal dieser ihm *bei*

verschiednen Anlässen Seefahrer und Kaufleute vorstellte, die er auf
seiner Reise kennengelernt hatte), daß er sie zur Grundlage seiner
so weitläufigen wie tiefschürfenden Betrachtungen macht:

Ich finde, daß nach dem, was mir berichtet wurde, die Eingebor-
nen in jener anderen Welt nichts Barbarisches oder Wildes an sich
haben — oder doch nur insofern, als jeder das »Barbarei« nennt,
was bei ihm ungebräuchlich ist. Jene Völker scheinen mir somit
allenfalls in dem Sinne barbarisch, daß sie vom menschlichen Geist
kaum zurechtgestutzt wurden, sondern ihrer ursprünglichen Ein-
falt noch sehr nahe sind. Nach wie vor gehorchen sie den Gesetzen
der Natur, denen die Verderbnis durch die unseren weitgehend
erspart blieb.

Da sie dies in völliger Reinheit tun, verdrießt es mich zuweilen,
daß wir nicht früher Kenntnis davon erlangten: zu einer Zeit, als
es Menschen gab, die besser hierüber zu urteilen gewußt hätten als
wir. Es verdrießt mich, daß Lykurg und Platon diese Kenntnis fehlte,
denn mir scheint das, was wir bei jenen Völkern mit eigenen Augen
sehn, nicht nur alle das Goldene Zeitalter ausmalenden Bilder der
Dichter zu übertreffen, all ihre uns ein glückliches Leben der dama-
ligen Menschheit vorzaubernden Erfindungen, sondern sogar den
von der Philosophie ersehnten Idealzustand.

Die Alten haben sich eine so einfache, so reine Unschuld, wie wir
sie nun in der handgreiflichen Wirklichkeit erblicken, nicht vor-
stelln können; sie haben nicht glauben können, daß eine Gesellschaft
mit so wenig künstlicher Reglementierung und Verschweißung der
menschlichen Beziehungen lebensfähig sei. Weit entfernt von solcher
Vollkommenheit würde Platon sogar seinen idealen Staat finden,
sähe er diese Menschen, »frisch aus der Götter Hand«.

»Das sind Geschlechter, die fürwahr
Natur im Urbeginn gebar.« *(ESS. 109/r–111/r)

Angesichts einer derartigen Eloge auf die Naturvölker könnte
man meinen, Montaigne verschlösse vor deren doch ebenso
spektakulären blutrünstigen Taten die Augen, doch das Gegenteil ist der Fall — wie die folgenden Ausführungen bezeugen:

Eine sehr alte und von allen Religionen geteilte Auffassung besagt,
daß wir den Himmel und die Natur durch Mord und Totschlag

besänftigen könnten. Noch zur Zeit unserer Väter ließ Murad bei der Einnahme des Isthmus von Korinth für die Seele seines Vaters sechshundert junge Griechen opfern, deren Blut die Sünden des Verstorbnen sühnen sollte. Auch in den neuen, zu unsrer Zeit entdeckten Ländern, die verglichen mit den unseren noch jungfräulich und unverdorben sind, ist dieser Opferbrauch weitverbreitet: All ihre Götzen besaufen sich mit Menschenblut, wobei es immer wieder zu Fällen entsetzlicher Grausamkeit kommt. So verbrennt man die Opfer oft lebendigen Leibes, und wenn sie halb gebraten sind, zerrt man sie vom Feuer, um ihnen Herz und Eingeweide herauszureißen. Manchen, darunter sogar Frauen, zieht man, wiederum lebendigen Leibes, die Haut ab, um diese, bluttriefend wie sie ist, anderen überzuwerfen und sie mit ihr zu maskiern. [(ES. 109/r)]

Nicht um Beschönigung geht es ihm also, sondern darum, möglichst alle Aspekte des Themas aufzudecken und auszuleuchten; dabei geraten ihm freilich ganz andere Menschen ins Visier, als der Titel *Über die Menschenfresser* des *Essai I/31,* aus dem die Zitate stammen, vermuten läßt:

Was mich ärgert, ist keineswegs, daß wir mit Fingern auf die barbarische Grausamkeit solcher Handlungen zeigen, sehr wohl aber, daß wir bei einem derartigen Scharfblick für die Fehler der Menschenfresser unseren eignen gegenüber so blind sind. Ich meine, es ist barbarischer, einen noch alles fühlenden Körper auf der Folterbank auseinanderzureißen, ihn stückchenweise zu rösten, ihn von Hunden und Schweinen zerbeißen und zerfleischen zu lassen (wie wir es nicht nur gelesen haben, sondern in frischer Erinnerung noch vor uns sehn: keineswegs zwischen alten Feinden, sondern zwischen Nachbarn und Mitbürgern und, was noch schlimmer ist, unter dem Vorwand von Frömmigkeit und Glaubenstreue), als ihn zu braten und sich einzuverleiben, nachdem er sein Leben ausgehaucht hat.

Chrysippos und Zenon, die Gründerväter der stoischen Schule, waren durchaus der Meinung, es sei nichts Schlimmes dabei, sich notfalls menschlicher Leichen auf welche Weise auch immer für unsere Bedürfnisse zu bedienen, selbst zur Ernährung — wie unsre Vorfahrn, als sie in der Stadt Alesia von Caesar belagert wurden und den Entschluß faßten, ihrer Hungersnot durch Tötung und Verzehr

der Greise, der Frauen und andrer zum Kampf untauglicher Ein-
wohner zu begegnen.

»Die Basken auch verlängerten sich solchermaßen
*das Leben, heißt's, indem sie andre Menschen aßen.«** *

Wir können die Menschenfresser also nach Maßgabe der
Vernunftregeln durchaus »Barbaren« nennen, nicht aber nach
Maßgabe unsres eigenen Verhaltens, da wir sie in jeder Art
von Barbarei übertreffen. Ihre Kämpfe zeichnen sich durch
Edelmut und Selbstlosigkeit aus, und wenn am Krieg, dieser
Krankheit des Menschengeschlechts, überhaupt etwas schön
und entschuldbar sein kann, so findet es sich bei ihnen: Sie
haben keinen anderen Beweggrund hierfür als das Verlangen,
ihre Tapferkeit zu beweisen. Ihre Streitigkeiten gelten nicht
der Eroberung neuer Ländereien, denn das Füllhorn der Natur beschenkt sie so reichlich, daß sie ohne Arbeit und Mühe
mit allem Notwendigen versorgt sind und gar kein Interesse
daran haben, ihre Grenzen zu erweitern. Sie sind noch in
der glücklichen Verfassung, nur so viel zu begehren, wie ihre
natürlichen Bedürfnisse erfordern — alles, was darüber hin-
ausgeht, scheint ihnen überflüssig.

Durchweg nennen sie sich untereinander, wenn gleichen Alters,
»Brüder«; die Jüngeren aber heißen »Kinder«, während die Greise
für alle übrigen »Väter« sind. Diese hinterlassen den Erben gemein-
schaftlich ihren vollen und ungeteilten Güterbesitz, ohne anderen
Rechtstitel als schlicht und einfach den, welchen die Natur jedem ihrer
Geschöpfe dadurch verleiht, daß sie es in die Welt setzt. (ES. 113/l–r)

Eindringlich warnt Montaigne davor zu glauben, all diese
Gebräuche würden von den Eingebornen *nur aus unbedarfter*
und sklavischer Befolgung ihrer Sitten und unter dem Machtdruck
des Althergebrachten eingehalten, also ohne Verstand und eigene
Urteilskraft, weil sie innerlich zu abgestumpft seien, um einen
anderen Weg überhaupt wählen zu können; daher führt er zum
Beweis ihrer *schöpferischen Fähigkeiten* zwei Beispiele aus der
Dichtkunst an:

Ich besitze ein Lied jener Menschenfresser, das ein Gefangener
verfaßte und in dem sich die Einladung an seine Bewacher findet, sie

möchten allesamt flugs herbeieilen und sich gemeinsam an ihm güt-
lich tun, denn damit würden sie zugleich ihre Väter und Vorfahrn
verzehren, die seinem Körper zur Speise und Nahrung gedient
hätten. »Diese Muskeln«, heißt es darin, »dieses Fleisch und diese
Adern sind die euren, arme Narren, die ihr seid: Merkt ihr denn
nicht, daß noch Saft und Kraft eurer Ahnen darin steckt? Laßt sie
euch munden, denn so kommt ihr auf den Geschmack eures eignen
Fleisches!« Die Originalität dieses Einfalls scheint mir alles andre
als »barbarisch«. [ES. 115/l]

Außer diesem Kriegssang besitze ich ein zweites Lied, das diesmal
von der Liebe handelt. Es beginnt ungefähr so: »Schlange, halt ein!
Halt ein, Schlange, damit meine Schwester nach dem Muster deiner
Farbenpracht Form und Flechtart eines gleich prächtigen Bandes
gestalte, das ich meiner Liebsten schenken will; so sollst du mit der
Schönheit deiner Ornamente für alle Zeiten alle andern Schlangen
übertreffen!« Diese erste Strophe bildet zugleich den Kehrreim des
Lieds.

Nun habe ich genug Umgang mit der Dichtkunst, um das Urteil
abgeben zu können, daß diese Schöpfung fürwahr alles andre als
»barbarisch« ist — nämlich durch und durch anakreontisch. [ES. 115/l]
Und kein Geringerer als Goethe stimmt ihm zu, indem er, als
wolle er seine Vision einer *Weltkultur* (im Sinne eines *künftig*
weltweiten Austauschs der Kulturen) auf den Fundus des Vor-
aus- und Untergegangnen gründen, von ebendiesem Lied
eines Menschenfressers sich zur Nachdichtung inspirieren
läßt — sogar zweimal:

I

Schlange, warte, warte, Schlange,
Daß nach deinen schönen Farben,
Nach der Zeichnung deiner Ringe
Meine Schwester Band und Gürtel
Mir für meine Liebste flechte.
Deine Schönheit, deine Bildung
Wird von allen andern Schlangen
Herrlich dann gepriesen werden. *

II

Schlange, halte stille!
Halte stille, Schlange!
Meine Schwester will von dir ab
Sich ein Muster nehmen;
Sie will eine Schnur mir flechten,
Reich und bunt, wie du bist,
Daß ich sie der Liebsten schenke.
Trägt sie die, so wirst du
Überall vor allen Schlangen
Herrlich schön gepriesen. *

Bei der Schilderung der Sitten und Gebräuche dieser Eingebornen bezieht sich Montaigne, seinem Gewährsmann folgend, auf den brasilianischen Indianerstamm der *Tupinambà*.
Es war Durand de Villegagnon, der zuerst auf ihn stieß, als
er 1557 in der Gegend des heutigen Rio de Janeiro an Land
ging und ihr den Namen *Antarktisches Frankreich* gab. Schon
seit dem frühen 16. Jahrhundert waren Schiffe an die brasilianischen Küsten gefahren, um das zur Färbung von Stoffen
begehrte *pau brasil* zu laden, das rote Holz einer bestimmten Buchenart. Bis 1560 folgten weitere Kolonierungsversu-
che, die in Europa einen reichen literarischen Niederschlag
fanden.

Daß Brasilien für Frankreich zum Inbegriff der in Amerika
entdeckten Länder wurde, habe also besondere Gründe, betont Frank Lestringant (Université de Paris IV/Sorbonne),
füge sich aber in den damaligen Trend: Der Renaissance sei es
wenig wichtig gewesen, daß Kolumbus bereits vorher auf den
Bahamas die Neue Welt betreten habe. Die relative Unkennt-
nis von dessen Reisen und der Geschicke Amerigo Vespuccis,
der zum Namensgeber des ganzen Kontinents werden sollte,
erkläre somit den Brasilien allgemein eingeräumten Vorrang.

So folge Montaigne lediglich der damaligen Tradition,
wenn er in seiner Beschreibung der amerikanischen Eingebornen bei den brasilianischen Indianern *anfängt und über*

*eine Art »tupinambisation« die ursprünglich nur für sie geltenden
ethnischen und kulturellen Eigenschaften schließlich allen Völkern
des Kontinents zuschreibt.**

Als sich ihm eine Gelegenheit bietet, mit Vertretern der
Tupinambà persönlich in Kontakt zu kommen, nimmt er sie
sofort wahr — und sieht sich prompt in seiner Überzeugung
von deren Scharfblick und Urteilskraft bestätigt:

*Zu der Zeit, da der verstorbne König Karl IX. sich in Rouen
aufhielt, befanden sich dort auch drei von ihnen, nicht ahnend, wie
teuer für ihre Seelenruhe und ihr Glück sie die Bekanntschaft mit
unserer Sittenverderbnis eines Tages zu stehn käme, ja, daß dieser
Verkehr mit uns zu ihrem Ruin führen würde (der, wie ich vermute,
schon weit fortgeschritten ist). Der König sprach lange mit ihnen.
Man zeigte ihnen unsere Lebensweise, unsre Prachtentfaltung und
das Erscheinungsbild dieser schönen Stadt. Hernach fragte sie jemand nach ihrem Urteil und wollte wissen, was ihnen am meisten
aufgefallen sei.*

*In ihrer Antwort wiesen sie auf drei Dinge hin, von denen ich
zu meinem großen Ärger das dritte vergessen habe; doch die beiden
andern sind mir noch in Erinnrung: Erstens, sagten sie, hätten sie
es höchst seltsam gefunden, daß so viele den König umgebende große
Männer, bärtig, stark und bewaffnet — wahrscheinlich sprachen
sie von den Schweizern seiner Leibwache —, sich dazu herabließen,
diesem Kind zu gehorchen, statt einen der ihren zum Befehlshaber
zu wählen; zweitens (und hier muß man wissen, daß sie in ihrer
Redeweise die Menschen als Hälften voneinander bezeichnen) hätten
sie bemerkt, daß es Menschen unter uns gebe, die alles besäßen und
mit guten Dingen jeder Art geradezu vollgestopft seien, während
ihre andern Hälften bettelnd an deren Türen stünden, von Armut
und Hunger ausgemergelt; und sie fänden es verwunderlich, daß
diese, notleidend, wie sie seien, eine derartige Ungerechtigkeit ge-
duldig hinnähmen, statt die Reichen an der Gurgel zu packen und
ihre Häuser in Brand zu stecken.*

*Mit einem von ihnen habe ich sehr lange gesprochen (aber der
Dolmetscher, der mir zur Verfügung stand, konnte mir derart
schlecht folgen und wurde von seiner Dummheit derart gehindert,*

*meine Gedanken zu begreifen, daß ich kaum Vergnügen daran
fand). Als ich ihn fragte, welchen Gewinn er aus dem Vorrang ziehe,
den er unter den Seinen einnehme (denn er war Häuptling, und
unsre Seeleute nannten ihn »König«), antwortete er: den Gewinn,
im Krieg allen voranzugehn. Wieviel Männer ihm denn folgten?
Da umschrieb er mit den Armen einen vor uns liegenden Bereich,
um mir zu bedeuten, es seien so viele, wie darin Platz fänden —
und das mochten etwa vier-, fünftausend Mann sein. Ob nach dem
Krieg seine ganze Autorität erlösche? Hiervon bliebe ihm, versetzte
er, dies: Wenn er die ihm unterstehenden Dörfer besuche, bahne
man ihm durch das Dickicht ihrer Wälder Pfade, damit er bequem
vorankäme.*

*All das klingt gar nicht so schlecht. Doch was hilft's — sie tragen
ja nicht einmal Kniehosen!* (ES. 115/l-r)

Erst später befaßt sich Montaigne auch mit Mexiko und
Peru (*Essai* III/6): *Unsere Welt hat kürzlich noch eine andre entdeckt, die nicht weniger groß, weniger bevölkert und weniger vielge-
staltig ist als unsre, jedoch derart neu und unberührt, daß man die
Eingebornen erst jetzt das Abc zu lehren beginnt. Es sind noch keine
fünfzig Jahre her, da kannten sie weder Buchstaben noch Gewichte,
weder Maße noch Kleider, weder Getreide noch Wein. Ganz nackt
lagen sie im Schoß ihrer Nährmutter Natur und lebten allein aus
deren Brust. Es war eine kindliche Welt. Die meisten Antworten der
Eingebornen bei den Verhandlungen beweisen jedoch, daß sie uns an
ursprünglicher Klarheit des Geistes und folgerichtigem Denken in
nichts nachstanden.* (ESS. 455/r-456/l)

Wie man sieht, ist Montaignes Bild der Eingebornen auch
dieser Länder durchaus *tupinambisiert* — doch sie haben etwas
aufzuweisen, das sie von den brasilianischen Indianern wesentlich unterscheidet:

*Die überwältigende Pracht ihrer Städte Cuzco und Mexiko und,
neben vielerlei ähnlichen Dingen, der künstliche Garten ihres Kö-
nigs, wo alle Bäume, Früchte und Kräuter in derselben Größe und
Anordnung wie in einem natürlichen aus wunderbar getriebnem
Gold waren (und so in seinem Kabinett auch die Nachbildungen aller
Land- und Wassertiere seines Reichs), zeigen zusammen mit der*

Schönheit ihrer aus Edelsteinen, Federn und Baumwolle gefertigten Arbeiten und ihrer Malerei, daß sie uns an Kunstfertigkeit nicht minder gleichkamen. [ES. 456/I]

An Prunk und Gepränge aber können weder Griechenland und Rom noch Ägypten irgendein Werk aufweisen, das an Nützlichkeit, Erfindungsreichtum und Großartigkeit mit der in Peru zu sehenden Chaussee vergleichbar wäre, welche die Könige des Landes über eine Entfernung von dreihundert Meilen zwischen den Städten Quito und Cuzco bauen ließen: fünfundzwanzig Schritt breit, schnurgrade, eben und gepflastert, auf beiden Seiten mit stattlichen hohen Mauern umgeben, an deren Innenseiten von Bäumen umsäumte, nie versiegende Bäche fließen. Am Ende jeder Etappe von der Länge eines Tagesmarschs stehen herrliche Paläste, die sowohl für die Reisenden als auch für durchziehende Heere seinerzeit mit Lebensmitteln, Kleidung und Waffen versehn waren. [ES. 459/I]

Montaigne sieht die Neue Welt also im wesentlichen unter zwei Aspekten: dem des alle antiken Darstellungen des *Goldenen Zeitalters* überstrahlenden, an eigenschöpferischen Fähigkeiten reichen Naturzustands der *Tupinambà* und dem der überwältigenden kulturellen Manifestationen der Azteken und Inka, die in manchem, wie er sagt, sogar Rom, Griechenland und Ägypten in den Schatten stellten. Die Verzweiflung über das totale Ausrottungswerk der Konquistadoren türmt sich in ihm schließlich zur wortmächtigen Anklage, zu einem *Furioso, con dolore:*

Ach, warum ist diese so berüchtigte Eroberung nicht Alexander oder den alten Griechen und Römern als vielmehr rühmliches Unternehmen zugefallen? Warum erfolgte diese gewaltige Umwälzung im Dasein so vieler Reiche und Völker nicht unter Männern, die fähig gewesen wären, mit behutsamer Hand zu roden und zu eggen, was noch Wildwuchs war, und den von der Natur dort ausgestreuten guten Samen zu kräftigen und zur Entfaltung zu bringen, indem sie nicht nur zur Kultivierung des Bodens und zur Verschönerung der Städte mit den Kunstfertigkeiten von diesseits des Ozeans (soweit erforderlich) beigetragen, sondern auch den Tugenden der Eingebornen die griechischen und römischen zugesellt hätten?

Welcher Fortschritt wäre es gewesen, welche Verbesserung des gan-
zen Weltgetriebes, hätten wir von Anfang an durch ein beispielhaftes
Auftreten jene Völker zur Bewunderung und Übernahme ebendieser
Tugenden angeregt und zwischen ihnen und uns eine verständnis-
innige Beziehung, eine brüderliche Gemeinschaft hergestellt! Wie
leicht wäre es gewesen, derart unberührte, derart lernbegierige See-
len, die schon von Natur aus meistens derart schöne Ansätze aufwie-
sen, fruchtbringend weiterzuentwickeln!

So aber haben wir im Gegenteil ihre Unwissenheit und Unerfah-
renheit dazu mißbraucht, sie nach dem Muster und Modell unserer
Lebensweise leichter an Habgier und Ausschweifung zu gewöhnen,
an Wortbruch sowie jede Art Brutalität und Unmenschlichkeit. Wer
hat der Geschäfte- und Profitmacherei jemals einen derartigen Wert
beigemessen wie wir? So viele Städte dem Erdboden gleichgemacht,
so viele Millionen Menschen hingemordet, so viele Völker ausge-
rottet, die reichste und schönste Gegend der Welt verwüstet — und
all das für den Handel mit Perlen und Pfeffer! Siege aus eiskaltem
Kalkül!(ESS. 456/r–457/l)

5. DAS ELFTE GEBOT

Wenn ich mit meiner Kätzin spiele — wer weiß, ob ich nicht mehr ihr zum Zeitvertreib diene als sie mir? Die närrischen Spiele, mit denen wir uns vergnügen, sind wechselseitig: Ebensooft wie ich bestimmt sie, wann es losgehen oder aufhörn soll. (ES. 224/I)

Diese Beobachtung läßt Montaigne gründlich über *den unverfrornen Hochmut des heutigen Menschen gegenüber den Tieren* nachdenken, denn *sie können uns mit gleichem Recht für vernunftlose Tiere halten wie wir sie. Unsere Aufmerksamkeit sollten wir daher auf die Gleichheit zwischen Mensch und Tier richten. Wir können uns in die Empfindungen der Tiere ungefähr in gleichem Maße hineindenken wie sie sich in die unsren: Sie fordern uns etwas ab, sie schmeicheln uns, sie drohn uns, und wir ihnen.* (ES. 224/I) *Auf wie vielerlei Art reden wir beispielsweise mit unsren Hunden — und sie antworten uns! In einer wiederum anderen Sprache als mit ihnen unterhalten wir uns mit den Vögeln, den Schweinen, den Ochsen und den Pferden; wir rufen sie mit andern Namen und wechseln je nach Gattung unsre Redeweise.* (ES. 226/r)

Und doch bleibt der Stachel des *Ungefähr,* denn *untereinander findet bei den Tieren eine völlig uneingeschränkte Kommunikation und Verständigung statt, nicht nur innerhalb einer Gattung, sondern auch zwischen verschiednen. Das Pferd erkennt bei einem Hund an einer bestimmten Art des Bellens, ob er angriffswütig ist; hat seine Stimme jedoch einen anderen Ton, erschrickt es nicht im geringsten. Sogar bei den Tieren ohne Stimme können wir aus dem sichtbaren Austausch ihrer Dienste ohne weiteres schließen, daß es bei ihnen ein anderes Kommunikationsmittel geben muß: Ihre Bewegungen sind es, durch die sie zueinander reden und sich ihre Gedanken mitteilen,*

> *»wie die Kinder, eh sie sprechen, sich durch Lachen,*
> *Weinen und Gebärdenspiel verständlich machen.«* *(ES. 224/l–r)

Für dergleichen vorsprachliche Fähigkeiten findet Montaigne immer weitere Beispiele, deren Aussagekraft er mit Salven von Suggestivfragen befeuert:

Gibt es ein Gemeinwesen, das in vielfachere Aufgaben und Obliegenheiten gegliedert wäre, zugleich mit größerer Ordnung verwaltet und unwandelbarer instandgehalten würde als das der Bienen? Ein solch zweckmäßig geregeltes Zusammenspiel aller Handlungen und Verrichtungen — können wir uns vorstellen, daß es sich ohne Vernunft und Vorausschau ins Werk setzen ließe?

Die Schwalben, die wir bei der Wiederkehr des Frühlings alle Winkel unsrer Häuser durchstöbern sehn, suchen sie sich wohl ohne Urteils- und Unterscheidungsvermögen von tausend Stellen eigens jene aus, die ihnen am wohnlichsten scheint? Und würden sich die Vögel beim Bau ihrer bewundernswert schön geflochtnen Nester bald der eckigen statt der runden Form bedienen, bald des stumpfen statt des rechten Winkels, wenn ihnen die Eigenschaften und Vorteile der jeweiligen Machart unbekannt wären? Würden sie abwechselnd Wasser und Lehm herbeitragen, wenn sie nicht wüßten, daß Hartes durch Anfeuchten weich wird? Würden sie ihre kleinen Paläste mit Moos und Flaumfedern auspolstern, wenn sie nicht vorhersähen, daß die zarten Glieder ihrer Jungen darin wolliger und molliger zu liegen kommen? Würden sie sich vor Regenschauern schützen und ihre Unterkünfte gen Morgen errichten, wenn sie die verschiednen Wirkungen der Winde nicht kennten und nicht bedächten, daß der eine ihnen zuträglicher ist als der andre? Warum webte die Spinne ihr Netz hier dichter und dort lockrer, warum bediente sie sich bald dieser, bald jener Art von Knoten, wenn sie unfähig wäre, sich aufgrund folgerichtigen Denkens zu entscheiden?

So erkennen wir deutlich genug, wie die Tiere sich in den meisten ihrer Werke als uns überlegen erweisen und wie schwach unser Vermögen ist, sie nachzuahmen. Schon bei unsern eigenen, doch viel gröberen Hervorbringungen bemerken wir, welche Fertigkeiten wir dazu benötigen und welch äußerste Anstrengungen sie unserm Geist abverlangen — warum meinen wir, daß es bei ihnen anders sei? Warum schreiben wir ihre Werke, die alles übertreffen, was uns mit natürlichen und künstlichen Mitteln möglich ist, ich weiß nicht welch angebornem blinden Trieb zu? [(ES. 225/I)]

Bei aller Begeisterung über die oft sogar das menschliche Werken und Wirken übertreffende Meisterschaft der Tiere vergißt Montaigne jedoch keineswegs, was er oben über unsre Gleichheit mit ihnen gesagt hat. Folglich ergänzt er seinen Lobgesang durch ein ebenso stimmgewaltiges Andrerseits, das die kreatürliche Symmetrie von Mensch und Tier wiederherstellt:

So gesehn, hätten wir wahrlich recht, die Natur eine uns höchst ungerecht behandelnde Rabenmutter zu nennen — doch nichts wäre falscher! Derart aus der Ordnung gefallen sind wir nämlich gar nicht: Die Natur hat ringsum alle Geschöpfe liebevoll umfangen, und es gibt kein einziges, das sie nicht voll und ganz mit den für seine Lebenserhaltung nötigen Mitteln ausgestattet hätte.

Diese ständigen Klagen, die ich die Menschen vorbringen höre (da die Maßlosigkeit ihres Meinens sie bald über die Wolken erhebt, bald zu den Antipoden hinabstürzt), wir seien das einzige nackt auf der nackten Erde ausgesetzte Tier, gefesselt und geknebelt, das sich nur mit fremden Bälgen bedecken und wappnen könnte, wohingegen die Natur alle anderen Geschöpfe nach ihren Lebensbedürfnissen mit Schalen und Gehäusen, mit Schwarten, Borsten und Haaren, mit Wolle und Stacheln, mit Schuppen und Fellen, mit Federn und Daunen bekleidet habe, und zu Angriff und Verteidigung bewehrt mit Krallen, Zähnen und Hörnern sowie ausgebildet in den ihnen eigenen Fähigkeiten wie Schwimmen und Laufen, Fliegen und Singen, während der Mensch ohne mühseliges Lernen weder zu gehen noch zu sprechen, weder zu essen noch sonst irgend etwas (vom Weinen abgesehn) zu tun verstehe — diese Klagen, sage ich, sind unbegründet, denn die Ordnung der Welt ist von einer größeren Gleichheit und einem wesentlich ausgewogneren Verhältnis zwischen Mensch und Tier geprägt.

Unsere Haut ist wie die ihre mit hinlänglicher Festigkeit gegen die Unbilden des Wetters ausgestattet; zahlreiche Völker, die noch nicht den Gebrauch von Kleidern kennengelernt haben, beweisen das. Unsere alten Gallier waren kaum bekleidet, und die Iren, unsre Nachbarn, sind es unter ihrem kalten Himmel genausowenig. Aber am besten beurteilen wir das an uns selbst. Alle Körperteile nämlich, die wir dem jeweiligen Brauch entsprechend dem Wind und der Luft auszusetzen pflegen, erweisen sich als fähig, es zu ertragen; und unsre heutigen Damen, so zart und dünnhäutig sie sind, gehen mit ihrem Dekolleté bis bald zum Nabel hinunter offen.

Auch die Kinder in Windeln zu legen und einzuschnüren ist nicht nötig; in Sparta wurden sie von den Müttern so aufgezogen, daß die Säuglinge weder gewickelt noch festgebunden wurden und folglich die volle Bewegungsfreiheit ihrer Glieder behielten.

Selbst das Weinen der Neugebornen teilen wir mit den meisten Tieren, denn es gibt kaum ein Junges, das man nicht noch lange nach der Geburt jammern und winseln hörte, entspricht dieses Verhalten doch genau seinem Gefühl der Hilflosigkeit. Und was das Essen betrifft, ist dieser Trieb uns wie ihnen angeboren und bedarf keiner Unterrichtung:

> *»Jed' Wesen spürt, wie es mit eigner Kraft*
> *am besten das ihm Angemeßne schafft.«* *

Was Wehr und Waffen betrifft, sind wir von Natur aus besser ausgestattet als die meisten andern Lebewesen, verfügen über einen größeren Bewegungsreichtum der Gliedmaßen und ziehen auf angeborne,

nicht beigebrachte Weise mehr Nutzen hieraus. (Jene Männer etwa,
die man daran gewöhnt hat, nackt zu kämpfen, sieht man sich ge-
nauso in Gefahren stürzen wie die unsren.) Wenn einige Tiere uns
diesbezüglich voraus sind, so wir vielen andren. (ESS. 225/r-226/l)

Mit dieser Gewißheit unsres eigenen natürlichen Aufgeho-
benseins wendet sich Montaigne um so entdeckungsfreudiger
wieder dem weiten Feld der tierischen Fähigkeiten zu, für
deren Erschließung er zahlreiche Musterstücke aus seinem
Lesefundus beiträgt — so dieses:

Chrysippos stellte die Tiere im allgemeinen auf eine so niedrige
Stufe wie kein andrer Philosoph. Als er sich jedoch Gedanken über
das Verhalten eines Hundes machte, der auf der Suche nach seinem
ihm aus dem Blick geratnen Herrn (oder beim Hetzen auf eine
ihm entfliehende Beute) an eine dreifache Gablung gelangt, von
den ersten beiden Wegen einen nach dem andern durchspürt und,
nachdem er sich vergewissert hat, daß auf keinem eine Witterung
des von ihm Gesuchten zu entdecken ist, unverzüglich in den dritten
stürmt, da sah sich unser Philosoph gezwungen zuzugeben, daß dem
Hund offensichtlich folgendes durch den Kopf geht: »Bis zu dieser
Kreuzung bin ich der Spur meines Herrn gefolgt; unweigerlich
muß er auf einem der drei Wege vor mir weitergegangen sein,
nach meiner Witterung jedoch weder auf diesem noch auf jenem,
zwangsläufig also auf dem dritten« — und daß er, indem er seine
Gewißheit auf diese Überlegung und Schlußfolgerung stützt, sich
auf dem dritten Weg gar nicht mehr seines Geruchssinns zur Über-
prüfung bedient, sondern sich völlig von der Kraft seines Verstandes
leiten läßt.

Doch wichtigstes Erkenntnismittel ist und bleibt für Montaigne die eigne Beobachtung:

Mit noch größerer Bewunderung sehe ich das Verhalten der Hun-
de, deren sich die Blinden üblicherweise in Stadt und Land bedienen.
Ich habe beobachtet, wie sie vor bestimmten Türen haltmachen, an
denen es gewöhnlich Almosen gibt, und wie sie ihren Herrn, damit
er nicht überfahren wird, vor Kutschen und Karren beiseite ziehn,
obwohl der Platz zum Durchkommen für sie selber ausgereicht
hätte; einen sah ich, der entlang eines Stadtgrabens einen geebneten

und glatten Pfad verließ und auf einen schlechteren wechselte, um seinen Herrn vom Graben fernzuhalten.

Wie hat man diesem Hund verständlich machen können, daß es seine Aufgabe sei, allein auf die Sicherheit seines Herrn bedacht zu sein und in dessen Dienst die eigene Bequemlichkeit hintanzustellen? Und wie vermochte er zu erkennen, daß jener Weg, der für ihn durchaus breit genug war, für einen Blinden es nicht sein würde? Kann man all das lernen, ohne Verstand und Denkfähigkeit zu haben?

Zudem sind die Tiere keineswegs unfähig, auch ganz nach unserer Art zu lernen. Drosseln und Raben, Elstern und Papageien bringen wir das Sprechen bei; und die hierbei zu beobachtende Leichtigkeit, mit der sie Atem und Stimme so biegsam und fügsam machen, daß wir sie zur Nachahmung einer bestimmten Anzahl von Lauten und Silben ausbilden und darin einüben können, verrät eine angeborne Auffassungsgabe, die diese erstaunliche Lernfähigkeit und -bereitschaft bewirkt. (ESS. 228/r–229/l)

Noch mehr Intelligenz aber, als selber zu lernen, erfordert es, andre zu lehren. Daß Demokrit meinte (und nachwies), es seien die Tiere, die uns die meisten Künste gelehrt hätten — so die Spinne das Weben und Nähen, die Schwalbe das Bauen, der Schwan und die Nachtigall das Musizieren sowie etliche andre Tiere durch ihr Vorbild die Heilkunst —, mögen wir hier beiseite lassen, nicht aber, daß Aristoteles überzeugt war, die Nachtigallen brächten ihren Jungen eigens das Singen bei, worauf sie viel Zeit und Sorgfalt verwendeten; daher komme es, daß jene, die wir im Käfig aufziehen und die deshalb keine Möglichkeit haben, bei ihren Eltern in die Lehre zu gehn, viel von der Schönheit ihres Gesangs einbüßten.

Unter den in Freiheit lebenden Vögeln sitzen die jüngsten andächtig da und bemühen sich, gewisse Tonfolgen des Liedes nachzuahmen. Der Schüler hört sich die Lektion seines Lehrers an und gibt sie mit großer Gewissenhaftigkeit wieder; dann schweigt bald dieser, bald jener, und schließlich hört man, wie jeder seine Fehler zu verbessern sucht und der Lehrer gewisse Beanstandungen vorbringt. (ES. 229/r)

Wenn Montaigne auch glaubt, Demokrits Meinung, die Tiere seien *in den meisten Künsten* unsere Lehrmeister, *hier bei-*

seite lassen zu können, betont er doch um so nachdrücklicher: *Als Gesundheitsregel empfehlen uns die Ärzte geradezu, die Lebensweise der Tiere zum Vorbild zu nehmen, denn sie ist viel geordneter und gemäßigter als unsre, und sie halten viel strenger die uns von der Natur gesetzten Regeln ein.* Was aber das Kinderzeugen angeht, *befehlen* die Ärzte sogar, *uns der Haltung und Stellung der Tiere zu befleißigen, da sie zweckmäßiger sei.* (ESS. 232/r–233/l)

Gebührt den Tieren also doch der Vorrang, stehen sie, Seiende wie wir, dem Sein sogar näher? Auf die *Gleichheit* zwischen Mensch und Tier sollten wir, hat Montaigne eingangs gesagt, *unsere Aufmerksamkeit richten.* Wie erhellend das auch fürs hier zur Rede stehende Gesundheitsthema sein kann, zeigt er uns mit seinem Verweis auf die tierischen Selbstheilkenntnisse und -verfahren:

Warum sagen wir, beim Menschen beruhe es auf Erkenntnis und Wissen, gewonnen aus kunstgerecht angewandtem Denken, wenn er die für die Behandlung seiner Krankheiten und sein Überleben heilsamen Dinge von denen zu unterscheiden verstehe, die es nicht sind? Sehen wir aber, wie die kretischen Ziegen, sind sie von einem Pfeilschuß verwundet, unter einer Million Kräutern zu ihrer Gesundung den Diptam auswähln, und wie die Schildkröte, hat sie eine Viper gefressen, sogleich Majoran als Abführmittel zu suchen beginnt, und wie der Flugdrache sich die Augen mit Fenchel klarreibt, und wie die Störche sich mit Meerwasser selber Klistiere geben, und wie die Elefanten die in Schlachten auf sie geschleuderten Speere und Pfeile nicht nur aus dem eigenen Körper ziehn, sondern auch aus dem ihrer Gefährten, ja ihrer Herrn, und zwar so geschickt, wie wir es unter derart wenig Schmerzen nicht fertigbrächten — warum sagen wir dann nicht ebenfalls, dies beruhe auf Erkenntnis und Wissen? (ES. 228/l)

Am großartigsten aber schildert Montaigne die Meisterschaft eines der kleinsten Vögel: *Keinem menschlichen Forschergeist ist es bisher gelungen, hinter das Geheimnis des wunderbaren Gefüges zu kommen, das der Eisvogel herstellt, wenn er das Nest für seine Jungen baut, noch zu ergründen, welches Material er hierfür verwendet. Plutarch, der mehrere davon gesehn und in der Hand*

gehabt hat, vermutet, der Vogel setze es aus den Gräten eines be-
stimmten Fischs zusammen, die er, die einen längs, die andern quer,
miteinander verflechte und dabei so krümme, daß er am Ende seines
Formens ein schwimmfähiges rundes Schiffchen erhält.

Dann, wenn er den Bau vollendet hat, trägt er das Nest ans Mee-
resufer und setzt es der Dünung da aus, wo sie am sanftesten rollt,
damit er erkennt, welche noch nicht gut genug verbundnen Teile des
Gefüges er ausbessern und an denjenigen Stellen verstärken muß,
die er unter den Wellenschlägen sich lockern und auflösen sieht;
andrerseits wird durch diese all das, was bereits gut verbunden ist,
derart dicht und fest aneinandergedrückt, daß es weder zerbrechen
noch zerfallen kann und sogar Stein- oder Eisenschlägen standhält,
wenn sie nicht mit äußerster Gewalt erfolgen.

Was aber die allergrößte Bewunderung verdient, sind Proportion
und Ausformung der inneren Höhlung, denn sie ist so gestaltet und
abgemessen, daß sie nichts hineinläßt und aufnimmt als den sein
Werk überprüfenden Vogel — für alles andre bleibt sie unzugäng-
lich, dicht und verschlossen, sogar fürs Meerwasser.

Hier liegt uns eine recht klare Beschreibung des Baus vor, und sie
stammt aus zuverlässiger Quelle; gleichwohl dünkt mich, daß sie uns
immer noch nicht genügend Einblick in die Vielschichtigkeit dieser
Architektur gewährt. (ES. 239/l–r)

Seine Folgerung aus dem so umsichtig Dargelegten scheint
zwingend: *Wir stehen weder höher noch tiefer als die übrigen Ge-*
schöpfe: Alles, was unter dem Himmel ist, sagt der Weise, folgt einer-
lei Gesetz und Los. Es gibt Unterschiede, es gibt Rangordnungen und
Stufen, doch stets nur als Erscheinungsformen der einen Natur. Man
muß den Menschen streng in den Schranken dieser Ordnung halten.
In Wirklichkeit hat der arme Wicht ja auch gar nicht das Zeug, sich
über sie hinwegzusetzen; er ist mit gleichen Banden an sie gefesselt
wie die anderen Geschöpfe seiner Art — und nimmt dabei noch eine
sehr mittelmäßige Stellung ein, ohne jedes Vorrecht, da ihn keinerlei
wesentliche, wahre Höherwertigkeit auszeichnet.

Jene, die er sich in seiner Einbildung aber zuerkennt, hat weder
Hand noch Fuß; und wenn es stimmen sollte, daß allein ihm unter
allen Lebewesen die Freiheit des entfesselten Meinens und Denkens

eignet, durch die er was ist und was nicht ist zu erkennen wähnt, das Wahre und das Falsche, sein Wünschen und Wollen, so stellt das einen Vorzug dar, der ihn teuer zu stehen kommt und dessen sich zu rühmem er kaum Veranlassung hat, denn gerade diesem Quell entspringen hauptsächlich die ihn so hart bedrängenden Übel: Sünde und Krankheit, Wankelmut und Ratlosigkeit, ja Verzweiflung. All dies sage ich, um die Ähnlichkeit der menschlichen Dinge mit denen der anderen Lebewesen zu betonen und uns in deren große Gemeinschaft zurückzuführn. (ES. 227/l)*

So ergibt sich gleichsam ein elftes Gebot, dessen Aktualität größer nicht sein könnte, und dessen Lebensfreundlichkeit nicht bewegender: *Wir sind zu einer gewissen Achtung und allgemein menschlichen Haltung den Tieren gegenüber verpflichtet — und nicht nur ihnen gegenüber, die Leben und Empfindung haben, sondern ebenso gegenüber den Bäumen und Pflanzen. Den Menschen schulden wir Gerechtigkeit, aller anderen Kreatur jedoch, die dafür empfänglich ist, Freundlichkeit und Wohlwollen. Es bestehen mancherlei Beziehungen zwischen ihnen und uns, und mancherlei wechselseitige Verbindlichkeiten.* (ES. 216/r)*

6. DER PÄDAGOGISCHE PIONIER

Es ist gut, wenn der Lehrer den Zögling vor sich hertraben läßt, um angesichts seiner Gangart beurteilen zu können, wieweit er sich zur Anpassung an dessen Kräfte zurücknehmen muß. Verfehlen wir hier die rechte Proportion, verderben wir alles. Sie zu finden ist eine der schwierigsten Aufgaben, die ich kenne: Nur eine hohe und ungemein starke Seele vermag sich auf die noch kindliche Gangart des Zöglings einzustellen und ihm zugleich als Schrittmacher zu dienen. (ES. 83/I)

Sind das lediglich Worte eines am liebsten die paradoxe Redeweise praktizierenden Philosophen oder vielmehr die eines voll von der Sache eingenommenen pädagogischen Pioniers, oder beides? Offenbar läuft seine Argumentation auf den befremdlichen Ratschlag hinaus, der Lehrer möge seines Amtes als Schrittmacher und Schrittfolger *in einem* walten, als laute der Leitsatz: *Wen du führen willst, dem folge!*

Zunächst: Wann immer Montaigne sagt, er sei oder tue etwas *nicht*, heißt es aufpassen — könnte es doch sein, daß er ebendamit signalisieren will, wie sehr ihm etwas am Herzen liegt! Wenn wir als Beispiel das Philosophieren nehmen, ließe sich seine Behauptung *Ich bin kein Philosoph*[ES. 478/l] auch lediglich als Abwehr aller Vereinnahmungsversuche durch die fachphilosophischen Gralshüter lesen. Das gleiche könnte für seinen Satz *Ich lehre nicht, ich berichte*[ES. 399/r] gelten, mit dem er um jede pädagogische Inanspruchnahme einen weiten Haken zu schlagen scheint — was sich genau dem Bild einfügen würde, das man sich von Montaigne als dem rückhaltlosen Skeptiker gemacht hat, der gegen jedes Pro ein Kontra in die Waagschale wirft und sich gemäß seines berühmten Wahlspruchs *Was weiß ich?*[ES. 263/r] in allen Dingen eines Urteils enthält.

Sobald man jedoch näher untersucht, inwieweit er das wirklich tut, stößt man auf erhebliche Widersprüche. Besonders überrascht, daß jedesmal, wenn er auf Erziehungsprobleme im engen, weiteren oder weitesten Sinn zu sprechen kommt, seine Sprache eindeutig fordernd wird, ja sich zu voluntaristischer Entschiedenheit strafft. *Sollen* und *müssen* übernehmen nun einschließlich aller Ableitungen die Regie, und mit *Ich will* oder *Ich will nicht* beginnende Sätze treten regelrecht in Rudeln auf: *Ich will nicht, daß der Erzieher allein sich etwas ausdenke, ich will, daß er seinem Zögling zuhöre*[ES. 83/l], oder *Ich will keineswegs, daß man den Zögling in eine Lehranstalt einsperre, ich will nicht, daß man ihn den schwarzgalligen Anwandlungen eines tobenden Schulmeisters überlasse, ich will nicht, daß man seinen Geist verschandle*[ES. 90/l], oder *Ich will, daß die weite Welt das Buch meines Zöglings sei.*[ES. 87/l]

Montaignes Erziehungsvorstellungen betreffen das Große und Ganze. Natürlich hatte er mit seinen Ratschlägen zunächst nur die adligen Knaben seiner Zeit im Visier. Doch sollte man nicht vergessen, daß er in den Vertretern seines Standes (wie in denen einer nur steril räsonierenden Philosophie) vorwiegend Moral- und Kulturbanausen sah, denen er immer wieder die Lebensführung der kleinen und einfachen Leute als mustergültig gegenüberstellte. Er selber sah sich als *Mann der gewöhn-lichen Art*^(ES. 498/r), der *nur eine Jedermannsseele habe*^(ES. 128/r) und den sein Vater *von der Wiege an in ein armseliges Dorf zur Pflege gab, um mich an die einfachste und niedrigste Lebensweise zu ge-wöhnen und mich mit dem Volk, mich mit dieser Schicht von Leuten vertraut zu machen, die unsrer Hilfe bedarf.*^(ESS. 555/r–556/l)

Wie seine Philippika gegen *die schwarzgalligen Anwandlungen eines tobenden Schulmeisters* neben vielen weiteren Anprangerun-gen in den *Essais* beweist, ging es ihm bei seinen Forderungen für ein anderes Lehren und Lernen also um weit mehr als um die bevorzugten Zöglinge der oberen Schichten — es ging ihm um die Kinder in den Schulen schlechthin. Indem er die seit der Antike edelsten Erziehungsideale ins Allgemeingültige erwei-terte und zugleich ins Konkrete umsetzte, hat er sie gleichsam demokratisiert. Ihre Aktualität ist daher unabweisbar.

Erstaunlicherweise wird beim Zitieren seiner *Was-weiß-ich?*-Maxime viel zu wenig die erkenntnistheoretische und lebenspraktische Öffnungskraft des Fragezeichens bedacht, die sich vor allem im Vergleich mit des Sokrates (angeblichem) Diktum *Ich weiß, daß ich nicht(s) weiß* zeigt, dessen Feststel-lungscharakter Montaigne zu einem seine Selbst- und Welt-erforschung wesentlich bestimmenden Denkanstoß wandelt und so dynamisiert. Entspricht aber nicht gerade dies den heutigen Mobilitäts- und Weiterbildungsgeboten, beginnend mit dem Einüben des Schülers in die eigene kritische Über-prüfung dessen, was er weiß — und was nicht?

Hierzu ist, sagt uns Montaigne, nichts besser geeignet, *als in den Zöglingen Lust und Liebe zum Studium zu erwecken, sonst züchtet man nur mit Büchern beladne Esel heran, die man unter Rutenschlägen dazu zwingt, ihre Schultaschen voll Wissen ständig mit sich herumzuschleppen.*^(ES. 96/r) Und (siehe auch *Der Eß- und Trinkgelüste Wechselspiel*): *Was nützt es, uns den Wanst vollzu-schlagen, wenn wir's nicht verdauen? Wenn die Speisen sich in uns nicht transformiern? Wenn sie uns nicht größer und stärker machen?*^(ES. 75/l) *Diogenes mokierte sich über die Sprachgelehrten, die alles über die Leiden des Ulysses zu erforschen suchen, doch über ihre eignen nichts wissen, über die Musiker, die ihre Flöten stimmen und ein unstimmiges Leben führen, sowie über die Redner, die Gerechtigkeit zu predigen lernen, nicht aber, sie zu üben.*

Schier unerschöpflich scheint Montaignes Vorrat an abschreckenden Beispielen, die er vor uns ausbreitet: *Wenn wir einen schlecht beschuhten Mann sehn, der Schuster ist, pflegen wir zu sagen, da brauche man sich ja nicht zu wundern. Ebenso begegnen wir, wie die Erfahrung zeigt, oft Ärzten, die offensichtlich schlechter verarztet, Gottesgelehrten, die minder gottgefällig, und Wissenschaftlern, die weniger wissend sind als jeder andre.*(ES. 75/r)

Die Ursache für diesen Mißstand sieht er vorwiegend darin, daß *die Schulmeister mit ein und demselben Unterrichtsstoff und nach ein und demselben Maß eine Vielzahl junger Geister von unterschiedlichen Maßen und Begabungen unter ihre Fuchtel nehmen,* so daß es kein Wunder sei, *wenn sich in der ganzen Herde Kinder kaum zwei oder drei finden, die aus solcher Erziehung einen nennenswerten Gewinn davontragen.* (ES. 83/l)

Dabei ist er überzeugt, daß in jedem Kind die erforderlichen Lernpotentiale vorhanden und aktivierbar sind, denn *keine Seele ist so dürftig und dumpf, daß sie nicht irgendeine besondre Gabe aufwiese; und keine so in sich vergraben, daß sie sich nicht irgendwo einmal hervortäte.*(ES. 324/r) Und: *Nach dem Nutzen und der reinen Wahrheit zu urteiln, steht das, was uns die Einfalt lehrt, kaum hinter dem zurück, was uns auf der andern Seite die philosophische Doktrin predigt. Empfindungsweise und Seelenstärke der Menschen sind verschieden. Man muß sie daher ihrer Wesensart gemäß auch auf verschiedenen Wegen zu ihrem Besten führn.*(ES. 531/l) So ist denn auch *in Platons »Staat« die wichtigste Anordnung, den Bürgern die Aufgaben ihrer Natur nach zuzuweisen — lahme Leiber eignen sich schlecht für Leibesübungen, und schlecht für Geistesübungen lahme Geister.*(ES. 77/l) *Daher kommt es, daß man, wenn man den Weg für die Kinder nicht richtig gewählt hat, häufig Jahre darauf verwendet und sich dennoch vergeblich abmüht, sie zu Dingen zu erziehn, in denen sie nicht Fuß fassen können.*(ES. 82/r)

Ihrer Wesensart gemäß sie auf verschiedenen Wegen zu ihrem Besten führn — ebendieses *Jedem das Seine* bildet die Voraussetzung, daß alle Kinder zu lebenstüchtigen Gliedern der menschlichen Gemeinschaft herangebildet werden können. Dem so angestrebten Ziel gibt Montaigne den klassischen Namen *Tugend*. ^(ES. 88/r und *passim*)

Wann immer ein Begriff von uns Heutigen als hochedel, doch auch als arg verstaubt empfunden wird, ist es ratsam, dessen etymologischen Ursprung zu bedenken; oft scheint er die Jahrhunderte, wenn nicht -tausende vielfältigster Auslegungen zu überspringen und sich als ungemein aktuell zu erweisen. So deutet das althochdeutsche *tugund* durch seine Ableitung von *tugan* (= *taugen*) darauf hin, daß hier das schon im lateinischen *virtus* (griechisch: *arete*) neben der sittlichen Haltung stets mitgemeinte sittliche Handeln in den Vordergrund tritt: die wertbestimmte Lebenstüchtigkeit. Genau darum geht es auch Montaigne, fordert er doch, *daß Hand in Hand mit der Formung der Seele die der äußeren Haltung, des gesellschaftlichen Auftretens und der körperlichen Gewandtheit einhergehe. Man erzieht nicht eine Seele, man erzieht nicht einen Körper — man erzieht einen Menschen. Daraus darf man nicht zwei machen.* ^(ES. 90/r) *Der Geist rüttle den Körper aus seiner Erdenschwere auf und belebe ihn, und der Körper gebe der Schwerelosigkeit des Geistes festen Halt.* ^(ES. 565/l)

Deshalb muß man den Körper, solange er noch bildsam ist, dazu befähigen, sich allen Verhaltensweisen und Gewohnheiten anzupassen; und wenn man das Wünschen und Wollen eines jungen Menschen überhaupt an die Leine zu nehmen vermag, zögere man nicht, ihn so zu erziehn, daß er in jedem Land und in jeder Gesellschaft leben, ja notfalls sogar an Ausschweifungen und Orgien teilnehmen kann. Sein Wandel richte sich nach dem jeweiligen Brauch. Er soll alles tun können, aber nur das Gute zu tun lieben.

Unser junger Mann soll daher lachen, herumalbern und über die Stränge schlagen. Ich möchte, daß er sogar im Exzeß seine Gefährten an Stärke und Ausdauer übertreffe und das Verwerfliche folglich nicht aus Mangel an Kraft und Kenntnis unterlasse, sondern weil ihm der Wille dazu fehlt. »Es ist ein großer Unterschied, ob einer nicht sündigen will oder nicht zu sündigen weiß« *.

So also lautet meine Lehre. Sagen und Tun gehn hier Hand in Hand; denn wozu Geist predigen, wenn Ungeist über allem Wirken waltet? Mehr, als wer sie nur bedenkt, hat der davon, der auch sein Handeln nach ihr lenkt: Was ihr ihn tun seht, hört ihr ihn reden; was ihr ihn reden hört, seht ihr ihn tun.

Oft habe ich das erstaunliche Naturell des Alkibiades bewundert, der sich ohne Beeinträchtigung seiner Gesundheit sofort den unterschiedlichsten Lebensweisen anpassen konnte. Bald übertraf er an Prunk und Prasserei die Perser, bald an Kargen und Knausern die Spartaner. Und auf ebendiese Weise möchte ich meinen Zögling heranbilden,

> *»denn ich bewundre den, der heut in Lumpen geht,*
> *doch morgen auch den Purpurmantel nicht verschmäht —*
> *und den ihr beides voller Grazie tragen seht«* *. (ES. 91/l–r)

Tugend als wertbestimmte Lebenstüchtigkeit besagt im Montaigneschen Sinn somit alles andere als hartes, gar asketisches Exerzitium. Gewiß soll der Zögling auch *an die Härte und Pein der Körperertüchtigung* gewöhnt werden, *um ihn gegen die Härte und Pein von Verrenkungen, Bauchkrämpfen und Wundätzungen widerstandsfähig zu machen, sogar von Kerkerhaft, sogar von Folter.* (ES. 84/r) Bewahrt der Zögling jedoch selbst in solch widrigen Kontingenzen seine tugendhafte Haltung, winkt ihm reicher Lohn:

Was immer die Philosophen sagen — selbst in der Tugend trachten wir letzten Endes nach Lust. Und wenn man hierunter allerhöchstes Vergnügtsein und überschwengliches Glücksgefühl versteht, hat die Tugend sogar weit mehr Anteil daran als irgend etwas sonst. Daß die so geartete Lust munterer und muskulöser, markiger und mannhafter ist, macht sie nur um so ernsthafter lustvoll. Wir sollten die Tugend daher nicht mehr wie bisher »Kraft« nennen, sondern »Lust«, da dieser Name, freundlicher und ansprechender, ihre Natur besser wiedergibt.

Gleichzeitg warnt er freilich davor, diese Lust erst vom Vollbesitz der so verstandenen *Tugend* zu erwarten — ist ihm das Bewegt- und Unterwegssein doch auch hier als Grundprinzip von Welt und Mensch unabdingbar:

Wer den Preis der Tugend gegen das aufrechnet, was sie uns einbringt, weiß weder etwas von ihrem Liebreiz noch vom rechten Umgang mit ihr und ist es deshalb wahrhaftig nicht wert, ihre nähere Bekanntschaft zu machen. Jene, die uns unaufhörlich einreden wollen, der Weg zu ihr sei steil und steinig, ihr Genuß am Ziel freilich um so erquicklicher — was sagen sie damit anderes, als daß sie stets unerquicklich sei? Denn wann hätte es Menschenkraft je vermocht, dieses Ziel zu erreichen? Den Vollkommensten war es durchaus genug, die Tugend anzustreben und sich ihr zu nähern, ohne sie je zu besitzen.

Wir kennen keine Lust, die zu verfolgen nicht schon lustvoll wäre. Am Sinnen und Trachten schmeckt man bereits den Wert der Sache, auf die es sich richtet, denn es ist ein gut Teil ihrer Wirkung und mit ihr wesensgleich. Das Glück und die Beseligung, die aus der Tugend hervorleuchten, erfüllen ihren ganzen Umkreis und alle Zugangswege vom ersten Tor bis zur letzten Schranke. (ES. 46/1–r) *Die Tugend ist die Nährmutter der menschlichen Freuden.* (ES. 89/l)

Im auf Perfektion zielenden Anrennen gegen die *Conditio humana* aber, gegen unser unabänderliches Um- und Begrenztsein, sieht er die Gefahr, daß wir uns ständig überfordern und auch hinsichtlich der Tugend *die Bürde allzu vieler Pflichten unsren Erfüllungseifer ermatten läßt und ihn erstickt.* (ES. 444/l)

Denn was nutzen uns jene erhabnen Gipfel der Philosophie, auf denen sich kein menschliches Wesen niederlassen kann, und diese Regeln, die alles übersteigen, was wir gewohnt sind und vermögen? (ES. 499/l)

So erweist sich der pädagogische Pionier zugleich als Pragmatiker, der dafür plädiert, die Kräfte nicht derart für Menschenunmögliches zu verausgaben, daß das Menschen*mögliche* darunter leidet und zu kurz kommt:

Es wäre zu wünschen, daß zwischen den Geboten und ihrer Einhaltung ein ausgewogeneres Verhältnis bestünde. Ein Ziel, das man nicht erreichen kann, scheint unangemessen. Der menschlichen Weisheit ist es noch nie gelungen, den Pflichten nachzukommen, die sie sich auferlegt hat. Der Mensch verordnet sich damit seine Verfehlungen zwangsläufig selbst. Es spricht kaum für seinen Scharfsinn, daß er sich seine Pflichten nach Maßgabe einer anderen Natur als der eignen zurechtschneidert. Für wen macht er diese Vorschriften, von denen er erwartet, daß niemand sie einhält? Worin besteht das Unrecht, wenn einer nicht tut, was zu tun ihm unmöglich ist? Dieselben Gesetze, die uns dazu verurteilen, Versager zu sein, beschuldigen uns, wir seien Versager. (ESS. 499/r–500/l)

In allem Wollen und Wirken sollte sich der Mensch folglich an das ihm Gemäße und daher Mögliche halten. Das natürlichste Mittel zur Einübung in den rechten Umgang mit der Fülle und Vielfalt des Lebens ist für Montaigne daher das Reisen. Den Besuch fremder Länder findet er *äußerst wichtig, weil wir damit die Lebens- und Wesensart dieser Völker kennenlernen und unser Gehirn an ihrem reiben und verfeinern.* (ES. 84/l–r) *Zudem erscheint mir das Reisen eine ersprießliche Betätigung. Der Geist übt sich dabei ständig in der Beobachtung neuer, ihm unbekannter Dinge. Ich wüßte keine bessere Schule, uns im Leben weiterzubilden, als ihm unausgesetzt die Mannigfaltigkeit so vieler andrer Daseinsweisen, Anschauungen und Gebräuche vorzuführn und ihn an diesem ewigen Wandel der Erscheinungsformen unsrer Natur Geschmack finden zu lassen. Gleichzeitig ist der Körper weder untätig noch überanstrengt, vielmehr macht solch maßvolles Bewegtsein ihn frisch und munter.* (ES. 489/l)

Aus dem Umgang mit Land und Leuten gewinnt die menschliche Urteilskraft einen ungemeinen Klarblick. Wir sind alle in uns selbst eingezwängt und hineingekrümmt, und unser Blick reicht nicht weiter als bis zur Nasenspitze. Wer sich aber wie auf einem Gemälde das große Bild unserer Mutter Natur in ihrer vollen Majestät vor Augen hält, wer in ihrem Antlitz ihren unendlichen, sich ständig wandelnden Formenreichtum liest, wer sich, und nicht nur sich, sondern ein ganzes Königreich als winzigen Strich darin entdeckt, wie von der Spitze des feinsten Pinsels hingesetzt: der allein schätzt die Dinge nach ihrer wahren Größe ein.

Diese weite Welt, die manche noch in vielfältige Spezies unter einer Gattung aufteiln, ist der Spiegel, in den wir schauen müssen, um uns aus dem richtigen Blickwinkel zu sehn. Kurz, ich will, daß sie das Buch meines Zöglings sei. (ESS. 86/r–87/l)

7. VON VENUS ZU PALLAS ATHENE

Montag, den siebten November eintausendfünfhundertachtzig, erhielt der Herr de Montaigne in Venedig während des Abendessens, zu dem ihn der Botschafter des französischen Königs eingeladen hatte, von einem Boten als Geschenk der Signora Veronica Franco ein kleines Buch mit von ihr selbst verfaßten Briefen, wofür er dem Überbringer zwei Taler überreichen ließ. (RSS. 115-116)

Veronica Franco (1546–1591) war eine berühmte, dichtende wie musizierende Edelfrau *und* Kurtisane, die im selben Jahr König Heinrich III. bei sich empfangen hatte. Gleichzeitig erschienen ihre dem Kardinal Luigi d'Este gewidmeten *Lettere famigliari a diversi (Vertrauliche Briefe an verschiedene Personen)*. Es war ein frisch aus der Druckerpresse gekommenes Exemplar dieses Buchs, das sie Montaigne übersenden ließ.

Nach dem Historiker Alessandro d'Ancona* entsprachen

die dem Boten überreichten zwei Taler zwar der im offiziellen *Katalog der bekanntesten und ehrenwertesten Kurtisanen Venedigs* aufgeführten üblichen Taxe; Veronica Franco hatte dieses katalogerfaßte Gewerbe jedoch bereits 1574 aufgegeben und seither das Leben einer unabhängigen Hetäre geführt; abwegig erscheint daher die Spekulation, eine Frau wie sie könnte versucht haben, von einem Mann wie Michel de Montaigne eine *Taxe* einzutreiben — und das über einen Boten vor einer so illustren Tafelgesellschaft wie der des französischen Botschafters in Venedig! Nein, dieses vor aller Augen überreichte Geschenk war ostentativer Dank einer hochgebildeten Literatin aus dem Gefolge der Venus — da konnte sich Montaigne bei seiner Entlohnung des Boten natürlich nicht lumpen lassen!

Es dürfte ebendiese Selbstverständlichkeit gewesen sein, Kultur und Amour zu vereinen, die Montaigne an Veronica Franco fasziniert hat, dieser lebendigen Verkörperung seines eigenen Wunschbilds von Liebe:

Wer den Musen ihre Liebesträume nähme, würde sie ihrer schönsten Spiele und des edelsten Stoffs ihrer Werke berauben; und wer Amor den Umgang mit der Dichtkunst und den Genuß ihrer Dienste verlieren ließe, brächte ihn um seine besten Waffen. Ich jedenfalls kenne keine Gottheiten, die sich besser vertrügen und einander mehr verdankten. Soweit ich mich darauf verstehe, kommt die bezwingende Macht Amors nämlich in den Darstellungen der Dichtkunst noch lebendiger zur Geltung, als sie an sich schon ist, denn

»*Verse haben Finger*«*. (ES. 424/r)*

Als Beispiel hierfür zitiert er Vergils Darstellung des Liebesaktes von Venus und Vulkan*:

»Die Göttin, ihre Arme weiß wie Schnee, umschlingt
gelind Vulkan, den Zögernden, und schon durchdringt
die altvertraute Flamme, altvertraute Glut
des bebend Hingestreckten Mark und Bein und Blut:
Die Wolken spaltet so des Blitzes jäher Strahl,
mit Donner Feuergarben sprühend sonder Zahl.
.. So liegt Vulkan,

vom Liebesdienst die Glieder schlaff, nun regungslos
und wohlig hingegossen in der Gattin Schoß.«[(ES. 425/l)]

Montaigne gibt freilich zu bedenken, daß der Dichter die mit Vulkan ja verheiratete Venus etwas zu leidenschaftlich darstelle, denn *im vernunftgelenkten Geschäft der Ehe sind die sinnlichen Begierden nicht derart wild, sondern abgestumpfter und eher trübselig. Die Liebe haßt es, wenn zwei Menschen nicht ausschließlich um ihretwillen zusammenhalten, und nimmt deshalb nur als lustloser Gast an Verbindungen teil, die zu andren Zwecken eingegangen und aufrechterhalten werden, und das ist bei der Ehe der Fall.*[(ES. 425/l)]

Nun sagt er das keineswegs, um die Ehe herabzuwürdigen, im Gegenteil: *Der Brauch der Eheschließung nutzt weit über uns hinaus dem ganzen Geschlecht.*[(ES. 425/l)] Wohl aber geht es ihm darum, die beiden Sphären auseinanderzuhalten — seinem Motto *Ich unterscheide* getreu, *denn dies ist das A und O meiner Logik.*[(ES. 167/l)] Zudem beruft er sich auf seine eigenen Beobachtungen, wenn er feststellt, daß keine Ehen schneller scheiterten als jene, die sich auf Schönheit und Liebesverlangen gründeten: *Es bedarf hierzu festerer und dauerhafterer Fundamente sowie eines stets umsichtigen Vorgehens, überschäumendes Ungestüm ist da fehl am Platz.*[(ES. 425/l)]

Daher sein Fazit: *Eine gute Ehe, falls es das gibt, macht sich mit der Liebe nicht gemein; sie strebt vielmehr dem Vorbild der Freundschaft nach: Sie ist eine sanfte Lebensgemeinschaft voller Beständigkeit und Vertrauen, mit einer unendlichen Zahl nützlicher und handfester wechselseitiger Dienste und Pflichten.*[(ES. 426/l)]

Was ihn selbst betrifft, bekennt er freilich frank und frei: *Ausschweifende Naturen wie die meine, der jede Art von Bindung und Zwang zuwider ist, sind weniger für die Ehe geeignet,*
»fühle ich mich wohler doch
ohne Kette, ohne Joch« *.[(ES. 426/l)]

Andrerseits habe er, seit er zur Ehe bestimmt wurde, die Gesetze des Ehestandes strenger befolgt, *als ich es versprochen und selbst erwartet hatte,* denn *es ist Untreue, eine Frau zu ehelichen, ohne sich mit ihr zu verheiraten.*[(ES. 426/r)] Da Vergil aber eine Ehe darstelle, in der trotz voller Eintracht kaum Treue geherrscht habe, erhebe sich die Frage, ob *es keineswegs unmöglich sei,* *dem Liebestrieb außerehelich zu frönen und dennoch den ehelichen* *Pflichten nachzukommen — daß man die Ehe also knicken könne,* *ohne sie zu brechen. Mancher Knecht zweigt ja manches von dem,* *was seinem Herrn gehört, für sich ab, ohne daß er es aus Abneigung* *gegen ihn täte.* (ESS. 426/r–427/l)

Fremdgehen als Notbehelf des Mannes, um die *im vernunft-* *gelenkten Geschäft der Ehe abgestumpften sinnlichen Begierden* ohne Behelligung der Gattin anderweitig wieder voll ausleben zu können — der Ehe die Ehre, der Venus die Lust?

Doch halt! Wieso beklagt sich immer nur der Mann über das Ehejoch, wieso glaubt allein er ein Recht aufs Fremdgehn zu haben? Betrachten wir, schlägt Montaigne vor, die Sache doch einmal andersherum: Gewiß mache sich eine gute Ehe *mit der Liebe nicht gemein.* Andrerseits aber sei *keine Leiden-* *schaft unabweisbarer als ebendie Liebe, und gleichwohl wollen wir,* *daß allein die Frauen ihr widerstehn; wir jedoch geben uns ihr* *ohne Schuldgefühl und Gewissensbisse hin. Von unseren Frauen* *hingegen verlangen wir nicht nur Gesundheit und Lebenskraft,* *sondern Keuschheit obendrein — wir wollen sie heiß und kalt in* *einem!* (ES. 428/l)

Dabei sei die Erkenntnis längst unabweisbar, daß die Frauen *im Lieben unvergleichlich fähiger und feuriger sind als wir,* und die von Montaigne angeführten drastischen Beispiele sind in der Tat geeignet, die Männer das Fürchten zu lehren — belegen sie doch eine weibliche *Leistungsfähigkeit,* die alles in den Schatten stellt, was ein Phallus je aufzubringen vermöchte.

So erinnert Montaigne an Messalina, Gattin des römischen Kaisers Claudius, die *in einer einzigen Nacht fünfundzwanzig* *Angriffen Tür und Tor geöffnet* habe, *wobei sie die Männer ganz* *nach ihrem Bedarf und Begehr wechselte;* vor allem aber erin- nert er an jene Königin von Aragonien, von der *die gesetzliche* *Begrenzung der Geschlechtsakte unabdingbar auf sechsmal täglich* festgelegt worden sei — mit der fürwahr erstaunlichen Be- gründung, dies fördere *die in einer ordentlichen Ehe erforderliche* *Zurückhaltung und Mäßigung. Damit habe sie, wie sie erklärte,*

Bedarf und Begehr ihres Geschlechts freilich weitgehend unberück-sichtigt gelassen und aufgeopfert, um zu einem Maß zu gelangen, das bequem stets und ständig eingehalten werden könne. (ES. 427/r) Daß Solon hingegen, Griechenlands oberster Rechtslehrer, *die Anzahl der ehelichen Beiwohnungen auf nur dreimal monatlich festgelegt habe,* beweise eindeutig, *daß wir vor den Unterschieden der geschlechtlichen Bedürfnisse zwischen Männern und Frauen nicht mehr die Augen verschließen können.* (ESS. 427/r–428/l)

Ganz abgesehen davon, daß jedweder offiziellen Quantifi-zierung des Geschlechtsakts etwas Lächerliches anhaftet, re-det Montaigne gemäß seiner Lebensphilosophie des mittleren Weges natürlich nicht der Königin von Aragonien das Wort, sondern Solon. Er finde es *eine Art Unzucht,* schreibt er, *wenn man sich im so verehrungswürdigen und geheiligten Ehebund den maßlosen Ausschweifungen der Sinnenbrunst hingibt. Der Mann, sagt Aristoteles, dürfe seine Frau nur zurückhaltend und zuchtvoll berühren, damit sie, falls er sie allzu ungestüm reize, nicht außer Rand und Band gerate.*

Die gleiche Auffassung werde von den Ärzten vertreten — zugunsten der Zeugung: *Eine allzu heftige und hitzige Wollust, erklären sie, verderbe den Samen und hemme die Empfängnis. And-rerseits sagen sie, daß man einen lauen Geschlechtsverkehr, wie es der eheliche von Natur aus ist, nur in beträchtlichen Abständen ausüben solle, damit sich die gebotene Inbrunst speichre.* (ES. 425/l)

Aber auch was die um ihrer selbst willen unterhaltenen, also außerehelichen Liebesbeziehungen betrifft, plädiert Montaig-ne fürs Maßhalten: Nie habe er sich darin *völlig gehnlassen. Sie machten mir Spaß, aber ich vergaß mich dabei nicht. Das bißchen Verstand und Urteilsvermögen, das mir von der Natur mitgegeben wurde, wußte ich zum Vorteil der Frauen und zu meinem eignen voll und ganz zu bewahrn: etwas Erregung, ja — aber bitte keine Raserei!* Und ein wenig weiter bekräftigt er, daß er im Tun und Lassen *zwischen den Extremen stets den Mittelweg zu finden* wußte. Folg-lich habe die Liebe ihn *nie in Verwirrung oder tiefes Leid gestürzt, sondern immer nur erhitzt und durstig gemacht; und genau da muß man einhalten. Allein Toren wird sie gefährlich.* (ES. 445/r)

In der Wortfolge *zum Vorteil der Frauen und zu meinem eignen* verdient meines Erachtens die Reihenfolge Beachtung, denn sie zeigt, was der Lebens- uns auch als Liebeskünstler zu sagen hat — das Entscheidende nämlich: *Wer Genuß nur am Genuß findet, wer nur alles oder nichts gewinnen will, wer an der Jagd nur die Beute liebt, der hat in unsrer Schule nichts zu suchen.* Deswegen geht er mit seinen Landsleuten hart ins Gericht, denn bei ihnen komme *der Sturmangriff stets vorm Scharmützel*[ES. 441/l], während Spanier und Italiener *mit mehr Respekt und Rücksicht zu Werke gehn, verstohlener und verschwiegner; und das gefällt mir.*[ES. 440/l]

Die *Italiener*, fährt er fort, *spielen selbst bei jenen Frauen den schmachtenden Verehrer, die käuflich sind; und sie verteidigen dies wie folgt: Es gebe Stufen im Liebesgenuß, und indem sie auch Dirnen hofierten, wollten sie dessen höchste für sich erreichen. Dergleichen Frauen verkauften ja nur den Körper, ihre Gefühle aber stünden nicht zum Verkauf, denn hierüber behielten sie ihr freies Verfügungsrecht; darum, sagen diese Männer, machten sie gerade die Gefühle zum Ziel ihres Werbens. Wie recht sie haben! In der Tat sind es die Gefühle, die man umwerben und gewinnen muß. Die Vorstellung entsetzt mich, daß ich einen Körper als mir gehörend umarmen könnte, der ohne Seelenregung ist.*[ES. 441/r]

Doch wie sehr Montaigne *Respekt und Rücksicht* im Umgang mit der Liebe bei den Spaniern und Italienern auch loben mag — diese Verhaltensweise trifft in noch weit höherem Maße auf ihn selber zu. Vor allem kann er sich darauf berufen, daß *ich zu meiner Zeit diesen Handel, soweit seine Natur es zuließ, nicht minder gewissenhaft als irgendeinen andern betrieben habe und hierbei möglichst gerecht zu sein versuchte, denn ich täuschte den Frauen nie mehr Liebe vor, als ich tatsächlich empfand, sondern gab ihnen offen und ehrlich deren Aufkeimen, Erblühn und Dahinwelken zu erkennen, Flut und Ebbe.* Und so, wie er über die Gesetze des Ehestandes sagt, sie seien strenger von ihm befolgt worden, *als ich es versprochen und selbst erwartet hatte*, betont er nun auch hinsichtlich seiner Liebesbeziehungen: *Ich war so sparsam mit meinen Versprechen, daß ich glaube, mehr gehalten als versprochen zu haben,* und *ich habe mein Wort selbst da gehalten, wo ich leicht hiervon entbunden worden wäre.* (ES. 445/l)

Es ist beeindruckend, mit welcher Gewissenhaftigkeit und Umsicht Montaigne die Liebe seinen Worten zufolge ins Werk zu setzen verstand und wie ihm in seinem Bestreben, alles Erdenkliche zu ihrem Gelingen beizutragen, kein Detail zu unwichtig war. Besonders ihre im Einstimmen und Nachklingen zur Geltung kommenden spielerischen Elemente scheinen es ihm angetan zu haben: *Irgendwer unter den Ahnen wünschte sich, sein Schlund wäre so lang wie der eines Kranichs, um länger schmecken zu können, was er verschlingt. Einen solchen Wunsch fände ich bei der überstürzten und flüchtigen Wollust des Liebesakts noch angebrachter. Um deren Flucht aufzuhalten und das Vergnügen in Vorspiele hinein zu erweitern, werten Italiener und Spanier denn auch alles als Beweis von Gunst und Gegenliebe: einen zugeworfnen Blick, eine Neigung des Kopfes, ein Wort, einen Wink.* (ES. 440/r)

Zu den selbstauferlegten Pflichten gehörte für ihn auch, Sorge zu tragen, daß die Ehre der jeweils Geliebten unangetastet bleibt: *Soweit ich konnte, habe ich mir allein das Risiko unserer Verabredungen aufgebürdet, um die Frauen davon zu entlasten, und unsre Liebesabenteuer wurden von mir, damit sie weniger Argwohn erregten, auf den steinigsten, von keinem für gangbar erachteten und ebendarum, wie ich fand, gangbarsten Wegen ins Werk gesetzt.* Und überdies: *Nie war ein Mann, wenn er sich ans Werk machte, mehr auf Verhütung bedacht. Der Zeugungswunsch muß ausschließlich der Ehe vorbehalten bleiben.* (ES. 445/l–r)

Dabei ging seine Art der Rücksichtnahme so weit, daß er die Ehre der Geliebten sogar dann noch zu schützen suchte, wenn diese selbst bereit war, sie fahrenzulassen: *Ehe die Frauen sich damals hingaben, stellten sie, um ihren Ruf zu bewahren, manchmal gewisse Kapitulationsbedingungen, die zu brechen sie dem Eroberer jedoch ohne weiteres zu gestatten pflegten. Um ihrer Ehre willen habe ich aber mehr als einmal auf dem Höhepunkt der Begierde die Segel gestrichen und sie gar, wenn die Vernunft mich dazu trieb, gegen mich gewappnet, so daß sie nach meinen Regeln, hatten sie diese erst einmal aus freien Stücken übernommen, sich sicherer und selbstbewußter zu geben vermochten, als ihnen nach den eignen möglich gewesen wäre.* (ES. 445/l)

Man höre und staune: *Nach meinen Regeln!* Sieht sich Montaigne, sonst Feind aller Regeln, plötzlich als *praeceptor feminarum,* der sich anmaßt, die Frauen darüber aufzuklären, was in der Liebe ihnen am dienlichsten sei? Fällt er sich damit aber nicht selbst ins Wort? Wandern wir in den *Essais* ein paar Seiten zurück, sehen wir, daß er dort das Aufklärungsverhältnis zwischen Mann und Frau jedenfalls umgekehrt darstellt: *Laßt doch die Frauen die Förmlichkeiten einmal etwas lockern, laßt sie doch einmal kein Blatt mehr vor den Mund nehmen, und ihr werdet sehn, daß wir mit unserm Wissen im Vergleich zu ihnen Kinder sind. Hört euch an, wie sie über unsre Nachstellungen und Redereien reden, und euch wird klar, daß wir ihnen nichts mitzuteilen vermögen, was sie nicht schon vor uns gewußt und verstanden hätten.* (ES. 428/r)

Auf den Widerspruch angesprochen, würde er vermutlich antworten, daß das Lieben umso sicherer glücke, je intensiver und umgreifender die Kommunikation zwischen den Liebenden sei; auch was die Aufklärung betreffe, komme letztlich alles auf das im rechten Maß praktizierte *Ich-gebe-damit-du-gibst* an.

Montaigne könnte sich daher rühmen, dieses aus dem oströmischen Rechtswesen stammende Prinzip auch zur Richtschnur für sein Verhalten in den Gemächern der Venus gemacht zu haben, ist das Lieben für ihn doch generell *ein Handel, der auf Gegenseitigkeit beruht. Für die übrigen Freuden, die man uns zukommen läßt, können wir uns durch Gaben anderer Art erkenntlich zeigen, diese aber lohnt man nur mit gleicher Münze — ja, hier umschmeichelt die Lust, die ich spende, mein Empfinden in Wahrheit noch süßer als die ihm gespendete. Dem, der Lust nur zu empfangen vermag, ohne welche zu geben, geht jede Großmut ab.* (ES. 449/l–r)

Ob er selber schon in seinen frühen Jahren einer solchen Großmut fähig war, dürfte zweifelhaft sein, gesteht er doch offen: *Als junger Mann frönte ich ebenso unbesonnen und hem-*

mungslos wie sonstwer den Begierden, die mich gepackt hielten.
Und im Gegensatz zu seinem Vater, der als gestandener
Mann seine Unschuld erst in der Hochzeitsnacht verlor, war
es bei Michel *wahrhaftig Malheur und Mirakel zugleich, in welch
zarter Jugend ich zufällig Amor erstmals in die Arme lief, denn
es geschah lange vor dem wahl- und erkenntnisfähigen Alter.* Das
einzige, was ihm in Erinnerung geblieben sei, läßt er Martial
für sich sagen:

> *»Den arg verfrühten Bartwuchs und im Achselhaar*
> *den Bocksgeruch fand meine Mutter sonderbar.«* *[(ES. 548/r)]

So machte er schon als junger Liebhaber die Erfahrung, daß
man sich im Umgang mit Frauen *ein wenig in acht nehmen*
müsse; das gelte besonders *für Männer, über die der Körper große Macht hat, wie bei mir.* Er habe sich *in der Jugend die Finger
daran verbrannt,* wurde er doch *zweimal angesteckt, freilich leicht
und bloß bis zum Anfangsstadium.* [(ES. 411/l–r)]

Die letzten Worte des Zitats lassen natürlich aufhorchen,
denn sie scheinen auf den typischen Beginn einer Syphilis hinzudeuten. So haben denn die Montaigneforscher, von
denen viele dem Ärztestand angehören, darüber spekuliert,
inwieweit man des Philosophen Haarausfall und die Tatsache,
daß von seinen sechs Kindern fünf schon kurz nach der Geburt
verstarben, zur Stützung dieses Verdachts heranziehen könne,
oder auch sein Nierenleiden und vor allem seinen qualvollen
Tod. Doch abgesehen davon, daß schon damals viele Männer
auch ohne Syphilis unter Haarausfall litten und die Säuglings-
sterblichkeit weit verbreitet war, gilt es mittlerweile als sicher,
daß keine dieser Hypothesen zutrifft: Das Nierenleiden war
vorwiegend genetisch bedingt, und gestorben ist Montaigne
an einer schweren Angina.

Daß es überhaupt zur Infektion mit einer Geschlechts-
krankheit kommen konnte, erstaunt insofern, als man ein
wenig weiter liest, er habe sich *kaum auf den Geschlechtsverkehr
mit öffentlichen Dirnen eingelassen* (wobei das *kaum* freilich
bemerkenswert ist) — *nicht allein um eine Gefährdung meiner
Gesundheit zu vermeiden, sondern auch aus Widerwillen.*

Die Begründung hierfür wird sich für die weitere Entfaltung unsres Themas als höchst hilfreich erweisen — wollte Montaigne doch nicht viel anders als die von ihm für ihre erotische Kenner- und Könnerschaft so gepriesenen Italiener schon in seinen wilden Jahren *aus einem gewissen Ehrgeiz den Genuß der Liebe erhöhen, indem ich mein Verlangen danach durch Überwindung von Hindernissen anstachelte, und ich war von der Art des Kaisers Tiberius angetan, der sich in seinen Liebschaften ebensosehr von Sittsamkeit und Adel wie von irgendwelchen andren Vorzügen einnehmen ließ.* Bezeichnenderweise stellt er diesem männlichen Anspruch an kultivierte Formen der Liebe als weibliches Beispiel sogleich die antike Kurtisane Flora zur Seite, und man meint, einer Vorgängerin von Veronica Franco zu begegnen, denn auch die römische Hetäre *gewann aus dem hohen Rang der Liebhaber ihre Lust.* (ESS. 411/r-412/l)

Sich nach Art des Kaisers Tiberius in seinen Liebschaften von *Sittsamkeit und Adel* einnehmen zu lassen wird Montaigne selber in seinen späteren Lebensjahren reichlich Gelegenheit finden — und zu nutzen wissen: Mit vielen edlen Damen sei es seiner périgordischen Nachbarschaft, sei es an den beiden Königshöfen (dem katholischen in Paris, dem der Hugenotten zu Nérac) unterhielt er enge Beziehungen, über deren gewiß unterschiedliche Intimität er sich freilich weitgehend ausschweigt. Doch wenn sich vieles auch nur demjenigen erschließt, der *zwischen* den Zeilen zu lesen vermag, bleiben dem, der sich an die *geschriebenen* hält, immer noch Hinweise genug, die an Klarheit nichts zu wünschen lassen.

Nehmen wir als Beispiel den Widmungstext, mit dem Montaigne die neunundzwanzig Sonette von Étienne de la Boétie der Madame de Grammont, Gräfin de Guiche (fälschlicherweise *de Guissen*) überreicht, einer zeitgeschichtlichen Persönlichkeit, deren Gunst er auf diese Weise zu gewinnen wußte.

Wenn man bedenkt, daß diese als *la belle Corisande* bekannte Dame von 1583 bis 1590 die Mätresse des Königs Heinrich von Navarra war, auf den sie laut Jean Balsamo größten (später von Montaigne in seinem Sinn gelenkten) Einfluß ausübte*,

dann erhalten die intimen Worte der Widmung ein beson-
deres Gewicht — so wenn Montaigne schreibt, Étienne de
la Boétie habe die Sonette *in seiner blühenden Jugend verfaßt,
da er von einer schönen und edlen Leidenschaft entflammt war,
deren Geschichte ich euch, Madame, eines Tages ins Ohr flüstern
werde.* (ESS. 104/r–105/l)

Weitere hochgestellte Widmungsdamen waren:

+++ Madame Diane de Foix, Gräfin de Gurson, die ihr erstes
Kind erwartete und der Montaigne daher den *Essai I/26 (Über
die Knabenerziehung)* mit dem Hinweis zugeeignet hat, daß
*der alte Anspruch, den Ihr auf meine Ergebenheit habt, mir schon
Verpflichtung genug wäre, allem, was Euch berührt, Ehre, Erfolg
und Glück zu wünschen.* (ES. 82/l)

+++ Madame d'Estissac, der Montaigne in der Dedikation
zu *Essai II/8 (Über die Liebe der Väter zu ihren Kindern)* seine
Verehrung für die Klugheit und feste Hand ausdrückt, mit
der sie als Witwe ihre Kinder aufgezogen habe: *Wir besitzen
in unsrer Zeit kein überzeugenderes Beispiel mütterlicher Liebe
als das Eure.* (ES. 190/r) Erstaunlicherweise hält sich in weiten
Teilen der Montaigne-Forschung noch immer die Meinung,
Madame d'Estissac sei die damals berühmte Kurtisane *la belle
Rouet* gewesen, wohingegen der Romanist R. Trinquet* längst
nachgewiesen hat, daß es sich um Kusinen handelte, die beide
den Namen *Louise de la Béraudière* trugen.

+++ Madame de Duras, die, Schwägerin der Gräfin de Guiche
(*la belle Corisande*) und Ehrendame der Königin Margarete, von Montaigne als einzige mit einem im vollen Wortlaut wiedergegebenen Brief bedacht wird, worin er an ihren
Besuch bei ihm erinnert und seine Hoffnung ausdrückt, sie
möge *ebendie Wesenszüge und Fähigkeiten, denen Ihr, Madame,
in unserm freundschaftlichen Verkehr mit viel mehr Achtung und
Wohlwollen begegnet seid, als sie es verdienen, unverändert und
unverfälscht* (ES. 389/l) in den *Essais* wiederfinden.

+++ Als höchstgestellte schließlich, so Mary McKinley (University of Virginia)*, die von Montaigne ungenannt bleibende
Königin Margarete von Valois, die an allen politischen und

geistigen Dingen regen Anteil nahm und in Paris noch nach ihrer Scheidung von König Heinrich von Navarra einem literarischen und philosophischen Salon präsidierte; so hatte sie mit großem Interesse auch Montaignes Übersetzung von Raymond Sebonds *Die Theologie der Natur oder Das Buch der Geschöpfe* gelesen, weshalb er mit dessen *Apologie (Essai* II/12) für sie *die Mühe* auf sich nahm, *gegen meine Gewohnheit mich in einer so langen Abhandlung zu verbreiten.* Während es ihm darin aber gelang, die Argumente des spanischen Theologen für eine vernünftige Begründbarkeit der Existenz Gottes nach deren anfänglichen Verteidigung durch einen *Fechtertrick* zu widerlegen, rät er der Königin ab, das gleiche zu tun, denn *diesen Fechtertrick sollte man bloß als letzten Ausweg anwenden. Es handelt sich um einen verzweifelten Stoß, bei dem man die eignen Waffen fallen lassen muß, damit der Gegner die seinen fallen lasse — ein lediglich Eingeweihten bekanntes Manöver, dessen man sich nur selten und vorsichtig bedienen sollte: Sich selber aufzugeben, um einen andern zur Aufgabe zu zwingen, ist ein kühnes Wagnis.* (ES. 278/l–r)

Bedenkt man die letzten Sätze, könnte es fast scheinen, als wolle Montaigne sich gar zum *praeceptor reginarum* aufschwingen, der einer gestandnen Königin seine Argumentationshilfe anbietet, während es sich doch eher um eine andere Version der oben dargelegten Vereinbarung *Ich-gebe-damit-du-gibst* handeln dürfte — wofür schon die Tatsache spricht, daß Margarete sich erkenntlich zeigte, indem sie 1581 der Wahl Montaignes zum Bürgermeister von Bordeaux ihre volle Unterstützung angedeihen ließ.

Das Gelingen des Spiels setzt möglichst gleich starke Charaktere voraus, und auf erotischer Ebene ein möglichst gleiches Phantasiepotential. Montaigne scheint diesem Gleichgewicht eine derartige Bedeutung beigemessen zu haben, daß er da, wo er es nicht vorhanden glaubte, das Gegenüber, wie wir weiter oben sahen, entsprechend zu stärken suchte. Hierin ging er so weit, daß er die Frauen immer wieder zum Wahrnehmen und Durchsetzen ihrer Rechte ermunterte, damit sie sich selbstbewußter zu geben vermöchten: *Die Frauen haben gar nicht so unrecht, wenn sie die in die Gesellschaft eingeführten Sittengesetze ablehnen, sind sie doch von den Männern ohne ihre Mitwirkung festgelegt worden*[ES. 427/l–r] — ein Satz, der dem Forderungskatalog heutiger Feministinnen entnommen sein könnte!

So stellt sich die generelle Frage, wie Montaignes Idealbild der Frau letztlich ausgesehen haben mag. Für eine Antwort scheint mir eine von Rezeption und Forschung bisher kaum beachtete Stelle aus dem *Essai I/26* (*Über die Knabenerziehung*) aufschlußreich: *Sobald der Zögling sich seiner Regungen bewußt zu werden beginnt, wird der Lehrer ihn mit Ariosts »Bradamante« und »Angelica« bekanntmachen und ihn fragen, welche er als Geliebte vorziehn würde: die eine von natürlicher, lebendiger und edler Schönheit, kein Mannweib, aber mannhaft; die Schönheit der anderen hingegen weich, dünnhäutig, gesucht und künstlich; die eine als Jüngling gekleidet, mit schimmerndem Helm auf dem Haupt, die andre als Mädchen, mit perlenbesetztem Kopfschmuck; und der Erzieher wird seinen Zögling nun auch in der Liebe zum Mann gereift betrachten, wenn er sich anders als Paris entscheidet, jener weibische Schäfer aus Phrygien.*[ESS. 88/r–89/l]

Bradamante und *Angelica* sind die weiblichen Hauptfiguren in *Orlando furioso* (*Der rasende Roland*), dem zwischen karolingischer Epik und höfischem Roman angesiedelten Meisterwerk Ludovico Ariosts (1474–1533). Wie aus dem Zitat leicht erkennbar, ist *Bradamante* der griechischen Göttin Pallas Athene nachgebildet, die den Typus der männergleichen, mit physischer Kraft und geistiger Energie begabten kämpferischen Jungfrau verkörpert und sich durch Kühle und Klarheit des Verstandes auszeichnet*. In *Angelica* aber tritt uns, wie der Hinweis auf das Urteil des Paris belegt, Aphrodite/Venus entgegen.

Wie ist es möglich, daß Montaigne die Liebesgötttin hier mit ausschließlich negativ gemeinten Attributen bedenkt und behängt — er, der ihr sonst in Wort und Tat so leidenschaftlich zu huldigen pflegt? Natürlich sind dem unbestechlichen Beobachter seines und des anderen Geschlechts am Liebesakt auch dessen *tierische* Aspekte aufgefallen (*Ich glaube, daß die Natur uns das aufwühlendste Tun als unser gewöhnlichstes vermacht hat, um uns alle gleichzusetzen und Narren wie Weise, Menschen wie Tiere auf eine Stufe zu stellen*[ES. 439/l]), und da die Dichtkunst *mit ihrem mir unergründlichen Zauber die Liebe selbst überflügelt*, ist für ihn *Venus in ihrer ganzen Nacktheit und vor Lust keuchenden Wirklichkeit nicht so schön wie bei Vergil.*[ESS. 424/r–425/l]

Andrerseits aber hält er es für *abwegig und undankbar, Sinnenkitzel und Begierde zu verwerfen*[ES. 562], und über die sich der Fleischeslust enthoben Dünkenden gießt Montaigne nur Hohn und Spott aus, denn er findet, *daß letzten Endes die von Venus verkörperte Sinnenlust uns Männern nichts anderes ist als das Wonnegefühl beim Entleeren der Hoden*[ES. 438/r–439/l]; schließlich läßt er sich zu einer veritablen Verwünschung der Adepten einer lustfeindlichen Philosophie hinreißen: *Daß ihnen bei der Entjungferung ihrer Frauen doch der Steife ausbliebe und ihre Lenden nicht mehr Saft und Kraft aufbrächten als ihre Lehre!*[ES. 565/l] *Womöglich tüfteln sie, wenn sie auf ihren Frauen liegen, die Quadratur des Kreises aus.*[ES.559/r]

Insoweit hätte man erwartet, daß der von Montaigne als Realisator seiner pädagogischen Vorstellungen gedachte Lehrer *seinen Zögling nun auch in der Liebe zum Mann gereift betrachtet, wenn er sich* n i c h t *anders als Paris entscheidet*, der Venus den Vorzug gab und überraschenderweise gerade deswegen von unserm Autor zum *weibischen Schäfer* degradiert wird. Sollte Montaigne, der von sich sagt, *ich lerne von Gegenbeispielen mehr als von Beispielen, und weniger durch Nachvollziehen als durch Fliehn*, hier etwa hoffen, er könne dem Knaben *wie die Ehrenmänner durch ihr nachahmenswertes Beispiel so ich vielleicht durch mein abschreckendes* nützen?[ES. 462/l] Will er den Zögling davor bewahren, zum *haltlosen Weibermännchen*[ES. 193/l] zu werden, will er ihm den Preis ersparen, den er selber für die Liebesdienste der Venus zu entrichten hatte?

Doch weitergefragt: Zeichnete sich nicht auch bei Montaigne selbst schon zu Zeiten, da er noch ganz der betörenden Laszivität der Venus verfallen schien, im Hintergrund das Ge-

genbild der Pallas Athene ab? Daß mit deren *geistiger Energie, Kühle und Klarheit des Verstandes* sogar eine Gespielin der Venus ausgestattet sein kann, zeigte sich ihm ja 1580 bei der Begegnung mit Veronica Franco, die durch den der Künstelei feindlichen, gleichsam gesprochenen Stil ihrer *Vertraulichen Briefe an verschiedene Personen*, von denen manche eigenständigen Essais gleichen, eine literarische Verwandtschaft mit Montaigne erkennen lasse, so François Rigolot (Princeton University)*. Auch weist die Entschiedenheit, mit der sie die Errichtung eines Pflege- und Altersheims für Prostituierte betrieb*, eindeutig der Pallas zuzuordnende Züge auf.

Noch gewichtiger dürfte sein, daß sich für Montaigne mit zunehmendem Alter auch das Liebesleben immer weiter in die *Essais* verlagert (*Um des wenigen willen, was mir zur Stunde überhaupt noch abgeht, möchte ich keine Dame behelligen, der ich Achtung und Ehrerbietung schulde*[ES. 443/r]); daher delegiert er den Zugang in die Boudoirs der Damen schließlich ganz an seinen großartigen *Essai* über die Liebe (III/5):

Es verdrießt mich, daß meine »Essais« den Damen gewöhnlich nur als Einrichtungsgegenstand dienen, den sie sich in den Salon stellen. Dieser »Essai« hier dürfte mir freilich in ihre Privatgemächer Eintritt verschaffen. Ich liebe den etwas intimeren Umgang mit ihnen, die öffentlichen Beziehungen bieten weder Wonne noch Würze. Beim Abschiednehmen flammt unsere Liebe zu den Dingen, die wir lassen müssen, heißer auf als je zuvor. Ich sage den Spielen der Welt für immer Lebewohl, dies hier ist unsre letzte Umarmung.[ES. 424/l]

Damit erweist sich Montaignes Diktum, die *Essais* seien *ein Buch, das mit seinem Autor wesensgleich ist*[ES. 330/l], als auf erstaunliche Weise prospektiv, denn seine ganze Wahrheit und Wirkungsmacht zeigt sich erst im Alter, ja nach dem Tod: Wie er nicht müde wird zu betonen, gehen sein Buch und er *Hand in Hand und im gleichen Schritt*, so daß für ihn feststeht: *Mit einem erfaßt man beide.*[ES. 399/r] Solche *Wesensgleichheit (consubstantialité)* besagt aber auch: Erlischt das eine, bleibt es im andern erhalten — das lebende Ich geht zur *letzten Umarmung mit den Spielen der Welt* völlig im geschriebnen auf.

Im Frühjahr 1588 macht sich Montaigne auf den Weg nach Paris — einerseits, wie man munkelt, in geheimer Mission des hugenottischen Königs von Navarra, um die Bereitschaft des katholischen Königs Heinrich III. für einen Friedensschluß zu erkunden, andrerseits und vor allem, um seinem Verleger Abel L'Angelier das Manuskript für die Neuausgabe der um einen dritten Band erweiterten *Essais* auszuhändigen und vermutlich deren Druck zu überwachen.

In der Hauptstadt erwarten ihn freilich zwei Überraschungen: ephemer, wenn auch überaus lästig die eine (denn auf Betreiben der katholischen Scharfmacher wird er trotz eines akuten Gichtanfalls für ein paar Stunden in der Bastille eingekerkert), ungemein folgenträchtig aber die andre: Es ist, als sei ihm Pallas Athene selbst erschienen, um sein Werk zu fördern — in Gestalt der Jungfrau Marie Le Jars de Gournay.

Diese Tochter von Guillaume Le Jars, der als königlicher Schatzmeister 1568 das Lehnsgut Gournay-sur-Aronde in der Picardie erworben hatte, wurde bereits in ihrem achtzehnten Lebensjahr von einer derartigen Begeisterung zu den *Essais* hingerissen, daß sie nichts unversucht ließ, um deren Autor (den sie später als ihren *geistigen Ziehvater* bezeichnen wird) persönlich kennenzulernen, was ihr schließlich im Sommer 1588 während Montaignes Aufenthalt in Paris auch gelang. Und nicht nur dies: Montaigne seinerseits schien von ihr derart angetan, daß er nicht zögerte, ihre Einladung nach Gournay anzunehmen und dort im Herbst desselben Jahres mehrere Wochen mit ihr zu verbringen.

Wahrscheinlich hat er damals schon begonnen, das druckfrisch vorliegende neue Exemplar der *Essais* für eine weitere Ausgabe zu überarbeiten und sich hierbei der Mithilfe der jungen Dame zu bedienen; in der Tat stammen auf dem *Exemplaire de Bordeaux* einige Randbemerkungen von ihrer Hand. Kurz vor ihrer Begegnung hatte sie ihm überdies ein Sonett mit dem Titel *Für Herrn de Montaigne: Über die Essais* gewidmet, während er hernach Worte für sie fand, wie sie wärmer nicht sein könnten — und prophetischer:

Mit Freude habe ich schon verschiedentlich von den Hoffnungen gesprochen, die ich in meine geistige Adoptivtochter Marie de Gournay Le Jars setze: Ich hege zu ihr eine gewiß mehr als väterliche Liebe — ja, umschlossen von meiner Zurückgezogenheit und Einsamkeit fühle ich mich ihr so tief verbunden, als wäre sie einer der besten Teile meines eignen Wesens. Für mich gibt es nur noch sie auf der Welt. Wenn Jugend je vielversprechend war, dann diese. Ihre Seele wird eines Tages der hochherzigsten Dinge fähig sein, unter andern der Vollendung unsrer unverbrüchlichen Freundschaft. (Niemand ihres Geschlechts hat sich bisher, wie wir aus den Büchern wissen, zu einer solchen erheben können.)

Ihr aufrichtiger und zuverlässiger Charakter gewährleistet das jetzt schon, und ihre Zuneigung zu mir ist von derart überströmender Herzlichkeit, daß nichts zu wünschen bliebe, wenn nicht, daß sie von der Furcht weniger grausam gequält würde, ich könnte, weil ich bei unsrer ersten Begegnung schon fünfundfünfzig Jahre alt war, in Bälde dahinscheiden. Das Urteil, das sie über meine ersten »Essais« abgab — man bedenke: als Frau, und in diesem Jahrhundert, und so jung, und als einzige in ihrer Gegend —, sowie die außergewöhnliche Heftigkeit, mit der sie allein durch die von deren Lektüre ausgelöste Wertschätzung lange vor unsrer Begegnung in Liebe zu mir entbrannte und mich kennenzulernen wünschte, verdienen allerhöchste Achtung.[ES. 329/l]

Als Marie de Gournay 1595 die erste postume Ausgabe der *Essais* veranstaltete, stand ihr (siehe *Holzwege*) nicht das *Exemplaire de Bordeaux* zur Verfügung, die von Montaigne eigenhändig überarbeitete Fassung der letzten vor seinem Tod erschienenen Edition (1588), sondern nur eine für den Druck angefertigte Kopie: das sogenannte *Exemplar*. Da Montaignes obige Huldigung im *Exemplaire de Bordeaux* (das ja lange als verschollen galt und erstmals 1802 veröffentlicht wurde) nicht vorhanden ist, gab der Gournay die Verdächtigung, sie habe die Lobeshymne selber verfaßt und eingefügt, einen Vorgeschmack von der teils hämischen, teils haßerfüllten Reaktion, mit der eine überwiegend emanzipationsfeindliche Männergesellschaft ihr unermüdliches Wirken für die Anerkennung und Verbreitung von Montaignes Werk zu diffamieren suchen wird. So nannte man sie wechselweise *Blaustrumpf, Fälscherin* und *Hexe*, später dann *altes Mädchen, alte Vettel* und *verrückte Alte*.

Pierre Botineau, Archivdirektor der Stadtbibliothek Bordeaux, gewährte mir anläßlich meiner Recherchen die seltene Gunst, das in einem abgeschotteten, lichtlosen und klimatisierten Raum sorgsam aufbewahrte *Exemplaire*, Kleinod der Montaigneforschung, herbeiholen zu lassen und vor meinen Augen mit weiß behandschuhten Fingern langsam aufzublättern; so konnte ich mich persönlich überzeugen, daß die breiten gelb-bräunlichen Klebespuren an den Rändern von Vorder- und Rückseite 284 auf ein herausgerissenes Zusatzblatt hindeuten. (Diese Spuren sind auch klar in den wichtigsten Faksimile-Ausgaben erkennbar: der schwarz-weißen von René Bernoulli* und besonders der vierfarbigen von Philippe Desan*.)

Was erscheint also plausibler, als daß auf dem Blatt der genau an dieser Stelle in der postumen Ausgabe von 1595 angeführte Huldigungstext stand und dem der Marie de Gournay für den Druck übersandten sogenannten *Exemplar* eingefügt wurde? Den meisten Montaignisten jedenfalls gilt die Authentizität dieses Textes mittlerweile als erwiesen.

Fest steht, daß die Gournay sich durch die Widrigkeiten, gegen die sie anzukämpfen hatte, nicht entmutigen ließ, im Gegenteil: Das von Montaigne dem *Exemplaire de Bordeaux* vorangestellte Motto *Viresque acquirit eundo** gilt genauso für sie, denn auch ihr *wuchsen im Voranschreiten weitere Kräfte zu*: In ebendem Maße, wie sie durch die ständig überarbeiteten oder neu verfaßten Vorworte, Anmerkungen und Kommentare zu den insgesamt elf von ihr besorgten Ausgaben der *Essais*, besonders aber durch deren geharnischte Verteidigung sich Montaignes Prophezeiung als würdig zu erweisen suchte, sie werde *der hochherzigsten Dinge fähig sein* — in ebendem Maße entfaltete sich ihre eigene schriftstellerische Kreativität, so daß sie literarische Arbeiten hervorbrachte, deren *essai*artiger

Charakter zwar von ihrem *geistigen Ziehvater* inspiriert ist, mit denen sie vor allem aber dessen Ermunterung der Frauen zu größerer Selbständigkeit beim Wort nimmt und daraus konkrete Forderungen von präfeministischer Brisanz ableitet. Namentlich in ihren Kampfschriften *Gleichheit von Männern und Frauen* und *Beschwerde der Damen* läuft sie zu polemischer Höchstform auf.

Solcherart blieb sie auf zweifache Weise bemüht, Montaignes Wünschen und Wollen gerecht zu werden. Wenn es bei ihm heißt: *Wer sähe nicht, daß ich einen Weg eingeschlagen habe, auf dem ich so mühelos und unermüdlich fortschreiten werde, bis der Welt Tinte und Papier ausgeht*(ES. 475/r), er diese hyperbolische Ankündigung aber todeswegen natürlich nicht wahrzumachen vermochte, so gelang es ihr, ihm durch die ständigen Neuausgaben der *Essais* zum Fortschreiten auf seinem Weg zu verhelfen — und durch Fort*schreiben* seines Werks.

Tatsächlich könnte man bei Betrachtung der Titel ihrer zahlreichen Abhandlungen meinen, sie stammten von Montaignes Hand: *Über die Furchtsamkeit* etwa und *Über die Verleumdung*, oder *Über dumme Finessen* und *Wenn Rache gerechtfertigt ist*, oder *Wie große Geister und die rechtschaffnen Leute einander suchen* und *Über lasterhafte Tugenden* sowie *Verteidigung der Dichtkunst*, oder *Über Reime* und *Über die französischen Verkleinerungsformen* — buntgemischte Themen also zu Gesellschaft und Moral, zu Sprache und Literatur.

Stilistisch und bei der thematischen Aufarbeitung aber begann sich Marie de Gournay allmählich von ihrem *geistigen Ziehvater* zu lösen, denn ihre im Kampf um sein Werk gewonnene Selbstsicherheit wurde immer größer, und ihre Überzeugungen verfestigten sich. Ursprünglich darauf bedacht, sich völlig von seinem Geist leiten zu lassen, wußte sie ihn sich schließlich derart anzuverwandeln, daß die Sprecherin Montaignes hierüber zur Sprecherin für sich wurde.

Hier erhebt sich nun die Frage, inwieweit sich damit Marie de Gournay auch des zweiten Teils der obigen Prophezeiung, daß sie nämlich *der Vollendung unsrer unverbrüchlichen Freund-*

schaft fähig sein werde, als würdig erwiesen hat — ja, ob sie sich ihrer überhaupt als würdig erweisen *konnte*.

Im berühmten *Essai* I/28 (*Über die Freundschaft*) singt Montaigne das Hohelied der *Männer*freundschaft, wie er sie mit Étienne de la Boétie erleben durfte. Dessen *Abhandlung über die freiwillige Knechtschaft oder Gegen Alleinherrschaft, eine Art Essai wider die Tyrannen, zum Lobpreis der Freiheit,* war es gewesen, die *zur Vermittlerin unserer ersten Bekanntschaft wurde. Sie leitete eine Freundschaft in die Wege, die wir zwischen uns auf derart vollkommene Weise gepflegt haben, daß sich in der Vergangenheit gewiß kaum ein Beispiel hierfür finden läßt — und unter heutigen Menschen schon gar nicht.* (ES. 99/l)

Die Liebe zu den Frauen hingegen könne man keineswegs *mit wahrer Freundschaft vergleichen noch überhaupt dieser Rangstufe zuordnen*(ES. 100/l), da *in Wahrheit das geistige Vermögen der Frauen gewöhnlich den Anforderungen des engen Gedankenaustauschs und Umgangs nicht gewachsen ist, aus denen der heilige Bund der Freundschaft hervorgeht; auch scheint ihre Seele nicht stark genug, den Druck eines so fest geknüpften und dauerhaften Bandes zu ertragen.* (ES. 100/r)

Nur Männer sind also dem *heiligen Bund der Freundschaft* gewachsen, nur sie können ihn *auf vollkommene Weise* pflegen: Die Männerfreundschaft scheint für Montaigne das Nonplus-ultra.

Doch genau an dieser Stelle überkommt ihn eine Vision (die meines Erachtens bisher wenn nicht verkannt, so doch viel zu wenig gewürdigt wurde): *Freilich, wenn das anders wäre und man mit den Frauen eine derart freie, freiwillige und vertrauensinnige Beziehung aufbauen könnte, daß darin nicht nur Geist und Seele ihren vollen Genuß fänden, sondern auch die Körper an der Vereinigung teilnähmen und folglich der ganze Mensch sich hingäbe, dann würde das gewiß eine noch umfassendere und erfülltere Freundschaft sein.*(ES. 100/r) (Am Rande: Diese Formulierung dürfte zugleich alle Spekulationen über einen eventuell homo-*sexuellen* Charakter der Freundschaft zu Étienne de la Boétie hinfällig machen.)

Noch *umfassender und erfüllter* als *vollkommen*? Es könnte demnach doch ein Plus-ultra geben? Für denkbar, wie wir sehen, hält es Montaigne schon — aber: *Es findet sich kein einziges Beispiel, daß das weibliche Geschlecht bisher so weit zu gelangen vermocht hätte, und nach einhelligem Urteil der antiken Philosophenschulen bleibt ihm der Zugang hierzu verwehrt.*(ES. 100/r)

Müßte dieses *bisher* durch Montaignes späteren Huldigungstext für Marie de Gournay nicht als überholt gelten? Müßte seine Feststellung, *es findet sich kein einziges Beispiel* durch die Zuversicht, daß seine geistige Adoptivtochter der *Vollendung unsrer unverbrüchlichen Freundschaft fähig sein* werde, nicht fraglich geworden sein?

Man wird einer Beantwortung am ehesten näherkommen, wenn man daran erinnert, daß Marie de Gournay als ideelle Verkörperung der Pallas Athene ihr Leben lang Jungfrau war und sich folglich schon deswegen Montaignes visionärem Plus-Ultra versagen mußte. Gerade hierdurch aber, so paradox es scheinen mag, war die Voraussetzung gegeben, daß sie das *nur* reale Non-plus-ultra von Montaignes literarisch-geistiger Freundschaft mit Étienne de la Boétie wiederzubeleben und weiterzuführen vermochte: vom homo- zum heterophilen.

Derart wurde dem Seigneur Michel de Montaigne doch noch die Erlösung von seiner obsessiv gewordenen Trauer über den allzu frühen Verlust seines Freundes gewährt: durch die Freude über die sich für ihn so zukunftsträchtig anbahnende neue Freundschaft.

Montaigne und die Frauen — ein Triptychon: Veronica Franco, präfeministische Literatin und Kurtisane zur Linken, Marie Le Jars de Gournay, präfeministische Literatin und Jungfrau zur Rechten, und hoch darüber, nein, mitten zwischen ihnen Michel de Montaigne, Präfeminist.

Oder gar Postfeminist? Die Sätze am Ende von *Essai* III/5 (*Über einige Verse des Vergil*) zeigen mit ihrem alle diskursive Ereiferung entkrampfenden Humor wieder einmal, wie weit er nicht nur seiner, sondern auch unserer Zeit voraus ist: *Ich behaupte, daß Mann und Frau aus ein und demselben Lehm gekne-*

tet sind. Es ist weitaus leichter, das eine Geschlecht anzuklagen, als das andre freizusprechen. Daher pflegt man zu sagen: »Der rußige Schürhaken bespottet den Ruß des Kessels«.[ES. 450/r]

ABSTECHER IN DIE
ÜBERSETZERWERKSTATT

Hader um Hoden

In der Erstausgabe meiner Übersetzung der *Essais* (1998) sagt Montaigne über sein Verhältnis zu den Frauen, er habe, wenn er *eine mit ihm unzufrieden fand*, nicht vorschnell *ihren lockeren Lebenswandel dafür verantwortlich gemacht*, sondern sich gefragt, ob es nicht angebrachter wäre, *meiner Natur die Schuld zu geben*, und dann fährt er in einer gewagten Kombination aus pornographischem Fremdzitat und eigenen Worten fort:

> *»Denn ist mein allerbestes Stück*
> *nicht lang genug und stramm und dick*
> *und zuckt der Damen kund'ger Blick*
> *vor solchem Schwanz geschockt zurück«* *,

dann hat sie mich fürwahr ungerecht und stiefmütterlich behandelt, ja, mir eine ungeheure Versehrung zugefügt. [ES.444/l]

Im Originaltext steht für *ungerecht und stiefmütterlich behandelt*: *traité illégitiment et incivilement*, und für *ungeheure Versehrung*: *lésion énormissime*.

Was den Sinngehalt angeht, befand ich mich mit meiner Wahl für diese Formulierung in Gesellschaft der meisten mir zugänglichen Übersetzungen (soweit das pornographische Zitat nicht prüderweise unübersetzt blieb)

Da erschien Ende 1998 im *Bulletin de la Société des Amis des Montaigne** ein Artikel des Arztes Dr. Pottiée-Sperry, in dem es heißt: *Für uns ist eine* »lésion«, *soweit sie ein lebendes Wesen betrifft, eine organische Veränderung, die angeboren, krankhaft oder traumatisch sein kann. Der Ausdruck* »énormissime« *erweckt unwillkürlich die Vorstellung von Volumen, sogar von wachsendem.* Es bestehe hier also ein *frappanter Kontrast* zwischen dem (freilich von Montaigne nur hypothetisch so bezeichneten) *kleinen Volumen des Penis* einer- und der *nicht präzisierten, doch voluminösen Läsion* andrerseits.

Dieser Kontrast habe nun zwei Montaignisten auf den Plan gerufen, *deren Interpretationen sich radikal unterscheiden:*

Für den einen, den Mediziner Prof. André Eyquem*, handle es sich bei der Läsion vermutlich um einen Leisten-Hodenbruch, worauf er bei der Lektüre von Montaignes *Reisetagebuch* gestoßen sei: Unter dem 25. Mai 1581 heißt es dort (auf italienisch): *Zusehends ging die Schwellung meines rechten Hodens zurück, an der ich sehr oft leide.* [RS.256] Daraus schließe Prof. Eyquem: *Der von mir diagnostizierte und von den bisherigen Kommentatoren nicht in Erwägung gezogene Leisten-Hodenbruch, wie Montaigne ihn so präzis beschreibt, ist alles andere als harmlos und höchstwahrscheinlich mit dem Ausdruck »lésion énormissime« gemeint.*

Für den andern, den Literaturwissenschaftler Pierre Leschemelle, handle es sich bei der Läsion hingegen nicht um eine organisch-pathologische Schädigung, sondern eine psychisch-physiologische: schlicht um Impotenz. Man müsse sich jedoch fragen, ob Leschemelle überhaupt Kenntnis von einem möglichen Hodenbruch Montaignes haben konnte, da er für sein Buch* die *Pleiade*-Ausgabe des *Reisetagebuchs* herangezogen habe, wo der mit *Hoden* im Original klar benannte Ort der Schwellung zu einem *in gewissen Körperteilen* verunklart ist.

Dr. Pottiée-Sperry findet es jedenfalls kurios, *énormissime* mit Impotenz in Verbindung zu bringen, so daß er für Prof. Eyquems Diagnose plädiert — zumal ein großer Leisten-Hodenbruch oft den Penis umgreife und ihn daher kleiner erscheinen lasse. Dessen unansehnlicher Umfang, wie Montaigne ihn mit Vorbehalt beklagt, sei somit allenfalls eine optische Täuschung.

Damit war die Debatte um die rechte Auslegung der *lésion énormissime* jedoch keineswegs beendet — im Gegenteil: Den Darlegungen von Dr. Pottiée-Sperry folgte in der nächsten Ausgabe des *Bulletin de la Société des Amis de Montaigne* ein scharfes Kontra des Juristen Gabriel-André Pérouse von der Universität Lyon*, der rundheraus behauptet, in der fraglichen Passage gehe es (zumindest auf der Ebene der Signifikanten) überhaupt nicht um Medizin oder Psychologie, vielmehr sei die *lésion énorme* (lateinisch *laesio enormis*) ein *erzklassischer juristischer Begriff*, der für die Übervorteilung eines Käufers oder Verkäufers stehe; daß Montaigne ihn in den grammatisch ungewöhnlichen Superlativ *énormissime* überdehnt habe, könne man als Augenzwinkern zu seinen Kollegen im Justizpalast deuten. (Unwillkürlich wird man hier zudem an die *issimo*-Orgien im italienisch verfaßten Teil des *Reisetagebuchs* erinnert.)

Damit wolle Montaigne sagen, daß die Natur ihn *illégitimement*, also gesetzeswidrig behandelt habe, und *incivilement*, also unter Brechung des Zivilrechts. Mit dem handschriftlichen Zusatz *lésion énormissime* sei das fachsprachlich noch untermauert. Diese Eindeutigkeit der Signifikanten besage natürlich nicht, daß das Signifikat keine physiologische Realität sei.

So expliziert die Debatte, daß die fragliche Stelle reicher an Implikationen ist, als man bisher gewußt hat. Anders gesagt: Der allen simplen Denotationen abgeneigte Konnotationskünstler Montaigne erzeugt mit der Präzision juristischer Begriffe einen Schwebezustand hypothetischer Befunde, die vom (übers Fremdzitat schelmisch suggerierten) kleinen Glied bis zum (durch fachliche Kompetenz glaubwürdig gemachten) Leisten-Hodenbruch reichen.

Daher schien es mir erforderlich, meine Übersetzung dieser Stelle den neuen Erkenntnissen anzupassen, so daß die auf *Natur* bezogenen letzten Sätze seit der korrigierten Auflage von 1999 nun lauten (wobei das im Original dem Wort *lésion* zugeordnete *énormissime* hier nicht als adjektivisch zu verstehen ist, sondern als akzentloser lateinischer Elativ adverbial):

… dann hat sie jedenfalls Straf- wie Zivilrecht verletzt und mich »enormissime« geschädigt.

8. DER ESS- UND TRINKGELÜSTE
WECHSELSPIEL

TREFFPUNKT:

In uns gibt es ständig unregelmäßige und unergründliche Veränderungen. Rettiche zum Beispiel fand ich anfangs bekömmlich, dann unbekömmlich, und jetzt bekommen sie mir wieder. Auch bei manch andren Dingen stelle ich fest, daß Geschmack und Magenverträglichkeit sich bei mir wandeln. So bin ich erst von Weiß- auf Rotwein übergegangen, dann von Rot- zurück auf Weißwein. (ES. 557/l)

Dieses Wechselspiel der Eß- und Trinkgelüste, so Montaigne, entspringt demjenigen Bedürfnis unsrer leiblichen Existenz, das *natürlich und notwendig* ist, während andere Bedürfnisse *natürlich, aber nicht notwendig* sind, wie das *Beschlafen der Frauen*, oder *weder natürlich noch notwendig, und zu dieser Sorte gehören beim Menschen fast alle, da völlig überflüssig und erkünstelt; denn es ist erstaunlich, mit wie wenig sich die Natur zufriedengibt und wie wenig sie uns zu wünschen läßt. Mit ihren Geboten haben die raffinierten Zubereitungen in unsren Küchen nichts zu tun. Die Stoiker sagen, der Mensch könne sich von täglich einer Olive ernähren.* (ES. 233/l)

Freilich wäre Montaigne gewiß der letzte, dem solch karge Kost munden würde, bekennt er doch rückhaltlos: *Bei Tisch bin ich wenig wählerisch und greife nach dem erstbesten, was gerade vor mir steht*(ES. 555/l); und obwohl ihn *ausgedehntes Tafeln beschwert* und ihm nicht bekommt, ißt er, *vielleicht weil ich mir das als Kind angewöhnt habe, solange unbeherrscht weiter, wie ich am Tisch sitze.* (ES. 556/l)

Selbst wenn er *von Jugend an gelegentlich eine Mahlzeit aus-zulassen pflegt,* so, wie er sagt, *entweder um meinen Appetit auf die nächste zu schärfen (denn anders als Epikur, der fastete oder nur karge Mahlzeiten zu sich nahm, um seiner Freßlust den Genuß am Schlemmen abzugewöhnen, tue ich es, um der meinen einen noch größeren und fröhlicheren daran anzugewöhnen) oder um meine Kraft zu irgendeiner sei es körperlichen, sei es geistigen Tätigkeit zu erhalten (denn für beide macht mich ein voller Magen schrecklich faul, und vor allem hasse ich die stupide Paarung einer so strahlend gesunden Göttin wie Venus mit Bacchus, diesem kleinen rülpsenden und furzenden Gott, der von den Dünsten seines Gesöffs ganz auf-gedunsen ist) oder um eine Magenverstimmung zu kurieren — oder schließlich, weil keine mir zusagende Tischgesellschaft vorhanden ist, denn ich behaupte, diesmal in Übereinstimmung mit Epikur, daß man weniger darauf sehen sollte, was man ißt, als darauf, mit wem; und ich lobe mir den Chilon, weil er sein Erscheinen zum Gastmahl Perianders nicht zusagen wollte, ehe man ihm mitteile, wer die anderen Geladnen seien.* (ES. 557/l–r)

Es ist dieser gesellschaftliche und gesellige Aspekt der Nahrungsaufnahme, dem Montaigne wesentliche Bedeutung bei-mißt und auf den er daher immer wieder zurückkommt, sei es ausgreifend oder konzis:

Die alten Griechen und Römer haben es vernünftiger gemacht als wir. Sie widmeten dem Essen, wenn sie nicht von einem außerge-wöhnlich dringenden Geschäft abgehalten wurden, etliche Stunden, ja den besten Teil der Nacht, aßen und tranken weniger hastig, als wir es zu tun pflegen, die wir alles in Windeseile erledigen, und zogen dieses natürliche Vergnügen durch mehr genußreiche Muße in die Länge, indem sie allerlei nützliche und angenehme, der Geselligkeit dienende Unterhaltungen einflochten. (ES. 556/l–r)

Oder: *Für mich ist keine Speisenzubereitung so wohlschmeckend, keine Soße so appetitlich, wie die, welche man in guter Gesellschaft genießt.* (ES. 557/r) Oder er benennt Platon mit dessen Aussage als Zeugen, *es sei der Brauch gemeiner Leute, Spielmänner und Sänger zu ihren Gelagen zu bestellen, weil sie zu den guten Gesprächen und anregenden Unterhaltungen unfähig seien, mit denen Leute von Geist einander in festliche Stimmung zu versetzen wissen.* Und schließlich: *Ein gutes Gastmahl ist ein festliches Vergnügen, das kein geringes Können erfordert, aber auch keinen geringen Lustgewinn erbringt.*

So ist er seiner Eß- und Trinkgier vor allem deswegen gram, weil er darüber die Muße verliert, *mich zu unterhalten, was doch eine so köstliche Würze des Tafelns ist,* freilich unter dem Vorbehalt, *die Gespräche sind angemessen, vergnüglich und kurz.* (ES. 559/l)

Doch so wichtig dem Kulturalisten eine angenehme Tischgesellschaft auch sein mag — den größten Teil seiner Darlegungen zu Speis und Trank widmet er, seinem Naturalismus frönend, weniger den Umständen des Verzehrs als dessen Gegenstand, und hier geht er in die vollen: Kein Detail ist ihm zu detailliert, keine Gewohnheit zu gewöhnlich, kein Gelüst zu flüchtig. Schwarz auf weiß macht er sie alle dingfest:

Sämtliche Fleischarten, die es vertragen, liebe ich schwach gebraten, und ich liebe sie gut abgehangen, bei manchen sogar bis sie schon stark riechen. Ganz allgemein stört mich lediglich Zähigkeit (während ich hinsichtlich aller anderen Eigenschaften gleichgültig und duldsam bin) — dergestalt, daß ich entgegen dem vorherrschenden Geschmack selbst Fische manchmal zu frisch und zu fest finde. (ES. 556/l) Dabei ist Montaigne *auf Fisch geradezu versessen; hierdurch werden mir die mageren Tage zu fetten, die Fasten- zu Festtagen. Ich teile die Meinung mancher Leute, die sagen, Fisch sei leichter zu verdaun als Fleisch. Und wie mir mein Gewissen verbie-*

tet, *an Fischtagen Fleisch zu mir zu nehmen, so mein Geschmack, Fisch und Fleisch durcheinanderzuessen.* (ES. 557/l)

Weiter: *Meistens esse ich gesalzen; Brot aber ziehe ich ungesalzen vor, und mein Bäcker versorgt meinen Tisch entgegen der Landessitte mit keinem andern. Als ich jung war, mußte man mich vor allem wegen der Verweigerung der Dinge zurechtweisen, die man in diesem Alter gewöhnlich am liebsten ißt: Zuckerzeug, Eingemachtes und Backwerk.*

Mein Erzieher bekämpfte diesen Widerwillen gegen Leckereien als eine Art Leckerhaftigkeit, und in der Tat zeigt eine solche Ablehnung, worauf immer sie sich beziehen mag, nichts anderes als einen mäkligen Geschmack. Wer einem Jungen seine eigensinnige und hartnäckige Vorliebe für Schwarzbrot, Speck und Knoblauch austreibt, treibt ihm damit die Vernaschtheit aus. (ES. 555/r)

Daraus folgert er: *Alle Absonderlichkeiten und Eigenbröteleien in unserem Verhalten muß man meiden, da sie widernatürlich und dem menschlichen Zusammenleben feind sind.* Zwar räumt er ein, daß *bei solchen Dingen unbekannte Überempfindlichkeiten eine gewisse Rolle spielen mögen;* er ist jedoch überzeugt, daß man sie *loswerden könnte, wenn man sie rechtzeitig bekämpft.* Jedenfalls, stellt er zufrieden fest, hat es *bei mir die Erziehung geschafft (wenn auch nicht ganz ohne Mühe), daß ich unterschiedslos an allem Geschmack finde, was eß- und trinkbar ist, außer an Bier.* (ES. 91/l)

Mit einer einzigen Ausnahme *unterschiedslos an allem?* Wie läßt sich das mit seiner Meinung vereinbaren, es gebe *nichts rundum Zutreffendes, Eindeutiges und Stichhaltiges, das ich über mich sagen, gar ohne Wenn und Aber in einem einzigen Wort ausdrücken könnte?* (ES. 167/l) Offensichtlich hat er mit seinem obigen Satz den Mund doch etwas zu voll genommen, scheinen die wunderlichen Gelüste des kleinen *Micheau* doch eher die ersten Anzeichen einer tieferen Neigung zum Antivegetarismus zu sein, wie sie sich im großen Michel dann manifestiert haben: *Ich bin weder auf Salate noch auf Obst sonderlich erpicht, außer auf Melonen.* (ES. 557/l)

Aber auch diese wiederum mit einer einzigen Ausnahme garnierte Behauptung sollte man nicht allzu wörtlich nehmen, denn wenn man im *Reisetagebuch* liest, wie sehr ihn die sich beim Betreten Italiens vor ihm ausbreitende Fülle von Obst, Gemüse und Salat hingerissen hat, scheint die synästhetische Erfahrung wie so oft das in den *Essais* generell Gesagte modifiziert, weil mit Lebenshaltigkeit angereichert zu haben.

In Rovereto zum Beispiel vermerkt sein Sekretär: *An Neuem gab es Unmengen von Apfelsinen, Zitronen und Oliven, die sich der Herr de Montaigne munden ließ*[RS. 105], und die ihm in den Bädern von Lucca überreichten Geschenke waren ihm gewiß nicht weniger willkommen, so *ein mit wunderschönen Früchten beladnes Pferd, darunter erste Feigen, von denen man im Bad noch keine gesehn hatte*, oder das *Präsent einiger Dosen vorzügliches Quittengelee, das sehr gut gewürzt war, dazu eine besondre Art Zitronen und Orangen von ungewöhnlicher Größe.*[RSS. 261–262]

Auch wenn er sagt *Ich will, daß der Tod mich beim Kohlpflanzen antreffe*[ES. 49/I], läßt sich für unser Thema hieraus ableiten, daß er diese Tätigkeit für nützlich hielt — gewiß schon deswegen, weil er dem Verzehr ihres Produkts bis dato selbst gern zugesprochen hat.

Als Montaigne 1581 unter dem florentinischen Sommer zu leiden hatte, suchte er sich sogar mit einer vegetarischen Diät *sui generis* Linderung zu verschaffen: *Ich hatte den ganzen Tag über einen vor Trockenheit brennenden Mund, nicht etwa aus Durst, sondern aufgrund einer inneren Hitze, wie ich sie bisweilen schon zu Hause an heißen Tagen zu spüren bekam. Ich aß nur Obst und gezuckerte Salate.*[ESS. 266–267] Er wußte seinen Antivegetarismus also durchaus selektiv zu handhaben — was sich noch eindringlicher aus seinen Lobgesängen auf die deutsche Küche ergibt, nach denen Vegetarisches darin eine beachtliche Rolle spielte:

Die Deutschen tischen einem Topfgerichte, Soßen und Salate in uns völlig ungewohnter Fülle und Reichhaltigkeit auf. So hat man uns Gerichte aus Quitten vorgesetzt, ferner mit eingemachten Apfelringen bedeckte Suppen, dazu Salate aus Weißkraut. Wir haben nie zuvor so delikate Gerichte gegessen, wie sie dort gang und gäbe sind. Und: Als Beilage zum Fleisch reicht man Pflaumenkompott sowie Apfel- und Birnentörtchen. Als Frischobst gibt es nur Birnen

und köstliche Äpfel, dazu Nüsse und Käse. (RSS. 62–63) Und schließlich: *Eier wurden uns nie anders als hartgekocht und in Viertel
geschnitten auf Salat serviert, der dort sehr gut zu sein pflegt, und
die Kräuter sind stets taufrisch.* (RS. 72)

Aber auch auf dem Krankenlager *können mir die Ärzte Weiß-
oder Rotwein verordnen und für die Zubereitung meiner Suppe nach
Gutdünken zwischen Lauch und Lattich wählen; und das gleiche
gilt für alle sonstigen Dinge, von denen mir nach Geschmack und
Gewohnheit das eine wie das andre zusagt.* (ES. 387/r)

Das führt uns zu der weiterreichenden Frage, welche Rolle die gesundheitlichen Aspekte von Essen und Trinken für
ihn spielten, und wir werden sehen, daß er sie für zentral
hielt — bezeichnet er die Gesundheit doch als *das schönste und
wertvollste Geschenk, das die Natur uns zu geben vermag;* und zur
Bestärkung führt er *die Philosophen (selbst die der Stoa)* an, denn
sie *scheuen sich keineswegs einzuräumen, daß Heraklit und Phere-
kydes, hätten sie ihre Weisheit gegen die Gesundheit eintauschen und
sich durch diesen Handel der eine von der Wassersucht, der andre
von der Läusekrankheit befreien können, die ihnen hart zusetzten,
gut beraten gewesen wären, es zu tun.* (ES. 241/r)

Daher nimmt er *die Gesundheit mit offnen Armen auf, und
ich wetze meinen Appetit, sie voll und ganz zu genießen, ohne jede
Einschränkung, und dies um so mehr, als sie sich bei mir zur Zeit
nicht so häufig zeigt, sondern eher rar macht; ich werde mich daher
hüten, mir die ruhespendende Süße ihrer Gegenwart durch eine
neue und anstrengende Lebensweise zu vergällen.* (ES. 244/r)

Zwar räumt er ein, daß man *schwachen Mägen eine strenge und
künstliche Schonkost verschreiben muß.* Das gelte jedoch nicht für
die gesunden, denn sie folgten am besten *einfach dem, was ihnen
der natürliche Appetit vorschreibt. Genauso machen es unsre Ärzte,
die ihre Melone essen und jungen Wein dazu trinken, während sie
ihre Patienten zu Sirup und Brotpampe zwingen.* (ES. 499/r)

Damit würden sie bei ihm freilich an den Falschen geraten — denn so schlau wie sie ist er längst: *Ich habe, gesund oder
krank, mich stets bereitwillig den Gelüsten überlassen, die sich gerade
dringend in mir regten. Ich räume meinen Neigungen und Begier-*

den maßgeblichen Einfluß ein. Ich liebe es nicht, Übel mit Übel zu kurieren. Ich hasse Heilmittel, die beschwerlicher sind als die Krankheit. Mit einer Nierenkolik und gleichzeitig dem Verbot geschlagen zu sein, sich dem Genuß von Austern hinzugeben, das sind zwei Übel für eins. Die Krankheit drangsaliert uns auf der einen Seite, die Diät auf der andern. Da man stets riskiert, sich zu verrechnen — laßt es uns im Genuß der Lebensfreuden riskiern!(ES. 548/r)

Durchaus ist er sich darüber im klaren, *daß es gesünder ist, wenn man möglichst langsam und wenig auf einmal ißt. Gleichwohl möchte ich auch Appetit und Hunger zu ihrem Recht kommen lassen. Mir würde alle Eßlust genommen, wenn ich mich nach ärztlicher Vorschrift mit täglich drei, vier mageren Mahlzeiten abquälen müßte. Wer könnte mir dafür bürgen, daß mir zum Abendessen nicht der morgendliche, für alles offne Appetit vergangen sein wird? Laßt uns, vor allem uns Greise, feste zugreifen, sobald sich eine günstige Gelegenheit bietet! Überlassen wir die täglichen Diätempfehlungen den Ärzten und den Kalendermachern!*(ES. 557/r)

Rein vorgestellte Vergnügen sind ihm daher viel zu wenig, auch wenn sie, *sagen manche, ebenso wie die rein vorgestellten Mißvergnügen die allergrößten seien. Kein Wunder: Die Phantasie schneidert und formt sie sich ja nach eignem Gutdünken aus dem vollen Tuch zurecht, und ich sehe Tag für Tag beachtliche und vielleicht auch wünschenswerte Beispiele dafür. Ich selbst aber, vermischter Wesensart und aus grobem Holz geschnitzt, finde an solcher Kost allein keineswegs so viel zu beißen, daß ich mich in meiner Erdverbundenheit nicht auch immer wieder den nach der allgemeinen menschlichen Bestimmung uns hier und jetzt greifbaren Vergnügen überließe: auf geistige Weise sinnlich, auf sinnliche Weise geistig.*

Mich stößt es ab, daß man uns vorschreibt, wir müßten mit dem Geist in den Wolken schweben, während unser Körper bei Tische sitzt. Ich will keineswegs, daß der Geist sich ans Tafeln kette und mit dem Körper im Schlemmen suhle, wohl aber, daß er diesen nicht im Stich läßt. Aristippos machte sich zum Anwalt nur des Körpers, als ob wir keine Seele hätten. Zenon befaßte sich nur mit der Seele, als ob wir keinen Körper hätten. Beide waren auf dem Holzweg.(ESS. 559/r–560/l)

Seiner Erdverbundenheit gemäß zu leben und daher auch jede der eignen Körpererfahrung widersprechende Diät abzulehnen fällt Montaigne um so leichter, als sein *Appetit sich in vielen Dingen glücklicherweise von selbst dem angepaßt hat, was meinem Magen bekommt. Als ich jung war, liebte ich saure und scharfe Soßen; kaum fing mein Magen jedoch an, dagegen zu rebellieren, und schon tat mein Geschmack dasselbe. Oder: Wein gereicht den Kranken zum Nachteil — und prompt ist er, liege ich darnieder, das erste, was meinen Gaumen anwidert, unüberwindlich anwidert. Was immer ich lustlos zu mir nehme, schadet mir; nichts aber schadet mir, was ich mir mit Lust und Hunger einverleibe. Nie ist mir Ungemach aus einem Tun erwachsen, das mir Freude macht. Daher habe ich meinem Vergnügen zuliebe alle ärztlichen Ratschläge weitgehend in den Wind geschlagen.* (ES. 548/r)

Als wichtigste Verhaltensregel gilt ihm, ohne Not nicht von der gewohnten Lebensart abzuweichen: *Meine Daseinsweise bleibt immer dieselbe, ob ich gesund bin oder krank: gleicher Stundengang und gleiches Bett, gleiche Speise, gleicher Trank, das ist mir dienlich. Daran ändre ich nicht das geringste, außer, daß ich die Menge dessen, was ich zu mir nehme, mehr oder weniger meinem Appetit und Aufnahmevermögen anpasse. Gesundheit heißt für mich meinen gewohnten Zustand ungestört beibehalten.*

Daher kann er sich auch *für die Kranken nichts Heilsameres denken, als daß sie gelassen die Lebensweise beibehalten, in der sie aufgewachsen sind. Jede Änderung, gleichgültig welche, verwirrt und schadet. Glaube, wer da will, daß Kastanien den Menschen im Périgord oder in Lucca abträglich seien, oder Milch und Käse den Bergbauern! Man verordnet den Kranken jedoch eine nicht nur neue, sondern entgegengesetzte Lebensweise — ein Wechsel, den kein Gesunder aushalten würde.* (ES. 548/l–r)

Zustimmend zitiert er deshalb Tiberius, der zu sagen pflegte, *jeder, der zwanzig Jahre gelebt habe, sollte in eigner Verantwortung entscheiden können, was ihm schade oder weiterhelfe, und daher ohne ärztliche Beratung zurechtkommen. Vielleicht hat er diese Auffassung von Sokrates übernommen, der seinen Schülern als eine der wichtigsten Studien eindringlich die Beobachtung ihrer Gesund-*

heit anriet und gewöhnlich hinzufügte, es sei schwer denkbar, daß ein verständiger Mensch, der Körperübungen betreibe und auf sein Essen und Trinken achte, nicht besser als jeder Arzt zu unterscheiden wisse, was für ihn gut oder schlecht sei. (ESS. 544/r–545/l)

Da dies gänzlich seiner eigenen Meinung entspricht, hält er sich viel auf seine eigenen Erfahrungen zugute, von denen er behauptet, daß, *was die körperliche Gesundheit angeht, niemand mit in der Tat nützlicheren Erfahrungen aufwarten* könne als er, *da ich sie rein und durch keinerlei Vorbedacht und Vorurteil getrübt oder entstellt unterbreite.* (ES. 544/r)

Von den darauf gründenden Erfolgen, über die er voller Stolz berichtet, sei hier folgende Episode aus den Bädern von Lucca angeführt: *An diesem Tag geschah es, daß mehrere Ärzte zu einer wichtigen Konsultation über den hier im Bad weilenden Herrn Paolo de Cesi (Neffe des gleichnamigen Kardinals) zusammengekommen waren, und dieser schickte sie nun zu mir mit der Bitte, ich möchte mir ihre kontroversen Meinungen anhören und ihm dann mein Urteil mitteilen, nach dem sich zu richten er entschlossen sei. Darüber mußte ich im Innern herzlich lachen, denn Ähnliches ist mir hier und in Rom immer wieder passiert.* (RSS. 257–258)

Nun sehen viele der unter den Montaigne-Freunden zahlreich vertretenen heutigen Mediziner, daß er in der Tat, indem er sich und die andern auf seine so unverkennbar eigene Weise ständig sondierte, auskultierte und durchleuchtete, damit zugleich der ärztlichen Kunst Wahrheiten erschloß, die sich inzwischen allgemein etabliert haben. Oft habe er die Symptome einer Krankheit mit erstaunlicher Präzision beschrieben, und seine Kenntnis der Krankenpsychologie sei perfekt gewesen. Und doch fehle ihm weitgehend, er möge noch so nachdrücklich das Gegenteil behaupten, die Fähigkeit zur wirksamen Eigentherapie.

Und wirklich: Was soll man davon halten, wenn dieser so schwer mit dem Steinleiden Geschlagene verbissen an seiner karnivoren Gier festhält? Kein Fleisch ist ihm zuwider, und er liebt es scharf gesalzen, zudem fast roh. Von den Soßen, siehe oben, mag er alle, Salat und Obst außer Melonen hingegen läßt er angeblich links liegen — nicht eben eine heilsame Nierendiät! So glühend er immer wieder die Gesundheit anzupreisen weiß, im Zweifelsfall zieht er die Befriedigung seiner Gelüste vor. In den Bädern von Lucca wiederum trinkt er täglich schier unglaubliche Mengen Heilwasser, einmal fast in einem Zug mehr als drei Liter. Da fragt man sich doch, wie er eine solche Roßkur überleben konnte!

Gleichwohl wurde 1933 auf den Feierlichkeiten zum vierhundertsten Geburtstag unsres Lebensphilosophen in Bordeaux von dem angesehnen Kliniker Dr. Maurice Creyx die Meinung vertreten, Montaigne habe sich als würdig erwiesen, postum zum *Dr. med. honoris causa* ernannt zu werden.*

Eine derartige Wertschätzung dürfte auch seine Worte über das Trinken beachtenswert machen, in denen er selbst für dessen Exzesse Verständnis aufbringt: *Bei mir stehen Geschmack und Veranlagung der Trunksucht mehr entgegen als Vernunftgründe; denn ganz abgsehn davon, daß ich mich in meinen Ansichten gern den maßgeblichen Auffassungen der Alten füge, finde ich dieses Laster zwar stumpfsinnig und niedrig, gleichwohl aber weniger bösartig und schädlich als die andern, die fast alle das gesellschaftliche Leben viel unmittelbarer beeinträchtigen; und wenn wir uns kein Vergnügen leisten können, ohne einen Preis dafür entrichten zu müssen (wie man allgemein annimmt), so scheint mir, daß dieses Laster unser Gewissen noch am wenigsten kostet.*

Auch wenn er die Trinksitte der Deutschen auf nicht eben schmeichelhafte Weise anführt, stellt er sie im Vergleich zur französischen doch pfiffig als lobenswert hin: *Die Deutschen trinken fast jeden Wein mit gleichem Genuß. Sie trachten eher danach, ihn durch die Kehle zu jagen, als ihn auf der Zunge zergehn zu lassen, und hiermit fahren sie wesentlich besser: Ihre Lust wird so auf viel üppigere und schnellre Weise befriedigt. Demgegenüber bedeutet die französische Sitte, aus Sorge um die Gesundheit nur zu zwei Mahlzeiten und selbst da mäßig zu trinken, daß man von den Gaben des Bacchus einen allzu kärglichen Gebrauch macht. Man muß mehr Zeit und Ausdauer darauf verwenden. Die Alten verbrachten ganze Nächte mit ihren Trinkübungen, und oft hängten sie noch die Tage an; so sollten auch wir unsre Ration reichlicher und kräftiger bemessen.*

Ein Vergnügen, das wir auf lohnende Weise genießen wollen, muß im Lauf unsres Lebens einen größeren Raum einnehmen. Wie die Ladenjungen und die Schwerarbeiter sollten wir uns keine Gelegenheit zum Trinken entgehn lassen und uns den Wunsch danach nie aus dem Kopf schlagen.

Die Mißlichkeiten des Alters bringen es mit sich, daß man einer gewissen Stütze und Stärkung bedarf; sie könnten deswegen in mir den berechtigten Wunsch aufkeimen lassen, zum Trunk Zuflucht zu nehmen, ist er doch fast das letzte Vergnügen, dessen das Dahinschwinden der Jahre uns beraubt. Die Lebenswärme macht, wie die Zechkumpane sagen, zuerst die Füße munter; das gilt für die Kindheit. Von da steigt sie in die mittlere Höhe, wo sie sich lange hält und uns meiner Meinung nach die einzigen wahren Genüsse des leiblichen Daseins verschafft, im Vergleich zu denen die anderen Lüste Schlafmützen sind. Zum Ende hin langt die Lebenswärme dann gleich einem hochziehenden und dann langsam verfliegenden Dunst in der Kehle an, wo sie ihren letzten Aufenthalt nimmt.

Gleichwohl verstehe ich nicht, wie man es fertigbringt, das Trinkvergnügen über den Durst hinaus zu verlängern und sich ein künstliches und widernatürliches Bedürfnis nach immer mehr vorzugaukeln. Mein Magen jedenfalls könnte nicht so lange mithalten. Meine Veranlagung ist nun einmal so, daß mir am Trinken nur dann etwas liegt, wenn es das Essen begleitet; daher nehme ich meinen längsten Zug auch fast immer zu dessen Abschluß. Da im Alter der Gaumen durch Erkältungen zu verschleimen oder sich wegen andrer körperlicher Mißlichkeiten nachteilig zu verändern pflegt, dünkt uns der Wein dann am besten, wenn wir mit ihm die Poren im Mund freigespült haben. Jedenfalls geschieht es mir kaum, daß ich schon beim ersten Schluck auf den Geschmack komme.

Platon verbietet es den Jugendlichen, vor dem achtzehnten Lebensjahr Wein zu trinken — und den Erwachsnen, sich vor dem vierzigsten zu berauschen; hernach aber, befiehlt er, solle man sich damit vergnügen und dem Dionysos bei den Gastmählern einen möglichst großen Einfluß gewähren, diesem guten Gott, der den

Menschen die Fröhlichkeit wiedergebe, und den Greisen die Jugend;
und wie Feuer das Eisen erweiche, so mildre und mäßige er die
Leidenschaften der Seele.

In seinen »Gesetzen« findet Platon Trinkgesellschaften geradezu
nützlich (vorausgesetzt, daß einer dabei ist, der die Korona anführt,
alle im Zaum hält und für Ordnung sorgt), weil der Rausch auf
gelöste und verläßliche Weise die Wesensart eines jeden erkennen
lasse und zudem ältren Menschen Mut mache, sich bei Tanz und
Musik zu vergnügen — was ihnen guttue, sie sich im nüchternen
Zustand aber nicht getrauten. Weiter sagt er, daß der Wein der Seele
zur Ausgeglichenheit und dem Körper zur Gesundheit verhelfen
könne. (ESS. 168/l–171/l)

Montaignes alimentärer und kulinarischer Eros verlebendigt seine Sprache aber auch da, wo es nicht unmittelbar ums
Essen und Trinken geht, sondern um eine andere Art der Nahrungsaufnahme: die geistige. Namentlich seine Darlegungen
auf pädagogischem Feld beeindrucken daher durch Faßbarkeit
und Bildkraft:

Der Unterricht sollte teils gesprächsweise erfolgen, teils anhand
von Büchern; teils wird der Lehrer hierbei die für den Erziehungs-
zweck geeigneten Originalauszüge des Autors vorlegen, teils deren
Mark und Kern dem Schüler gut vorgekaut servieren. Ist der Lehrer
aber selbst mit den Büchern nicht vertraut genug, um all die schönen
Stellen ausfindig zu machen, die darin enthalten sind, kann man
ihm, auf daß er sein Unterrichtsziel dennoch erreiche, einen Litera-
ten beigesellen, der ihm stets, wenn es nötig ist, den Proviant liefert,
den er zur geistigen Verköstigung seines Zöglings braucht.

Meine Lehrweise gibt so dem Geist etwas zum Beißen und zur
rechten Ernährung. (ES. 88/l)

Mark und Kern, gut vorgekaut, Proviant zur geistigen Verkös-
tigung — wann wäre Unsinniges je stärker versinnbildlicht,
ja versinnlicht worden! Doch auch das potentielle Scheitern
des erzieherischen Projekts wird mit gleicher Eindringlichkeit
vor Augen geführt: *Der Lehrer soll von seinem Zögling verlangen,*
daß er nicht nur den Wortlaut der jeweiligen Lektion wiederzugeben
vermag, sondern auch deren Sinn und Substanz. Wenn jemand seine

Speise wieder so erbricht, wie er sie hinuntergeschlungen hat, beweist dies, daß sie roh und unverdaut geblieben ist. Unterläßt es der Magen, Form und Beschaffenheit dessen umzuwandeln, was man ihm zur Verdauung gab, hat er sein Werk nicht getan. (ES. 83/l)

Damit hat Montaigne jedoch sein reich bestücktes Arsenal von deftigen Gleichnissen noch keineswegs erschöpft, im Gegenteil: Stellt er hier der falschen Einnahme geistiger Nahrung deren Erbrechen gegenüber, weicht er nicht einmal vor metaphorischen Ausscheidungen nach unten zurück, wenn es ihm darum geht, sein eignes *Opus magnum* sei es aus Koketterie oder aus Mißmut zu desavouieren — nicht ohne ins abstruse Bild durch eine reale Abstrusität einzustimmen:

Ich habe einen Edelmann gekannt, dem es genügte, uns sein Leben anhand der Verrichtungen seines Bauchs kundzutun. Bei ihm waren die Nachttöpfe der jeweils letzten sieben, acht Tage der Reihe nach zur Besichtigung aufgestellt, denn ihnen allein galt sein Erkenntnis- und Rededrang — jeder andre Gesprächsstoff stank ihm. Doch dann kommt es: *Dies hier sind nun, wenn auch etwas dezenter dargeboten, die Exkremente eines vergreisten Geistes: mal hart, mal weich, und stets unverdaut.* (ES.475/r) Daß sich die Psychoanalytiker jeder Richtung und Couleur auf diese Stelle gestürzt haben, versteht sich von selbst.

Kehren wir zum oberen Teil von Essen und Trinken zurück, ist es doch reizvoll weiterzuverfolgen, wie sehr gerade dessen lustvolle Aspekte die Sprache der *Essais* metaphorisch bereichern. Sehr schön läßt sich das am Beispiel des Wortes *Würze* (*condiment, saveur*) demonstriern: *Die Schwierigkeiten einer Verabredung, dann die Überraschungsgefahr und die am Morgen danach drohende Schande — das ist es, was der Suppe die Würze gibt.* (ES. 304/l) Und: *Jede Wärme, die vom Feuer kommt, macht mich schlapp und schläfrig; dabei behauptet Evenus, das Feuer sei die beste Würze des Lebens!* (ES. 545/r)

Besonders aber: *Hört euch spaßeshalber einmal an, was euch so ein Weiser von seinen Gedanken erzählt, die er im Kopf wälzt und um derentwillen er seine Aufmerksamkeit von einer guten Mahlzeit abwendet, sich über die eine Stunde beklagend, die er für*

die Nahrungsaufnahme abzweigen muß: Ihr werdet feststellen, daß
unter allen Gerichten eurer Tafel keins so fad ist wie die von ihm
berichteten schöngeistigen Gespräche mit seiner Seele und daß all
sein Reflektieren und Spekulieren es an Würze nicht einmal mit
eurem Eintopf aufnehmen kann. (ES. 565/r)

Schon die quantitative Auflistung der wichtigsten im Gesamtwerk vorkommenden einschlägigen Wörter beeindruckt:
Mit den jeweiligen Ableitungen steht *manger* (*essen*) mit
einhundertneun Nennungen an der Spitze. Dem folgt bezeichnenderweise *goût* (*Geschmack*) mit einhundertsechs Nennungen noch vor den sechsundsiebzig von *boire* (*trinken*) in
direkter wie übertragner Bedeutung.*

Der Eß- und Trinkgelüste Wechselspiel erweist sich bei
Montaigne immer wieder auch als Wechselspiel von Sinnlichkeit und Sinn, und noch die geistvollsten Texte zeichnet oft ein
kulinarisches Flair aus, so daß sich Bratenduft und Höhenluft
hinreißend vermischen.

9. DES KRANKEN RÜSTKAMMER

Die Erfahrung hat mich gelehrt, daß wir uns durch Ungeduld zugrunde richten. Die Übel haben ihr Leben und ihre Grenzen, ihre Krankheiten und ihre Gesundheit. Wer sie mit herrischer Gewalt zu verkürzen sucht, verlängert und vermehrt sie. Man bannt sie nachhaltiger durch Höflichkeit als durch Widerstand. (ESS. 549/l–550/r)

Ein wenig weiter nur zeigen sich ihm die Übel gar erkenntlich, denn *geradezu höflich und hilfreich finde ich die, welche uns nützliche Auswirkungen beschern* (ES. 552/r). So bestätigt sich ihm eine Erfahrung, die er auf anderer Ebene in Pisa machte, wo die sonst als *äußerst unhöflich und hochmütig geltenden Herren, Handwerker und Händler* ihm beim Abschied besondere Aufmerksamkeiten zukommen ließen, denn, so sein Fazit: *Höflich macht höflich.* (RS. 279)

Was jedenfalls die Krankheiten angeht, hat selten ein Autor

mit solchem Gleichmut darüber geschrieben, und nie einer so originell — sie durch *Höflichkeit* bannen zu wollen konnte nur einem Franzosen in den Sinn kommen, nur Montaigne.

Schön und gut. In krassem Gegensatz hierzu steht aber der aufgewühlte, ja verzweifelte Ton seiner Beschreibung der Schmerzattacken, die er in den Bädern von Lucca erleiden mußte: *Am Montag wurde ich nachts und in der Frühe aufs grausamste von Zahnschmerzen gemartert. Die Aufregung, in die mich dieser schrecklich stechende Schmerz versetzte, führte schließlich zur Verstopfung. Um zwanzig Uhr brach er erneut hervor und befiel nun Kopf und beide Backen mit solcher Wucht, daß ich mich nicht mehr auf den Beinen halten konnte. So verbrachte ich die qualvollste Nacht, an die ich mich erinnern kann: Der Schmerz tobte in mir wie ein tollwütiges Tier.* (RS. 289)

Sobald der Schmerz es allzu grausam treibt, ändert sich, wie wir sehen, auch die Sprache. An andrer Stelle ist sogar vom *Haß* auf ihn die Rede (ES. 505/r) und von den *Waffen*, mit denen das Schicksal den Autor *angreift*, so daß er sich in die *Verteidigung* einübt, um sich ihrer zu *erwehrn*. (ES. 551/r) Hier herrscht unverkennbar Krieg — schlechte Zeiten für Montaignes Höflichkeit.

Aus seiner Rüstkammer holt er sich also die Hilfsmittel, die er am tauglichsten findet: je nachdem, ob ihm Kampf ratsam erscheint oder Konzilianz.

Selbst wenn er sich jedoch entschließt, den Fehdehandschuh aufzunehmen, bleibt ihm jene stoische Strenge fremd, die fordert, daß man *à tout prix* Fassung bewahre; denn, so schreibt er, *ich habe jene Vorschrift, die uns so unerbittlich gebietet, Schmerzen mit beherrschter Miene und würdevoller Verachtung zu ertragen, stets viel zu förmlich gefunden. Die Philosophie erlaube uns getrost, uns vor Schmerz gehnzulassen, wenn es bloß mit den Lippen und nicht aus innrer Haltlosigkeit geschieht, und sie rechne die unwillkürlichen Weh- und Klagelaute jenem Seufzen und Schluchzen zu, die von der Natur unsrer Verfügungsgewalt entzogen wurden.*

Und so ermahnt er die Philosophie, sich auf ihre eigentliche Aufgabe der Seelenstärkung zu beschränken: *Erhalte sie der*

Seele die Kraft, sich dem Schmerz nicht schmählich zu Füßen zu werfen, sondern ihm zu widerstehen und ins Auge zu sehn, aufgewühlt und erhitzt zwar vom Kampf, doch weder niedergestreckt noch besiegt. Darüber hinaus aber *von uns unter solch schweren Schicksalsschlägen eine völlig gefaßte Haltung zu verlangen ist schiere Grausamkeit.*

Als spräche er Ärzte und Kranke gleichermaßen an, plädiert er daher in erstaunlich konkreten Handlungsanweisungen für ein freies Ausagieren der körperlichen Bedrängnisse. *Verschafft Ächzen dem Körper Erleichtrung, ächze er! Tut ihm lebhafte Bewegung wohl, werfe und wälze er sich herum, soviel er will! Hat er das Gefühl, daß es das Leiden abschwächt und seine Qualen ein wenig verringert, wenn er mit schriller Stimme losschreit (was den Frauen, sagen manche Ärzte, bei der Entbindung helfe), schreie er mit schriller Stimme los!*

Wie aber, wenn der Kranke die Leidensbekundungen nur instrumentalisierte, um auf sich und sein Leiden aufmerksam zu machen? Montaigne schließt die obige Passage mit dem Satz *Freilich sollten wir der Stimme dies Schreien nicht aufzwingen, sondern sie lediglich gewähren lassen*[ES. 377/r] — aus triftigem Grund, wie wir sehen werden. Bei dessen Darlegung bedient er sich zunächst der ersten Person Plural als pädagogischer Tarnkappe, um ein Zustimmung förderndes Wir-sind-doch-alle-gleich-Gefühl zu erzeugen:

Um die uns Nahestehenden zu Trauer und Tränen zu rühren, machen wir unsre Beschwerden schlimmer, als sie sind. Dem folgt die eindringlich formulierte, doch unpersönliche Ermahnung: *Dabei müßte man gerade die Traurigkeit soweit wie möglich mindern, doch mehren die Freude. Wer sich ohne Grund bemitleiden läßt, verdient es auch dann nicht, bemitleidet zu werden, wenn ein Grund vorliegt. Sich selber stets beklagen führt dazu, daß man nie beklagt wird. Einen, der immer wieder den Erbarmungswürdigen spielt, findet keiner mehr erbarmungswürdig. Wer sich quicklebendig sterbenskrank stellt, wird sterbenskrank für quicklebendig gehalten.*

Dann läßt Montaigne die Tarnkappe fallen, indem er die Argumentation offen ins Persönliche wendet: *Was mich betrifft,*

zeige ich, wenn ich krank bin, mein Leiden höchstens so, wie es ist,
und unterlasse alles vorsätzliche Schreien und Wehklagen über das,
was ich an Argem auf mich zukommen sehe. (ES. 492/l)

Gründet die Absage an jede Instrumentalisierung der Lei-
densklagen hier auf der rein pragmatischen Erwägung, daß sie
letztlich kontraproduktiv sei (*Mein Ächzen bei einer Nierenkolik*
*rührt keinen mehr*ES. 493/r), weicht er in seinem weiteren Gedankengang nicht davor zurück, für bestimmte Situationen
das christliche *Caritas*-Gebot regelrecht umzukehrn — Rücksichtnahme und Mitleid sollte man eher von den Kranken
verlangen als von den zwar noch gesunden, aber völlig überforderten Verwandten und Freunden:

Wem werden die Dahinsiechenden am Ende nicht lästig und
unerträglich? Die üblichen Pflichten gehen nicht so weit, daß man
dergleichen auf sich nehmen müßte. Diese Unglückseligen zwingen
ihre besten Freunde zur Erbarmungslosigkeit, und ihre Frauen und
Kinder verhärten sie derart, daß sie durch die ständige Gewöhnung
das Leiden nicht mehr nachfühlen, geschweige Mitleid darüber
bekunden können.

Selbst wenn die Gesellschaft der Freunde und Angehörigen einige
Erleichtrung brächte, wäre es dann nicht zu unverschämt, dies ein
halbes Leben lang auszunutzen? Wir dürfen uns durchaus auf andre
stützen, nicht aber so schwer auf sie legen, daß sie darunter zusam-
menbrechen. Und dann wieder die Wende zum Selbst: *Je mehr*
ich die Umstehenden sich aus Gutherzigkeit meinetwegen abmühn
sähe, desto peinvoller wäre es mir.(ES. 493/l–r)

Zwischenbilanz: Jeder Versuch, durch exzessive Leidensbekundungen den Umstehenden eine besonders schwere Krankheit vorzutäuschen und so ihr Mitleid zu erzwingen, ist nicht
nur verwerflich, sondern letzten Endes auch erfolglos. Wie
aber steht es mit den Versuchen, sich *selber* über die tatsächliche Schwere einer Krankheit hinwegzutäuschen?

In einem Kabinettstück der Ironie scheint Montaigne solchen Versuchen durchaus zuzustimmen, denn *ich gehe mit*
meiner Einbildungskraft so pfleglich um, wie ich kann, und wenn
ich es vermöchte, würde ich ihr jede Bedrängnis und Infragestellung

ersparen. Man muß ihr schmeicheln und sie in ihrer Selbsttäuschung möglichst bestärken.

Das soll Montaigne geschrieben haben, dessen Ansehen doch zuvörderst auf seinem Kampf *gegen* jede Art von Selbsttäuschung gründet? Gemach: Um ebendieses Ansehen unangetastet zu lassen, verfällt er auf den ingeniösen Kunstgriff, das Geschäft, die Einbildungskraft in ihrer Selbsttäuschung hier zu *bestärken*, kurzerhand auf seinen Geist abzuwälzen, ist er doch *dafür gut geeignet. Nie fehlt es ihm an plausibel klingenden Argumenten.* Freilich gilt auch: *Wüßte er ebenso zu überzeugen wie zu predigen, wäre er mir ein doppelt willkommner Helfer.*

Obwohl Montaigne also trotz mancher Zustimmung (siehe unten: *In der Tat ...*) an der generellen Überzeugungskraft seines Geistes zweifelt, läßt er ihn doch in aller Ausführlichkeit zu Wort kommen: *Er sagt, es sei zu meinem Besten, daß ich Nierensteine habe. Alte Häuser wie ich würden natürlich irgendwann undicht; ich solle mich doch mit meinen Leidensgenossen trösten, da mich lediglich die unter den Menschen meiner Zeit häufigste Krankheit ereilt habe (und in der Tat sehe ich allenthalben Leute, die von dergleichen Gebrechen befallen sind; und deren Gesellschaft gereicht mir schon deshalb zur Ehre, weil das Übel sich mit Vorliebe an die Großen hält; es hat also seinem Wesen nach Adel und Würde); von den damit Geschlagnen seien nur wenige besser dran — und diese dann um den Preis, eine lästige Diät einhalten und täglich widerwärtige Arzneien schlucken zu müssen (und in der Tat verdanke ich meinen noch recht erträglichen Zustand allein der Huld Fortunas).*

Die Furcht vor diesem Übel, sagt mein Geist weiter, marterte dich seinerzeit, als es dir noch unbekannt war. Verzweiflung und Geschrei derer, die es durch ihre Unfähigkeit, es zu ertragen, noch verschärften, ließen dich davor zurückschaudern. Aber es ist ein Übel, das ebenjene Glieder züchtigt, mit denen du am meisten gesündigt hast. Bedenk, daß diese Züchtigung im Vergleich zu andern noch recht milde ausfällt und von väterlicher Liebe zeugt. Bedenk, wie spät sie kam. Sie beansprucht und belastet nur den Zeitraum deines Lebens, der hinfort sowie unfruchtbar und verloren ist, nachdem sie, als hät-

tet ihr euch abgesprochen, die Ausschweifungen und Lustbarkeiten deiner Jugend frei gewähren ließ.

Natürlich tut es einem gut, wenn man von sich sagen hört: »Schaut doch, welche Seelenstärke!« Man sieht ja, wie dir vor Qual der Schweiß ausbricht und wie du erbleichst, wie du hernach rot anläufst und erzitterst, wie du alles bis aufs Blut ausspeist und dich in unheimlichen Zuckungen und Krämpfen windest, wie dir zuweilen große Tränen aus den Augen quellen und du einen dicken, schwarzen, widerwärtigen Urin ausscheidest (wenn er nicht von einem gezackten und scharfkantigen Stein aufgehalten wird, der dir das Innre deiner Rute grausam wundscheuert und zersticht); und man sieht, wie du zugleich gelassen wie immer die Anwesenden unterhältst, hin und wieder mit deinen Leuten herumscherzt, bei einer ernsthaften Erörterung deinen Mann stehst, dich für jeden Schmerzenslaut ausdrücklich entschuldigst und deine Pein bagatellisierst.

Erinnerst du dich jener Leute aus vergangnen Zeiten, die Leiden heißhungrig suchten, um ihre Tugend in Atem und Übung zu halten? Sieh die Sache doch so, daß es bei dir die Natur ist, die dich in diese glorreiche Philosophenschule drängt und zwängt, der du aus freien Stücken nie beigetreten wärst! Wenn du mir nun sagst, es handle sich hier schließlich um ein Leiden, das gefährlich, ja tödlich sei — welche andren sind es denn nicht?

Aber, so mein Geist, du stirbst doch gar nicht daran, daß du krank bist — du stirbst, weil du lebst. Der Tod tötet dich, ohne daß er die Krankheit dazu brauchte, ja, Krankheiten haben von manchen Leuten den Tod gar ferngehalten: Sie lebten länger, weil sie glaubten, jeden Augenblick sterben zu müssen. Hinzu kommt, daß es nicht nur Wunden, sondern auch Krankheiten gibt, die wie heilsame Arzneien wirken.

Das Nierenleiden ist oft nicht weniger lebenskräftig als der Mensch; man sieht Kranke, denen es von Kindheit an bis in ihr höchstes Alter die Treue hielt, und hätten sie es nicht selbst im Stich gelassen, wäre es bereit gewesen, ihnen weiter Gesellschaft zu leisten. Der Mensch tötet es öfter, als es ihn!

Und wenn es dir auch das Bild deines nahen Todes vor Augen stellte — wäre es nicht ein nützlicher Dienst, einen Mann von solchem

Alter daran zu erinnern, daß er sein Ende bedenke? Schlimmer ist:
Du hast keinen Grund mehr, warum du genesen solltest. So oder
so kann dich das uns auferlegte Los jeden Tag abberufen. Und sieh,
wie geschickt und sanft dir diese Krankheit das Leben verleidet und
dich von der Welt löst: nicht indem sie dich mit tyrannischer Gewalt
niederzwingt, wie es so viele andre Krankheiten tun, von denen
Greise ohne Unterlaß und endlos in den Banden von Schwäche und
Schmerzen gehalten werden — nein, sie wird nur in Abständen dich
zu mahnen und zu belehren bei dir vorstellig, nach langen Ruhe-
pausen, als wollte sie dir Gelegenheit geben, ihre Lektion gemächlich
zu wiederholen und zu überdenken.

Und um dir Gelegenheit zu geben, ein vernünftiges Urteil zu
bilden und als beherzter Mann deine Wahl zu treffen, führt die
Krankheit dir vor Augen, wie es um dein Menschsein insgesamt
bestellt ist, sein Gutes und sein Schlechtes, an ein und demselben
Tag als bald fröhlich ausgelaßnes, bald unerträgliches Leben. Wenn
du den Tod auch nicht umarmst, gibst du ihm einmal im Monat
wenigstens die Hand; daraus kannst du die Hoffnung schöpfen, daß
er dich demnächst ohne Vorankündigung ganz an sich drücken wird
und daß, nachdem er dich so oft bis zum Hafen geführt hat und du
deswegen weiter auf euren gewohnten Umgang vertraust, du dich
eines Morgens unversehens samt deinem Vertrauen auf der andern
Seite des Wassers wiederfindest.

Man darf, so die abschließenden Worte meines Geistes, sich nicht
über Krankheiten beklagen, die sich mit der Gesundheit getreulich
in die Zeit teilen. (ESS. 550/r–551/r)

Die Frage, inwieweit Montaigne sich von seinem Geist über
die Schwere seiner Krankheit tatsächlich hinwegtäuschen ließ,
dürfte gerade wegen der Ingeniosität (und damit erschwerten
Durchschaubarkeit) seines Kunstgriffs kaum zu beantworten
sein, zumal die Ironie dieses Abschnitts auch als Versuch gelesen werden kann, Schübe der ihn so oft belauernden Melancholie abzuwehrn.

Die Einbildungskraft verfügt freilich über noch ganz andere
Selbsttäuschungspotentiale als das der Beschönigung. Zum
Beispiel kann sie ein Leiden auch im voraus derart verhäßli-

chen, daß der Mensch aus lauter Angst vor dem Übel es erst recht heraufbeschwört. Mit dieser Art der Selbsttäuschung sucht Montaigne nun, nachdem der Geist seine Schuldigkeit getan hat, in direktem Zugriff fertig zu werden:

Die Furcht vor Schmerz und Tod, die Unfähigkeit zum Ertragen einer Krankheit und ein rasender, maßloser Durst nach Gesundheit sind es, die uns so verblenden, daß wir aus lauter Feigheit leichtgläubig und beeinflußbar werden. [ES. 387/r] Um das zu belegen, führt er ein Erlebnis an, das unserm heutigen Erleben auf erstaunliche Weise gleicht:

Neulich befand ich mich in einer Gesellschaft, als irgendeiner meiner Leidensgenossen über eine neue Art von Pillen berichtete, die aus hundert und soundso vielen Ingredienzen, genau gezählt, zusammengesetzt seien; daraufhin ergriff alle ein derartiges Gefühl der Erleichterung, daß ein ungeheurer Jubel ausbrach — denn welches Bollwerk könnte dem Beschuß aus einer so zahlreichen Batterie wohl standhalten? Wie ich jedoch von denen hörte, die das Wundermittel versuchten, geruhte nicht das kleinste Nierensteinchen, sich von der Stelle zu rührn. [ES. 388/l]

Immer wieder kommt Montaigne auf den Umgang mit dem eigenen Leiden zurück, um ihn zum Bürgen für die Triftigkeit seiner Darlegungen zu machen: *Die wirklich handgreiflichen Leiden plagen mich recht heftig. Früher freilich hatte ich sie mir in meiner Phantasie derart unerträglich vorgestellt, daß ich wahrhaftig mehr Angst vor ihnen empfand, als sie mir heute Schmerzen bereiten. Nicht einmal der Stachel des Schmerzes selber ist in Wahrheit so spitz, scharf und bohrend, daß ein gefaßter Mensch darüber in Raserei und Verzweiflung geraten müßte.* [ES. 377/l]

Für die Misere macht er als Hauptschuldigen das Wissen aus: *In der Tat läßt uns das Wissen die Leiden eher stärker als schwächer empfinden. Ist die Philosophie mit ihrem Latein am Ende, verweist sie uns auf das Beispiel irgendeines Athleten oder Maultiertreibers, beobachtet man doch an solchen Leuten gewöhnlich eine viel geringere Anfälligkeit für Todesangst, Schmerzen oder andre Übel und eine viel größere Widerstandskraft dagegen, als das Wissen je einem Menschen verliehen hätte, der zu einer solchen*

Haltung nicht geboren und durch seine natürliche Veranlagung vorbestimmt ist.

Wie viele hat allein die Kraft der Phantasie schon krank gemacht! Und wie oft sehen wir, daß Leute mit Aderlässen und Abführmitteln an sich herumdoktern lassen, um von Leiden geheilt zu werden, die sie nur im Geiste quälen. Gehn uns die wirklichen Übel aus, leiht uns das Wissen die seinen. Vergleicht einmal das Leben eines Menschen, der sich von solchen Hirngespinsten knechten läßt, mit dem eines Bauern, der seinem natürlichen Hang folgt und die Dinge so nimmt, wie er sie gerade empfindet, ohne jede Gelehrsamkeit und Voraussicht. Kein Leiden plagt ihn, es plage ihn denn! Der andre hingegen hat den Stein oft schon im Geiste, ehe er ihm in der Niere sitzt. (ES. 244/l)

Daher stellt Montaigne nur noch rhetorisch die Frage: *Wie, wenn schon das Nachgrübeln über unsre Gesundheit die Phantasie entfesselte und unser Verhalten änderte?* — hat er doch längst die Antwort parat: *Wer diesem Sog überstürzt nachgibt, beschwört sein eignes Verderben herauf.* (ES. 547/r)

So lautet denn seiner Weisheit letzter Schluß: *Zwischen dem Haß auf den Schmerz und der Liebe zur Lust muß man das rechte Maß halten.* (ES. 505/r) *Wie die Stoiker behaupten, die Laster seien zu dem guten Zweck in die Welt gekommen, der Tugend den Rükken zu stärken und sie aufzuwerten, können wir mit größerem Recht und weniger kühn spekulierend sagen, die Natur habe uns den Schmerz zu Ehre und Nutzen von Schmerzfreiheit und Lust verliehn.* (ES. 552/l)

10. IM TURM UND AUF TOUR

Ich schildere nicht das Sein, ich schildre das Unterwegssein. (ES. 398/r)

Mit dem *Tagebuch der Reise nach Italien über die Schweiz und Deutschland* führt uns Michel de Montaigne sein rückhaltlos offenes Denken, wie es die *Essais* bekunden und bewirken, durch sein Eintauchen in völlig fremde Alltagswelten leibhaftig vor Augen: Hier macht er die Probe aufs Exempel, hier zeigt er sich in seiner wahrhaft essayistischen Existenz. Daher notiert Goethe über das *Reisetagebuch*, daß *der lebendige Mensch auf alle Fälle den Schriftsteller erklärt**, was nach Meinung des Komparatisten John Murray noch stärker für Montaignes Art und Weise des Philosophierens gilt: *Der Reisende erklärt den Denker.**

Meine im *Perpetuum mobile* aufgestellte Behauptung, die Bewegung sei gleichsam Montaignes existentieller Dauerzustand, mag angesichts der klischierten Ikone vom einsamen Türmer, der, in seiner Bibliothek über Mensch und Zeit nachdenkend, nur widerwillige Ausflüge ins Getriebe der Welt unternimmt, allzu kühn erscheinen — ihre Richtigkeit wird von den *Essais* und dem *Reisetagebuch* auf immer neue Weise bestätigt.

Er selber schreibt ja: *Mein Geist rührt sich nicht, wenn die Beine ihn nicht bewegen.* (ES. 413/I) Für die Erkundung der Außenwelt aber vertraut sich der Zwei- am liebsten einem gezäumten Vierbeiner an, denn *Montaignes Weisheit hat den Hintern im Sattel.* * Daher überprüft er die Welthaltigkeit seiner im Turm unternommenen Gedankengänge, indem er Land und Leute zu Pferde, doch nie auf hohem Roß in Augenschein nimmt. Auf diese Weise werden ihm Natur und Kultur schließlich zu Manifestationen des als Bewegungsprinzip verstandenen Seins, deren vielschichtigem Zusammenspiel er schauend, denkend und schreibend unermüdlich nachspürt. So malt er alles ihm Begegnende *sur le vif (aus dem Leben gegriffen).* Anders als der legendäre chinesische Maler aber verschwindet er uns hierbei nicht im Bild, sondern tritt, in es hineingehend, immer weiter daraus hervor.

Mithin überrascht es kaum, daß die Einblicke in das prozeßhafte Wahrnehmen, Reflektieren und sprachliche Gestalten unsres Reisenden auch weit umfassendere hermeneutische Zugriffe auf die *Essais* ermöglichen. *Montaigne bricht auf, ohne zu wissen, wohin die Fahrt ihn treibt, Abschweifungen sind das Eigentliche**, nämlich der wesentliche Teil seiner *erschließenden Skepsis.* Hieraus entsteht jener Kraut-und Rüben-Stil, den Montaigne sei es treuherzig oder verschmitzt selber anprangert, worauf manche Interpreten prompt hereingefallen sind: Sie nehmen für bare Münze, was er als Spielmarke gedacht hat. Könnten Kraut und Rüben sich nicht ergänzen, vielleicht sogar wechselseitig vertreten — wie Leichtes und Schweres, wie Würde und Witz?

Als höchst aufschlußreich erweist sich in diesem Zusammenhang ein Vergleich der (früher häufigen) Vorwürfe gegen die *Essais* mit den (heute noch anzutreffenden) gegen das *Reisetagebuch*: Sie sind weitgehend identisch — wie auch anders, wo es doch die stets im Fluß befindlichen, stets sich neuen Kontingenzen stellenden Gedanken- und Gegenstandsmalereien der beiden Werke ebenfalls sind!

Die Darstellung des Unterwegsseins als Bewegungsprinzip, das in Montaignes Sicht den universalen Makro- wie den menschlichen Mikrokosmos bestimmt, entfaltet sich ihm immer weiter zur Triade der Erkundung des Ich, des Andern und der sie beide prägenden Lebenswelten. Um die dazwischen ständig oszillierenden Beziehungen angemessen wiedergeben zu können, betätigt sich Montaigne als eine Art mobiler Wegweiser: Zum Sich-Bewegenden verhält er sich, während er auf es hinzeigt, als ein Sich-Bewegender. So konstituiert sich der Weg nicht zuletzt nach Maßgabe dessen, der ihn im Beschreiben beschreitet, im Beschreiten beschreibt.

In allem sieht er das große Unterwegssein: *Allee* und *Straße*, *Weg* und *Pfad* kommen in den *Essais* über hundertmal vor. Ob lesend, schreibend oder im Sattel scheint er einem *geheimen Nomadeninstinkt** zu folgen. So wird alles, was er dem Leser unterbreitet, zum Zwischenbericht: Dokument einer in beide Zeitrichtungen offnen Vorläufigkeit.

In seiner Schilderung von Landschaften nun führt uns Montaigne gleichsam den Bühnenraum für das menschliche Werken und Wirken vor Augen, das jenen seinerseits entscheidend mitprägt. *Montaigne gefällt eine harmonische, kultivierte und bewohnte Natur, in der Ursprünglichkeit und menschliche Präsenz eine untrennbare Verbindung eingehn.** Dabei ergeben sich bei näherer Analyse erstaunliche Korrespondenzen zwischen seinem Ideal einer *âme à divers étages* (*Seele mit mehreren Stockwerken*[ES. 409/I]) und der terrassenförmigen Gliederung bestimmter Landschaften in Bayern, Tirol und Italien.

Über das Inntal lesen wir zum Beispiel: *Dieses Tal schien dem Herrn de Montaigne die wohlgefälligste Landschaft, die er je gesehen hat. Bald verengte es sich zwischen den dicht an dicht herandrängenden Bergen, bald erweiterte es sich auf unserer Seite und gab Land zum Kultivieren und Bearbeiten bis in die Abhänge der hier weniger steilen Berge hinein frei; und dasselbe dann auf der andern*

Seite. Und dann der Anblick dieser in zwei, drei Stufen [étages!] ge-
gliederten Terrassen voll schöner Adelssitze und Kirchen! Und dann
all das allseitig durch Berge umschlossen und beschützt, die unendlich
hoch sind! (RS. 89)

Während aber im Inntal die unendlich hohen Berge nur
seine furchtlose Neugier erwecken, kommen ihm auf seinem
Weg durch Südtirol die Steilwände schon bedrohlich nahe:
Das hautnah an uns herantretende Gebirge bestand fast nur aus
wilden Felsen: teils dichte Massen, teils zerklüftet und von herab-
rauschenden Bächen durchfurcht; andre aus grobem Geröll, von
dem schier unendliche Mengen, darunter riesige Brocken, am Boden
lagen. Wir wären abgestürzt, wenn man zwischen Fluß und Weg
nicht eine Schutzmauer hochgezogen hätte.

Doch sogar hier dann die freudige Feststellung: *Dennoch ist*
die Gegend so volkreich, daß selbst Berge, die wir oberhalb der uns
nächsten erblickten, kultiviert und bewohnt waren — ja, man sagte
uns, noch weiter darüber lägen schöne große Ebenen, die den Städten
im Unterland das Getreide lieferten; die Bauern seien daher sehr
reich und hätten ansehnliche Höfe. (RS. 100)

In diese Weitwinkelaufnahmen von real Gesehnem, so scharf
konturiert wie farbig, sei mit hartem Schnitt (und zunächst un-
kommentiert) Montaignes Vision der *Tugend* eingeblendet:
Sie thront keineswegs, wie die Schulmeister behaupten, auf der
Spitze eines steilen, zerklüfteten und unzugänglichen Bergs; jene,
die in ihre Nähe gelangten, sagen im Gegenteil, sie wohne auf einer
blühenden und fruchtbaren Hochebene, von der aus sie alle Dinge
unter sich sehe, die aber jeder, der die Richtung kenne, auf schattigen,
von süßem Duft umwehten Rasenpfaden über einen sanft ansteigen-
den, der Neigung des Himmelsgewölbes gleichenden glatten Hang
leicht erreichen könne. (ES. 88/r)

Doch weiter, von den Alpen zum Appenin! Bei dessen Überquerung scheint sich Montaigne von einer Begeisterung in
die nächste hochzuschreiben: *Zunächst genossen wir den wun-*
derschönen Anblick tausend verschiedner Hügel, bald anheimelnd
überschattet von den Bäumen der mannigfachsten Obstgärten, bald
von den denkbar üppigsten Getreidefeldern umwogt — und dies

*oft an so steiler und abschüssiger Stelle, daß es ein Wunder schien,
wie die Pferde dort hingelangten. Und dann die lieblichen Täler, die
zahllosen Bäche, die vielen Häuser und Dörfer, wohin man blickt!
Oft wiederum sahen wir weit über unseren Köpfen ein schönes
Dorf liegen, und unter unsren Füßen, fast bei den Antipoden, zugleich ein andres, wobei jedes dem Auge ganz eigene Reize bot. Der
Zauber gewinnt sogar noch dadurch wesentlich an Wirkungskraft,
daß hinter den so freundlichen und fruchtbaren Bergen der finstre
Appenin seine abweisenden Häupter erhebt: Von jenen fernen Felsen sieht man zahlreiche Wildbäche herabstürzen, die sich in den
unteren Tälern, ist die erste Wut verschäumt, bald zu sanften und
liebreizenden Bächen wandeln.* (RSS. 202–203)

Die Art und Weise, wie Montaigne die erlebten Gebirgs-
welten in beeindruckenden Bildsequenzen wiedergibt, ist in
vielfacher Hinsicht aufschlußreich. Am Brenner macht er sich
noch über die Angst seiner Zeitgenossen vor den von ihm
selbst als belanglos empfundnen Schwierigkeiten der Alpen-
überquerung lustig: *Er sagte, wenn er mit seiner achtjährigen
Tochter spazierengehn müßte, würde er dies ebensogern auf diesem
Paßweg wie in einer Allee seines Gartens tun.* (RSS. 97–98)

Doch je unwirtlicher die Berge werden und je mehr sie ihm
auf den Leib rücken, desto mehr rückt er innerlich von ihnen
ab, und immer häufiger drängen sich nun Worte wie *abweisend*
und *unzugänglich*, wie *wild* und *gefährlich* in den Vordergrund:
Um die hohen Berge, als wären sie schlafende Bestien, macht
man am besten einen weiten Bogen — *an sie wagt sich keiner
heran.* (RS. 100)

Hierbei läßt er es freilich keineswegs bewenden. Gewiß soll
man die gefährliche Wildnis in Ruhe lassen; das ändert aber
nichts daran, daß man sie wenigstens als ästhetische Bereicherung verbuchen darf. Der Zauber gewinnt durch den finstren
Appenin sogar noch *wesentlich an Wirkungskraft* (siehe oben).
Gleichwohl muß für den Lebens- wie Glaubenspragmatiker
Montaigne das Unzugängliche für immer unzugänglich bleiben, denn an seiner fideistischen Grundhaltung läßt er nicht
rütteln. Dabei ist das Festhalten an der denkerischen Uner-

reichbarkeit des Jenseits bei ihm nicht etwa Ausfluß einer frustrierten Sehnsucht, sondern seiner entschiedenen Hinwendung zum Diesseits, zum jeweiligen Hier und Jetzt, *innerhalb* dessen sich ihm Grenzüberschreitungen zur Genüge bieten.

Selbst zunächst rein deskriptiv wirkende Landschaftsbilder geben so Einsichten in das geistig-literarische Woher und Wohin des Autors frei: Bei näherer Betrachtung erweisen sie sich als Sediment und Sprungfeder zugleich — ihre vermeintliche Nur-Augenblicklichkeit transzendiert.

Bezeichnenderweise geht bei Montaigne mit der Forderung, das Unzugängliche unzugänglich sein zu lassen, im *Reisetagebuch* eine steigende Erotisierung des landschaftlich Zugänglichen einher. Vokabeln aus dem Damenschneider-, Modistinnen- und Friseurgewerbe werden herangezogen, um die von der Schönheit der kultivierten Gebirgsteile im Autor ausgelöste Erregungskurve nachzuzeichnen. Über die Brixen einrahmenden Hänge lesen wir zum Beispiel: *Ringsum, selbst auf unsrer linken Seite des Flusses, steigen die Berge so sanft an, daß sie sich vollständig kultivieren lassen — sie sind gleichsam bis zu den Ohren gekämmt und frisiert.* (RS. 97)

Bei Borghetto wiederum folgert Montaigne (in den Worten des ihn begleitenden Sekretärs) aus dem Bericht der Einheimischen, daß sich die Grafschaft Tirol noch viel weiter erstrecke als lediglich bis zu den von der Etsch aus sichtbaren Bergen, *das sei alles wie ein Kleid, das wir nur plissiert sähen — sobald man es jedoch ausbreite, ergäbe sich ein erstaunlich großes Land: eben Tirol.* (RSS. 107–108)

In Anbetracht der synästhetischen Sensibilität, mit der Montaigne die Landschaft als Bühnenraum für alles menschliche Werken und Wirken wahrnimmt und wiedergibt, überrascht es zunächst, daß ihm immer wieder vorgeworfen wurde, auf seiner Italientour sei er den großen Schöpfungen der zeitgenössischen Kunst mit einer Art Wahrnehmungsverweigerung gegenübergetreten.

Abgesehen davon, daß sich der pauschalisierende Vorwurf mit vielen Beispielen aus dem *Reisetagebuch* und den *Essais* widerlegen läßt, verschiebt Montaigne tatsächlich die traditionelle Gewichtung von Natur und Kunst — die *mimesis naturae* ist ihm wichtiger als jede *mimesis picturae*: Weniger will er gemalte Landschaften beschreiben, als mit seiner Beschreibung Landschaften malen. (So lastet er denn auch den gelehrten Werken an, sie behandelten die Dinge auf eine Weise, die vom Natürlichen zu weit abliege, und hinsichtlich der Philosophenschulen erklärt er rundheraus: *Wäre ich vom Fach, würde ich so, wie sie die Natur verkünsteln, die Künste naturalisieren.*(ES. 437/r)

In den nicht-landschaftlichen Gemälden wiederum, den Porträts und Gruppenkompositionen vermag er lediglich eingefrorene Bewegung zu sehen, die er allenfalls über die erinnerte Geschichts- und Geschehensteilhabe der dargestellten Personen literarisch wieder in Gang zu setzen sucht. Statt Darstellung von Szenen — Inszenierung!

Mit seinen Landschaftsschilderungen kündigt Montaigne zugleich den Auftritt der sei es individuell, sei es kollektiv handelnden (oder Handeln über sich ergehen lassenden) Menschen an: Wo sich Kirchen zeigen, wird es bald Begegnungen mit Kirchenleuten geben, wo bebaute Felder — mit Bauern, wo Städte — mit Städtern, wo Parks und Schlösser — mit Schloßherrn.

Dabei spricht aus vielen Seiten des *Reisetagebuchs* eine auffallende Vorliebe für die kleinen Leute, für die Handwerker, Händler und Bauern, und diese Hochachtung vor dem Volk hat ihn von der Wiege an geprägt — erinnert sei daran, daß er in ein armes Dorf zur Pflege gegeben wurde, um ihn *an die einfachste und niedrigste Lebensweise zu gewöhnen und mit dem Volk vertraut zu machen, mit dieser Schicht von Menschen, die unsrer Hilfe bedarf.*(ESS. 555/r–556/l)

Eine solche Hinwendung und Verbundenheit wurde natürlich erwidert, was gewiß dazu beitrug, Montaigne zum kontaktfreudigen und geselligen Menschen zu machen. Als er zum zweiten Mal die Bäder von Lucca aufsuchte, hatte er das Gefühl, heimzukommen: *Von allen Leuten wurde mir ein großer*

und herzlicher Empfang bereitet — es sah wahrhaftig aus, als wäre
ich nach Hause zurückgekehrt. (RS. 283)

Ähnliche Leitlinien, die Montaignes synästhetisches Wahrnehmen und Darstellen unterschwellig oder manifest bestimmen, lassen sich aus den Aufzeichnungen des *Reisetagebuchs*
gewinnen, wenn man sie unter anderen Aspekten zusammen-
faßt.

Vor allem wäre hier Montaignes Krankheit zu nennen, die
sich bei ihm bereits zwei Jahre vor dem Aufbruch nach Italien
als unerbetener Dauergast einnistet und ihren Würgegriff
nicht mehr lockern wird, bis sie ihn anderthalb Jahrzehnte
später fällt.

Was sind, müssen wir fragen, die Beobachtungen eines
Kranken wert, der, von einer Nierenkolik in die andre ge-
peitscht, die Welt um ihn herum vermutlich nur in den Ruhe-
pausen wahrzunehmen vermag, die ihm sein Leiden gewährt?
Oder sollte ihn der schwarze Tunnel des Schmerzes vielmehr
um so hellsichtiger für die draußen aufscheinende Landschaft
gemacht haben — ergeben gerade die in der existentiellen
Dunkelkammer entwickelten Negative seine so besonders
leuchtkräftigen Bilder?

Auf seinem Ritt nach Loreto notiert er über den Abruz-
zenort Terni: *Eine hübsche kleine Stadt in ungemein freundlicher*
Lage. Hinter ihr erstreckt sich jene weite und fruchtbare Talsohle,
aus der wir kamen; darüber dehnen sich Hänge, die aufs reichste
kultiviert und besiedelt sind. Vor allem bewirkt die Fülle von Oli-
venbäumen, daß man sich keinen schöneren Anblick denken kann —
wechseln die Hügel doch außerdem ständig mit recht hohen Bergen,
die bis zum Kamm hinauf ebenfalls bestellt werden und vielfältigste
Frucht tragen. (Immer wieder: *Kultiviert* empfindet er Natur als
besonders schön, und Kultur *naturalisiert.*)

Dieses liebliche Landschaftsgemälde aber kontrastiert er
abrupt mit dem schwarzen Spachtelhieb: *Seit vierundzwanzig*
Stunden hielt mich wieder ein starker Kolikanfall im Griff, der
gerade den letzten Vorstoß unternahm — um das Ganze schließlich mit einem ins Lichte zurückführenden Pinselstrich aus-

schwingen zu lassen: *Er vermochte mich jedoch vom Entzücken über die Schönheit dieses Orts nicht abzubringen.* (RS. 200)

Umgekehrt ist es unerläßlich, auch bei den negativ wertenden Beschreibungen von Landschaft, Land und Leuten die Frage zu bedenken, inwieweit ihm sein Leiden die Feder geführt haben könnte. Die Krankheit ist als mögliche Koproduzentin des Textes jedenfalls stets im Auge zu behalten — so oder so.

Betrachtet man Montaigne auf seiner Reise weniger als treibende denn durch diesen *Basso continuo* der Krankheit getriebene Kraft, eröffnet sich zudem die Aussicht, den Streit um die Diskrepanz zwischen *schönen* und *häßlichen* Textstellen gegenstandslos zu machen, indem man sie ästhetisch redimensioniert: Wie die Maler in ihren Werken den noch nicht mit Farbe bedeckten Farb*träger* zuweilen als Gestaltungsfaktor mitwirken lassen, drängt sich auch das den Beschreibungsprozeß existentiell grundierende Leiden bei Montaigne immer wieder in kruder Nacktheit hervor, um sich so zur Geltung zu bringen.

Sollte dies trotz aller real erlittnen Schmerzen gar auf eine Steigerung der Tiefenschärfe des Dargestellten zielen? Kein allzu abwegiger Gedanke — schreibt Montaigne doch selbst: *Die Maler durchschatten ihre Bilder, um deren Leuchtkraft zu erhöhen, und man sagt, daß Sonnenstrahlen und Windstöße, wenn gebrochen, größere Kraft entfalten als ungebrochen.* (ES. 440/r)

Während er sich selbst so Schritt um Schritt ins gestaltende Jasagen zum Unabänderlichen einzuüben sucht — eine Vorwegnahme gleichsam von Nietzsches *amor fati* (*Ich will immer mehr lernen, das Notwendige an den Dingen als das Schöne zu sehen. Meine Formel für die Größe am Menschen ist »amor fati«: daß man nichts anders haben will, vorwärts nicht, rückwärts nicht, in alle Ewigkeit nicht**) —, beobachtet er gleichzeitig mit steigendem Abscheu die religiösen Auseinandersetzungen seiner Zeit.

Dabei fällt ihm in Süddeutschland höchst angenehm auf, daß sie hier ganz anders als in Frankreich nicht blutig ausgetragen werden (der Dreißigjährige Krieg stand Deutschland ja noch bevor). So kann er sich das heftigste Pro und Kontra in aller Ruhe, ja Amüsiertheit anhörn.

War ihm schon die Apologie des Sebondschen Vernunftglaubens (siehe *Von Venus zu Pallas Athene*) immer mehr zu dessen Widerlegung geraten, so sieht er nach seiner Reise die absolute Relativität allen Meinens und Glaubens erst recht bestätigt. Nicht einmal die Vernunft ist davon ausgenommen: Gott be- oder gar *er*gründen zu wollen ist unvernünftig. Es gilt daher, auch die *raison* zur Räson zu bringen — unser Philosoph erkannte die *Dialektik der Aufklärung*, lang bevor Adorno und Horkheimer sie auf den Begriff brachten.

Dem widerspricht keineswegs, daß er nach eignem Bekunden aus der Schweiz, Deutschland und Italien in seiner Glaubens*praxis* gefestigt zurückkehrt, denn dies ist nicht deswegen der Fall, weil er von der Alleingültigkeit der katholischen Lehre nun überzeugter gewesen wäre, sondern umgekehrt, weil seine Gespräche und Beobachtungen ihm gezeigt haben, daß *jede* (Glaubens-)Sitte ihr Daseinsrecht hat — also auch die seine.

Dieses uneingeschränkte Toleranzgebot gilt ihm mitnichten nur für die Religion, vielmehr sieht er dessen Notwendigkeit durch seine tagtäglichen Erkundungen auf immer neue Weise bestätigt. Zu einem seiner bevorzugten Demonstrationsobjekte werden ihm dabei, wie auch anders, die Frauen, deren Unterschiede in Aussehen und Auftreten, in Lebens- und Liebensweise es zu achten gelte — und die angelegentlich zu schildern er nicht müde wird. Meistens führt ihm hierbei freilich sein kritischer, zuweilen auch nur krittelnder Blick die Feder: teils launig, teils launisch. Dieserart entsteht ein so buntes wie schillerndes Bild der Weiblichkeit gegen Ende des sechzehnten Jahrhunderts, vorwiegend freilich der käuflichen.

Nur selten ist er mit der Schönheit der Frauen zufrieden. Dafür beeindruckt ihn die Anzahl der venezianischen Kurtisanen und deren Verschwendungssucht um so mehr. In

Rom wiederum mäkelt er, die *außergewöhnliche, die vollkommne Schönheit* sei in Italien nicht häufiger als in Frankreich — von drei, vier Fällen abgesehn, habe er *nichts Überragendes* entdekken können; allgemein fand er die Frauen hier jedoch hübscher und sah *keineswegs so viele häßliche*. (RSS. 160–161, ES. 442/l)

In einer kuriosen Zusammenstellung schildert er, welche Möglichkeiten ihm Rom bietet, seiner Langenweile zu entfliehn: *Ich hörte mir Predigten an oder theologische Disputationen oder zuweilen auch nur das, was mir irgendeine der öffentlichen Damen zu erzählen wußte, wobei ich es recht mißlich fand, daß sie eine simple Unterhaltung (denn nur die suchte ich, um sie plaudern zu hören und auf diese Weise etwas von ihren raffinierten Praktiken zu erfahren) genauso teuer verkauften und genauso knausrig damit umgehn wie mit dem ganzen Geschäft.* (RSS.189–190)

Die Diktion dieser Stelle scheint wiederum seltsam zwiespältig. Zwar hebt er frohgemut an: *Nichts schadet meiner Gesundheit mehr als Langeweile und Müßiggang. In Rom aber fand ich stets irgendeine Beschäftigung, und war sie einmal nicht so reizvoll, wie ich sie mir gewünscht hätte, so schaffte sie es zumindest, mir hinreichend Kurzweil zu bieten.* Am Ende des so optimistischen Stimmungsbildes aber kommt eine zutiefst beklemmende Grundierung zum Vorschein: *All diese Unterhaltungen beschäftigten mich, wie gesagt, hinreichend, so daß es weder zu Kummer noch zu Melancholie, die für mich der Tod ist, den geringsten Anlaß gab, sei es drinnen oder draußen.* (RS. 189)

Mit welch mimetischer Exaktheit dieses *clair-obscur* die tatsächliche Bewegtheit seiner inneren Zustände wiedergibt, ersieht man schon daraus, daß es sich ständig detailgetreu wiederholt, so in Lucca zunächst als reines *clair*: *Ich wurde nur selten von Einheimischen besucht. Ich schlief und studierte, wie es mir gefiel; und wenn ich ausgehn wollte, fand ich überall Gesellschaft von Frauen und Männern, mit denen ich mich ein paar Stunden des Tages unterhalten und zerstreuen konnte; und dann die Läden, die Kirchen, die Plätze!*

Hierauf der plötzliche Umschlag ins *obscur*: *Was mir als einziges fehlte, war ein Gefährte, der zu mir gepaßt hätte. So mußte ich all diese schönen Dinge allein genießen, ohne den Genuß mit einem teilen zu können.* (RS. 281) Zweifellos meint er mit *einem* keinen anderen als seinen toten Freund Étienne de la Boétie, über dessen allzu frühen Tod er sich ja niemals hinwegzusetzen vermochte.

Der Eindruck, daß es Montaigne bei den *clair*-Passagen seiner Schilderungen auch darum geht, sein zunehmendes Gefühl der Vereinsamung schönzureden, steigert sich noch, wenn man im obigen Bericht aus Rom weiterliest: *Dies ist ein wirklich angenehmer Aufenthaltsort; hieraus kann ich freilich schließen, wieviel mehr noch die Stadt mir gefallen hätte, wären mir auch die inneren Kreise zugänglich gewesen; denn sosehr ich mich auf allen möglichen Wegen darum bemühte, habe ich in Wirklichkeit doch nur ihr öffentliches Gesicht zu sehn bekommen, wie es sich dem kleinsten Fremden darbietet.* (RS. 190)

Offensichtlich bedrückt es ihn eben doch, daß er nicht in die großen Familien eingeführt wurde und so auch keinen engeren Kontakt zu den hohen Damen finden konnte, wie er es in Frankreich gewohnt war. Was blieb ihm da anderes übrig, als mit den Kurtisanen vorliebzunehmen?

Sie freilich boten ihm ein reiches Anschauungsmaterial; zudem fanden sich so berühmte darunter wie die uns auf den Wanderungen schon mehrfach begegnete Veronica Franco, die sich nur mit Herzögen und Königen abgab. In Anbetracht ihres Bildungsniveaus und ihrer ungewöhnlichen Einblicke in das gesellschaftliche Leben des Landes wird Montaigne die Unterhaltungen mit ihr jedenfalls auch zu einem Gedankenaustausch über Italiens Kunst und Kultur genutzt haben, von deren Zeugnissen ihn eine bestimmte Kategorie besonders zu interessieren pflegte:

Wünschte er wie für die philosophischen Schriften so auch für die gemalten und skulptierten Kunstwerke seiner Zeit deren *Naturalisierung*, so sah er dieses Ideal nämlich während seiner Reise ausgerechnet auf jenem Gebiet menschlicher Produktivität vielerorts verwirklicht, das sich unter dem antiken Begriff der *téchnē* zusammenfassen läßt: Kunst als Handwerk, als Architektur, als Technik — wobei seine ästhetische Konzeption einer engstmöglichen Verflechtung von Menschen- und Naturwerk stets bestimmend blieb.

So bewundert er an den Villen in der Gegend von Lucca die *Säulengänge und Loggien, die ihnen zu höchster Zierde gereichen*; besonders hat es ihm eine Loggia mit großem Innengewölbe angetan, die *von den Ästen und Zweigen der außenherum angepflanzten und abgestützten Reben völlig zugewachsen war: eine natürliche, lebende Laubhütte!*[(RS. 282)] Am Beispiel Sienas wiederum [(RS. 136)] führt er uns vor Augen, wie einem konsequenten städtebaulichen Sicheinschmiegen in die Vorgaben der Landschaft ebendies gelungen ist: Menschen- und Naturwerk in Einklang zu bringen.

Vor allem aber nimmt die Beschreibung dessen, was heute *technische Errungenschaften* heißt, im *Reisetagebuch* einen herausgehobnen Platz ein: vom trickreich ausgetüftelten Bratenspießwender über wuchtige Winden und umfangreiche Schöpfanlagen bis zur Großkonstruktion auf drei Ebenen übereinandergebauter Straßen-, Kanal- und Flußkreuzungen. Im kleinen wiederum geht er selbst auf die handwerkliche Materialverarbeitung akribisch ein, ob es sich nun um Holz oder Eisen handelt, um Ton oder Glas.

Daß jedoch all diese so schön rational-zweckdienlichen Geräte und Anlagen auch bedrohliche Potentiale in sich bargen, zeigt Montaignes ungemein präzise Darstellung des Augsburger *Einlasses*. Diese seinerzeit berühmte Toranlage, die mit raffinierten technischen Vorrichtungen die Stadt vor ungebetenen Gästen schützen sollte, suggeriert durch die aufgezeigten wuchtigen Dimensionen dem heutigen Leser die düsteren Raumphantasien der Piranesischen *Carceri*. Jeder Fremde, der die Stadt betreten wollte, wurde ihren makabren Kontrollmechanismen unterworfen:

Zwei unsichtbar bleibende Pförtner dirigierten nacheinander den Ankömmling durch mehrere sich *mit Mordsgetöse* öffnende und schließende Tore sowie über etliche Brücken in eine große Halle, wo er, nachdem er Namen und das Ziel seines Besuchs ins Leere gerufen hatte, das Einlaßgeld in eine bronzene Schale warf, die sogleich an einer Kette hochgezogen wurde. War der hier zuständige Pförtner mit Auskunft und Geldbetrag zufrieden, konnte der Fremde durch das letzte Tor die Stadt endlich betreten — wenn nicht, mußte er, falls er nachts angekommen war, in der öden Halle bis zum nächsten Morgen ausharren.

Mit der unheimlich präzisen und völlig emotionsfreien Beschreibung dieser Überwachungs- und Diszipliniermaschine, die den Menschen zur Manipuliermasse einer Vorrichtung macht, deren Betreiber, im Moloch selber eingeschlossen, unsichtbar bleiben — mit dieser Beschreibung hat sich Montaigne als eine Art Kafka *avant la lettre* erwiesen. Gleichwohl kann er sich nicht einmal hier seiner Bewunderung für die technischen Innovationen seiner Zeit erwehren. So lautet sein abschließendes Urteil: *Das ist eine der erfindungsreichsten Anlagen, die man je zu Gesicht bekommt.* (RSS. 82–83)

Von den vier Elementen ist es das Wasser, dem er aus zugleich objektiven und subjektiven Gründen eine zentrale Bedeutung beimißt.

Objektiv gilt, daß, wie Lino Pertile schreibt, *eines der Hauptprobleme, dem sich im 16. Jahrhundert Ingenieure, Städtebauer und Verwaltungen gegenübersahen, in der Heranführung und Verteilung von Wasser bestand. Von der Lösung dieses Problems hingen nicht nur die Annehmlichkeiten der großen Herren ab, sondern ebenso die öffentliche Sauberkeit und der Gesundheitszustand der Bevölkerung in den großen städtischen Ballungsräumen, die Produktionskosten der vor- und frühindustriellen Betriebe und die Entwicklung des Bergbaus.**

Was den subjektiven Aspekt betrifft, sieht Montaigne im Wasser das zwischen Erde und Wind, zwischen Voll- und Entmaterialisierung anschaulich gewordene Bewegungsprinzip *par excellence*, dem er seinerseits durch die fließende Form seines Denkens und Darstellens Gestalt zu geben sucht. Daß sein Element das Wasser sei, ist jedoch nicht nur philosophisch zu verstehen, sondern im selben Maße lebenspraktisch: allgemein zunächst, dann im Hinblick auf seine Suche nach Heilung von seinem Leiden speziell.

Schon seine exzessiven Anwendungsrituale bei den Badekuren, wo er ständig das Wasser in den Körper, den Körper ins Wasser einbringt, um so den durch seine Nierensteine blockierten Vitalprozeß wieder in Gang zu setzen, wären Grund genug, eine Obsession zu vermuten. Was gleichwohl gegen eine hypochondrische Fixierung sprechen dürfte, ist die Tatsache, daß sein Blick in den bereisten Ländern generell von diesem Element angezogen wird, in all seinen Erscheinungs- und Verwertungsformen: Ihn faszinieren Seen, Flüsse und das Meer, natürliche und künstliche Kanäle, Brücken und Schleusen, Brunnen und Fontänen, hydraulische Anlagen, Pumpen und die weit ausfächernden bis winzigen Wasserspiele in den von ihm besuchten italienischen Villen. Vor allem deren Zauber zu schildern wird er nicht müde.

Monologisiert in der Wildnis die Natur, so in den Kunstwerken die Kultur, während im Acker- und Städtebau beide sich ganz nach Montaignes Geschmack zu einem fruchtbaren Dialog zusammenfinden, der dann, gekrönt von ebenden Wasserspielen, in den Gärten und Parks seine höchste, weil spielerisch-heitere Vollendung findet.

Im letzten *Essai* aber läßt er seine Sicht vom Unterwegssein des Menschen, vom Unterwegssein der Welt durch keinen anderen als den toten Freund Étienne de la Boétie auf dichteste Weise darstellen — im Gedicht:

> *So rollt im ruhelosen Bach*
> *dem Wasser endlos Wasser nach,*
> *und jede Welle folgt im Wandern*
> *der einen und enteilt der andern:*
> *Sieh dort, wie diese jene scheucht*
> *und selber dann der nächsten weicht!*
> *Sieh Flut in Flut sich fortergießen:*
> *Der Bach bleibt gleich, doch nie das Fließen.*[ES. 539/r]

II. WIDER DIE WORTENTWERTUNG

*Die fruchtbarste und natürlichste Übung unseres Geistes sind nach
meiner Meinung Gespräch und Diskussion. Sich ihnen zu widmen
finde ich angenehmer als jede andre Beschäftigung im Leben; und
wenn ich deshalb jetzt zu wählen gezwungen wäre, würde ich, davon bin ich überzeugt, lieber das Augenlicht als das Gehör oder die
Sprache aufgeben.* (ES. 462/r)

Montaigne mag diese Entscheidung noch so hypothetisch for-
mulieren, sie verblüfft, ja erschreckt, wenn man bedenkt, wie
sehr gerade der intensiv genutzte Gesichtssinn ihn und sein
Schreiben bereichert hat! Namentlich das *Reisetagebuch*, dieses
Journal eines unermüdlichen Schauens, enthält Beispiele hierfür in Hülle und Fülle. Was immer ihm unterwegs begegnet,
findet er einer näheren Betrachtung wert — und macht ihn so
zum perfekten Vorbild für seinen idealtypischen Zögling:

Man muß ihn dazu anhalten, seine Augen überall zu haben. Man flöße seinem Geist eine tüchtige Neugierde ein: Allem gehe er nach; auf alles, was um ihn her bemerkenswert ist, merke er: auf ein Gebäude, einen Springbrunnen, einen Menschen, ein altes Schlachtfeld. Aus dem Umgang mit Land und Leuten gewinnt die menschliche Urteilskraft einen ungemeinen Klarblick. (ESS. 85/r-86/r)

Auf alles merke er — Aufmerksamkeit ist also gefordert. Wer aber wüßte sich ihr mit größerer Hingabe zu widmen denn Montaigne selbst! Als habe er Gottfried Kellers lebenspralle Ermunterung

> *Trinkt, o Augen, was die Wimper hält,*
> *Von dem goldnen Überfluß der Welt**

vorweggenommen, reißt ihn die Fülle der Eindrücke oft zu superlativischer Bewunderung hin. Das gilt unterwegs vor allem für

+++ die Schönheit der unberührten oder kultivierten Natur: *Kein Maler könnte eine so reiche Landschaft darstellen* (RS. 203), *man meint, nicht Felder zu erblicken, sondern Gärten* (RS. 227), *Lustgärten von außergewöhnlicher Schönheit* (RS. 189), *diese Grotte übertrifft alles, was wir je zu sehn bekamen* (RS. 128), *die Begünstigung der Anlage durch die Natur ist unübertrefflich* (RS. 195);

+++ die Kühnheit und Effizienz der technischen Neuerungen seiner Zeit: *Das Wasser stürzt aus einem großen Behälter durch mehrere Rohre nach unten und verteilt sich über die ganze Stadt, die allein dank dieser Vorrichtung überreich an Brunnen ist. Seit vierzig Jahren bildet diese wohldurchdachte Anlage eine Zierde der Stadt.* (RS. 78) *Durch das Tal führt die Straße des Papstes schnurgerade nun, als sei sie eigens für ein Rennen gebaut. Sie wurde vor drei Jahren neu hergerichtet; es ist die schönste, die man je zu Gesicht bekommt* (RSS. 201-202);

+++ das Faszinosum der Kulturschätze: *Am Tag vor Ostern besichtigte ich in der Kirche »San Giovanni in Laterano« die Häupter der Heiligen Petrus und Paulus, die dort zur Schau gestellt werden. Haar, Teint und Bart wirken so, als ob sie noch lebten.* (RS. 188) *Im Laden von »Giunti« konnte ich mir das Testament Boccaccios ansehn, das hier so gedruckt wurde, wie man es vorgefunden hatte: auf*

stark beschädigtem Pergament, schon halb zerfasert. (RS. 269) *Ich sah*
mir die Bibliothek des Vatikans an. Die Bücher sind dort in Reihen
von Regalen aufgestellt und angekettet, manche verwahrt man auch
in Truhen, die mir aber alle bereitwillig geöffnet wurden; ich sah
ein Buch aus China, völlig fremdartige Schriftzeichen, die Blätter
bestanden aus einem Material, bei dem es sich vermutlich um die
zarte Innenseite einer bestimmten Baumrinde handelt; und ich sah
das Fragment eines alten Papyrus; und ich sah das handschriftliche
Brevier des heiligen Gregorius; und ich sah eine auf Pergament ge-
druckte Bibel; und ich sah das Original des Buches, das der König von
England gegen Luther verfaßte und vor etwa fünfzig Jahren Papst
Leo X. geschickt hat; und ich sah das Buch des heiligen Thomas von
Aquin, das eigenhändige Korrekturen des Autors enthält: schlechte
Handschrift, kleine Buchstaben, schlechter als meine. (RSS. 170–171)

Vor der Fülle des Dargebotenen scheint Montaignes Blick in
eine Art Taumel zu geraten, wie er sich im Aufzählungsfuror
der schier endlos hämmernden *ich sah*-Parataxen niederschlägt
(vergleiche *Im Wandelgang der Formen*). Man sollte jedoch nicht
vergessen, daß sein zunächst oft so bewunderndes Hinschauen
das kritische in keiner Weise entmachtet: *Ich unterscheide, das*
ist das A und O meiner Logik. (ES. 167/I)

So fällt denn auch die Bilanz der Urteile über die Schönheit
der ihm begegnenden Frauen immer wieder zwiespältig aus.
Einerseits wurden seine das gewisse Etwas suchenden Augen
oft fündig: *Man sieht keine Bäuerin, die nicht weiße Schuhe trüge,*
feingewebte Strümpfe und eine farbige Schürze aus persischem
Taft; und sie tanzen sehr gut: mit Sprüngen und kunstvollen Wir-
beln. (RS. 246) Und während seiner Tätigkeit als Juror auf einem
Preisball in den Bädern von Lucca *kam es dazu, daß die Wahl*
meiner Augen bald auf diese, bald auf jene fiel, wobei ich besonders
auf Schönheit und Charme achtete — was ich damit begründete,
daß die Grazie des Tanzes nicht nur von der Bewegung der Füße
abhinge, sondern auch von Haltung und Liebreiz der ganzen Per-
son: davon, wie wohlgefällig, wie gewinnend sie sei. Es ist für uns
Franzosen in der Tat ein seltenes Vergnügen, Bäuerinnen, elegant

wie Damen gekleidet, derart gut tanzen zu sehn, daß sie es selbst mit unsren in dieser Kunst geübtesten Edelfrauen aufnehmen können, auch wenn ihr Tanz sich von dem ihren unterscheidet. (RS. 250)

Da Montaigne die Frauen mit derart unbestechlichem Kennerblick betrachtete, konnte es andrerseits nicht ausbleiben, daß viele dabei schlecht wegkamen. Schon in Augsburg wohnte er *der prunkvollen Hochzeit eines reichen, doch häßlichen Bürgermädchens* bei, und in Venedig vermochte er bei den Kurtisanen *nichts von der berühmten Schönheit zu entdecken, die man ihnen nachsagt*; in Florenz stellt er fest, *bisher keinem Volk begegnet zu sein, wo man schöne Frauen so selten zu Gesicht bekommt wie in Italien*; und selbst in Fano, das *vor allen Städten Italiens für die Schönheit seiner Frauen berühmt ist, erblickten wir nur äußerst häßliche.* (RSS. 79,116,131,217)

Diese Entschiedenheit, sich nichts vormachen zu lassen, sondern alles bis zum kleinsten selber in Augenschein zu nehmen, befähigte ihn, aus jedem Anblick einer Sache aufschlußreiche Einblicke zu gewinnen. Aus Pisa berichtet er: *Eine fast vierhundertjährige Bulle des Papstes besagt, daß dem heiligen Klemens, als er in der Kirche »San Pietro« vor einem Marmortisch die Messe feierte, aus seiner Nase drei Tropfen Blut draufgefallen seien. Die Flecken sehen freilich so aus, als habe man sie erst vor drei Tagen angebracht!* (RS. 274) Und laut seinem Sekretär *stieg der Herr de Montaigne in Florenz auf die Kuppel des Doms. Von da oben fiel ihm auf, daß der Marmor, mit dem die Kirche eingekleidet ist, durch die Einwirkung von Frost und Sonne an vielen Stellen rissig zu werden beginnt, ja sich bereits abschält, besonders der schwarze. Er argwöhnte daher, daß dieser Marmor wohl kaum natürlich sei.* (RS. 132)

Als erkenntnisfördernd erwies sich ihm auch bei den Menschen der Blick zum Boden, so am Karfreitag 1581 während der Bußprozessionen in Rom: *Sieht man sich die Schuhe und Hosen dieser Büßer an, wird einem sofort klar, daß sie von niedrigstem Stande sind und sich für diesen Dienst verkaufen, zumindest die meisten.* (RSS. 186-187) Selbst die päpstlichen Pantoffel machen keine Ausnahme, wenn es um die Präzision der Beobachtung geht: Nachdem man ihn zum feierlichen Fußkuß vorgelassen hatte, sagte er, der Papst habe hierbei *die Fußspitze etwas an-gehoben*. (RS. 148)

Mit besonderer Intensität widmet er sich den angeblichen Beispielen von Teufelsaustreibung und Hexerei, wobei er aus seiner tiefen Skepsis kein Hehl macht: *In einer kleinen Kapelle zu Rom traf ich auf einen Priester im Ornat, der damit beschäf-tigt war, einen »Besessenen« zu heilen. Es handelte sich um einen traurig dreinblickenden und wie abwesend wirkenden Mann. Er tat nichts anderes, als in dem Augenblick, da man ihm den »Corpus Domini« vorhielt, mit den Zähnen zu knirschen und den Mund zu verziehn.* (RSS. 167–168)

Daher schlugen auch alle Versuche, ihm seine Skepsis zu widerlegen, ins Gegenteil um: *Es sind einige Jahre her, daß ich durch das Herrschaftsgebiet eines unabhängigen Fürsten reise, der, um mich zu meinem Besten von meinen Zweifeln an Hexereien abzubringen, mir die Gunst erwies, mich in seiner Gegenwart an einem abgesonderten Ort zehn, zwölf ebendeswegen einsitzende Gefangne sehen zu lassen; darunter befand sich eine Alte, wahrlich eine Hexe an Häßlichkeit und Mißgestalt, die seit langem schon für ihr Treiben in diesem Metier weithin bekannt war.*

Ich besah mir die »Beweise« und »freiwilligen Geständnisse« sowie ein seltsames Körpermal, an dem diese armselige Alte keine Empfindung hatte. Ich fragte sie aus und unterhielt mich mit ihr wie den andern in aller Ausführlichkeit, wobei ich mich der wach-sten Aufmerksamkeit befleißigte, deren ich fähig war. Da ich kein Mann bin, der sich sein Urteil durch Vorurteile knebeln läßt, hätte ich diesen Gefangnen am Ende mit bestem Gewissen eher Nieswurz denn Schierling verordnet. »Die Sache sah eher nach geistiger Ver-wirrung als nach Frevel aus.« *

Unter den Argumenten und Einwänden, die von ehrenwerten Männern sowohl dort wie häufig auch anderswo gegen mich vorge-bracht wurden, habe ich keine gehört, die mich überzeugt und nicht stets eine triftigere Schlußfolgerung nahegelegt hätten als die ihre. Jene Leute schätzen den Wert ihrer religiösen Spekulationen doch wohl allzu hoch ein, wenn sie um derentwillen einen Menschen bei lebendigem Leibe verbrennen lassen! (ESS. 519/r–520/l)

Unvorstellbar, daß es die *Essais* und das *Reisetagebuch* jemals hätte geben können, wäre diese so eminent autoptische Weltwahrnehmung und -ergründung unserem Lebensphilosophen vom Schicksal verwehrt worden. Und dennoch beharrt er auf seiner hypothetischen Entscheidung, notfalls *lieber das Augenlicht als das Gehör oder die Sprache aufzugeben*, ja er bekräftigt sie noch, indem er sie uns anhand situativer Extreme verdeutlicht:

Ich kann mir keinen Zustand denken, den ich so schrecklich und unerträglich fände, wie wenn die lebendige Seele sich der Möglichkeit beraubt sähe, einem sie heimsuchenden Schmerz Ausdruck zu geben — etwa jenen gleich, die man mit abgeschnittner Zunge zum Richtplatz führt, und gleich auch jenen unglücklichen Gefangnen, die der Soldateska unserer Zeit, diesen ruchlosen Henkersknechten, in die Hände fallen, von denen sie durch grausame Mißhandlungen jeder Art gemartert und unter Bedingungen an Orten festgehalten werden, die sie jeder Möglichkeit berauben, der Außenwelt Mitteilungen über ihre Misere und die Gedanken zukommen zu lassen, die sie bewegen. (ES. 186/l)

Diese Beispiele aus der blutigen Wirklichkeit der Bürgerkriege seiner Zeit dienen ihm als Zeugnis für sein unabdingbares Credo: *Nur durch das Wort sind wir Menschen und zur Gemeinschaft fähig.* (ES. 23/r) Daher prangert er aufs leidenschaftlichste all jene an, die es verdrehen und verfälschen:

Da wir uns allein durch das Wort verständigen können, verrät, wer es fälscht, die Gesellschaft. Das Wort ist der einzige Weg, auf dem Denken und Wollen der Menschen miteinander kommunizieren, es ist der Mittler unsrer Seelen. Wenn es uns verlorengeht, geht der Zusammenhalt zwischen uns verlorn, und wir haben keine Kenntnis mehr voneinander. Wenn es uns betrügt, zerstört es all unsern Umgang, und alle Bande des menschlichen Miteinander werden zerrissen. (ES. 333/l)

Damit wächst dem Wort ein ungemein ethischer Wert zu, dem sich der verantwortungsbewußte Mensch zu stellen hat. Stets sollte er ehrlich Rede und Antwort stehn. So lautet der erste Satz der *Essais* denn auch: *Dieses Buch, Leser, gibt redlich*

Rechenschaft [ES. 5] — und *dieses Buch* ist nach der Beteuerung des Autors mit ihm ja wesensgleich (*consubstantiel*). Wie Gérard Defaux (John Hopkins University) schreibt, *bürgt das Wort für die Person und macht sie kenntlich. Zutiefst an die Vorstellungen von Redlichkeit, Rechtschaffenheit und Gewissen gebunden, nimmt es zu halten für Montaigne den Rang eines kategorischen Imperativs ein.**

Doch nicht nur um die Redlichkeit des die Person bindenden Wortes geht es ihm, sondern ebenso um die Substanz des sachbezognen: Beider Karat sollte so hoch wie möglich sein.

Fehlt es daran, handelt es sich im ersten Fall um Lug und Trug, im zweiten um Geschwätz.

Was er hinsichtlich des ersten Falls von Wortverfehlung seinen Landsleuten vorwirft, dürfte paradigmatisch sein: *Salvanius Massiliensis, ein Zeitgenosse des Kaisers Valentinian, hat behauptet, bei den Franzosen gälten Lüge und Meineid nicht als Laster, sondern als übliche Redeweise. Wollte man dieses Zeugnis überbieten, könnte man sagen, heute gälten sie ihnen als Tugend. Man praktiziert sie bis zur Perfektion, als handelte es sich um ein ehrenwertes Unternehmen. Die Verstellung ist daher eines der auffälligsten Kennzeichen unsres Jahrhunderts.*

Nur des damaligen? An dieser Passage überrascht vor allem die Aktualität der psychologischen Erklärung, die Montaigne für die Vorherrschaft von Lug und Trug gefunden hat: *Deshalb habe ich mir überlegt, wo der von uns so peinlich eingehaltne Brauch wohl herrühren mag, daß wir uns durch nichts bitterer beleidigt fühlen, als wenn man uns dieses hierzulande doch alltägliche Laster zum Vorwurf macht, und daß wir, wenn man uns des Lügens bezichtigt, das als ärgsten Schimpf empfinden, den man uns mit Worten antun kann. Dabei kam mir nun der Gedanke, daß es eigentlich nur natürlich ist, wenn wir gerade diejenigen Charakterfehler am heftigsten abstreiten, mit denen wir am stärksten befleckt sind. Indem wir die Bezichtigung übelnehmen und uns darüber wütend zeigen, meinen wir die Schuld gleichsam von uns abzuwälzen: Wenn wir schon diesem Laster in der Tat frönen, wollen wir es wenigstens nach außen hin verurteiln!*

Für Michel de Montaigne steht jedenfalls unverrückbar fest: *Das Lügen ist ein lumpiges Laster, und ein Alter brandmarkt es in all seiner Schändlichkeit, wenn er sagt, es bezeuge, daß man Gott verachte, im selben Atemzug aber den Menschen fürchte. Überzeugender läßt sich die Gemeinheit, Verworfenheit und Ungeheuerlichkeit dieses Lasters unmöglich ausdrücken, kann man sich doch nichts Niedrigeres denken, als gegenüber Menschen feige und Gott gegenüber kühn zu sein.* (ESS. 330/r–333/l)

Nun ist Montaigne keineswegs so weltfremd, daß er aus seiner felsenfesten Überzeugung von der Verwerflichkeit des Lügens die Forderung ableiten würde, der Mensch müsse stets und überall die *ganze* Wahrheit sagen — wußte er doch längst vor Brecht: *Denn die Verhältnisse, sie sind nicht so.**

Man braucht, erklärt er, *nicht allzeit alles zu sagen, denn dies wäre Torheit; aber was man sagt, muß das sein, was man denkt, sonst ist es Arglist.* (ES. 322/l) Und er bekennt: *Ich sage immer die Wahrheit, zwar nicht immer so weit, wie ich es gern täte, aber doch so weit, wie ich es wagen kann.* (ES. 399/l) Und sogar: *Wenn ich jemals in die Lage käme, mich aus einer offenkundig tödlichen Gefahr durch eine dreiste, in aller Form vorgebrachte Lüge retten zu können, bin ich nicht sicher, ob ich stark genug wäre, dieser Versuchung zu widerstehn.* (ES. 23/r) *Hinzu kommt, daß mich vielleicht besondere Gründe zwingen, manches nur halb zu sagen, widersprüchlich zu sagen, verworren zu sagen.* (ES. 502/r)

Hierbei sollte man bedenken, daß seine Angriffe auf die Inquisition mit ihren Folterungen und Hexenverbrennungen sowie die Brandmarkung der an den Indianern Amerikas begangnen Verbrechen ihm den Haß der katholischen Machthaber zugezogen hatten. Zudem schwebte er wegen seiner Vermittlerdienste im Krieg zwischen Protestanten und Katholiken ständig in Lebensgefahr, was die Tatsache beweist, daß es mehrmals Anschläge auf ihn gab — am schlimmsten der von 1588 auf seinem Weg nach Paris. 1676 wurden die *Essais* sogar auf den Index gesetzt (und erst 1854 daraus gelöscht).

Der zweite Fall von Wortverfehlung beeinträchtigt weniger die moralische Integrität der Person als die Substanz der jeweils verhandelten Sache: Wer nur um des Redens willen redet, hat nichts Wesentliches zu sagen — es wäre für alle besser, er hielte den Mund.

Doch ebendiese Menschen neigen dazu, sich mit ihrem Geschwafel vorzudrängen: Warum aber *soll man sich mit jemandem auf die Wahrheitssuche begeben, der nicht gut genug zu Fuß ist, um Schritt zu halten? Man tut der Sache doch keinen Abbruch, wenn man sich erst einmal überlegt, mit wem und auf welchem Weg man ihr am besten beikommt.*

Wie verlaufen denn letztlich unsere Debatten? Der eine geht nach Osten, der andre nach Westen. Im Wust der Nebendinge verlieren alle die Hauptsache aus den Augen. Nach einer Stunde stürmischer Auseinandersetzungen weiß keiner mehr, was er will. So zielt der erste zu tief, der zweite zu hoch, der dritte zu weit links oder rechts. Dieser klammert sich an ein Wort oder einen Vergleich, jener begreift nicht mehr, was man ihm entgegenhält, derart verrannt ist er in seinen Gedankengang: Statt den andern folgt er nur noch sich selbst.

Mancher wiederum merkt seine Lendenlahmheit und läßt sich auf nichts mehr ein, da er jede Stellungnahme fürchtet, nachdem er von Anfang an das Thema mißverstanden und alles durcheinandergebracht hat; oder er verbohrt sich auf dem Höhepunkt der Debatte gar in völliges Schweigen, wobei er aus Ärger über seine Unwissenheit so tut, als sei es stolze Verachtung, die ihn den Kampf fliehen läßt — wenn nicht, noch lächerlicher, reine Bescheidenheit.

Ein andrer ist derart wild aufs Zuschlagen, daß es ihn wenig kümmert, wieviel Deckung er damit verliert. Dieser zählt seine Wörter und meint, so gewännen sie das Gewicht von Gründen; jener verläßt sich voll und ganz auf seine Überlegenheit an Stimm- und Lungenkraft.

Mancher widerlegt sich mit seinen Schlüssen selbst, mancher betäubt einen mit überflüssigen Vorreden und Abschweifungen, mancher schwingt nur die Keule reiner Schmähungen und bricht notfalls einen Streit um das Kaisers Bart vom Zaun, um einen ihm in der Argumentation überlegnen Geist abzuschütteln, der ihn hart bedrängt; und mancher schließlich hat zwar keine Ahnung, worum es geht, setzt einen aber mit den dialektischen Schlüssen seiner Sätze und dem Formelkram seines Fachs außer Gefecht. (ES. 464/l-r)

Dieser köstlichen Phänomenologie der diskursiven Verranntheiten stellt Montaigne seine Konzeption einer sich an der jeweiligen Sache orientierenden Gesprächs- und Diskussionskunst gegenüber:

Prallen die Meinungen aufeinander, verärgert oder beleidigt mich das keineswegs — es dient mir vielmehr als Anregung und Ansporn. Man läßt sich nur ungern eines Beßren belehren, und doch sollte man gerade dafür offen und bereit sein, namentlich wenn es nicht schulmeisterlich, sondern gesprächsweise erfolgt. Ich würde von meinen Freunden auch harte Rippenstöße hinnehmen, selbst wenn sie sagten: »Was bist du für ein Trottel!« oder »Du spinnst!« Ich liebe es, wenn man kein Blatt vor den Mund nimmt, sondern so redet, daß die Worte mit den Gedanken Hand in Hand gehn — wir müssen unsre Ohren gegen den einschmeichelnden Klang der gesellschaftlichen Phrasen abhärten.

Gibt man mir Kontra, erregt das meine Aufmerksamkeit, nicht meinen Zorn. Dem, der mir widerspricht, öffne ich mich: Ich lerne ja von ihm. Die Wahrheit sollte unser beider Anliegen sein. Freilich kennt er sich nur zu gut, als daß ihn diesbezüglich nicht auch zuweilen Zweifel beschlichen: *Es wäre recht heilsam, über den Ausgang unsrer Dispute Wetten abzuschließen, so daß jedesmal, wenn wir verlieren, dies sich materiell niederschlüge. Folglich ließe sich hierüber Buch führn, und mein Diener könnte mir sagen: »Voriges Jahr mußtet ihr zwanzigmal hundert Taler berappen, weil ihr von der Sache nichts verstanden habt und trotzdem verbohrt geblieben seid!«* (ES. 463/l-r)

Daher beeindruckt ihn vor allem die *innere Kraft* des Sokrates, die bewirkte, *daß er Einwände gegen seine Argumente stets lachend aufnahm. Umgekehrt sehen wir aber, daß Menschen nichts so empfindlich reagieren läßt wie das Gefühl, der Gegner sei ihnen überlegen und sehe verächtlich auf sie herab. Ich jedenfalls suche eher die Gesellschaft von Leuten, die mir den Kopf zurechtsetzen, als von solchen, die vor mir kuschen. Mich macht der Sieg, den ich mitten im Wortgefecht über mich selbst erringe, indem ich mich den überzeugungskräftigeren Argumenten meines Gegners beuge, weitaus stolzer als einer, den ich dank seiner Schwäche davontrage.* (ESS. 463/r–464/l)

Der jeweiligen Sache kommt jedoch nicht nur die Konzentration auf sie selber zugute, sondern ebenso die Beachtung eines angemeßnen Verhandlungsstils: *Ich stelle mich jedem gradewegs geführten Angriff; erfolgt er jedoch ohne Einhaltung der gebotnen Form, finde ich das schier unerträglich. Von früh bis spät könnte ich friedlich disputieren, solang dabei die Spielregeln eingehalten werden. Alle Antworten, solange sachgerecht, sind mir recht. Geht es in der Sache aber drunter und drüber, wende ich mich davon ab und bestehe in meiner Verärgerung auf der bedingungslosen Einhaltung der Form. Mit einem Wirrkopf guten Willens zu diskutieren ist unmöglich. Arten unsere Dispute in Beschimpfungen aus, sollten sie verboten werden — zumindest aber wie andre Verbalinjurien bestraft.* (ES. 464/l) *Ich möchte die Form jedenfalls nicht minder im Auge behalten als den Inhalt.* (ES. 467/r)

Die Form, um die es ihm geht, ist aber mitnichten die klassische Rhetorik, deren Winkelzüge und Windigkeiten er immer wieder mit großer Verve kritisiert (wobei zu berücksichtigen ist, daß die Kritik an ihr durchaus zum klassischen Erbe gehört):

Ein Rhetoriker aus vergangnen Zeiten hat einmal gesagt, sein Geschäft sei es, kleine Dinge so erscheinen zu lassen, daß man sie für groß halte. Das ist mir ein rechter Schuster, der kleinen Füßen große Schuhe zu machen weiß! Sich mit der Ausübung einer lügnerischen und betrügerischen Kunst auch noch zu brüsten — dafür hätte man ihn in Sparta ausgepeitscht. Die Rhetoriker legen es darauf an, unser Urteil zu überlisten und das Wesen der Dinge zu verformen und zu verfälschen. Ihre Kunst ist ein Instrument, das erfunden wurde, den Pöbel und eine zerrüttete Bürgerschaft zu manipulieren und aufzuhetzen; nur in kranken Staatswesen bedient man sich ihrer, wie der Heilkunst nur bei kranken Körpern: Wo dem gemeinen Haufen, wo den Ignoranten, wo allen alles freistand (wie in Athen, Rhodos und Rom) und wo die Dinge in ständigem Aufruhr waren, gab es einen ständigen Zustrom von Rednern. Die Eloquenz stand in Rom in höchster Blüte, als die öffentlichen Angelegenheiten am tiefsten darniederlagen und vom Sturm der Bürgerkriege immer weiter erschüttert wurden, wie auch auf einem brachliegenden, unbestellten Feld das Unkraut am üppigsten wuchert. (ESS. 154/r–155/l)

Höchst einfallsreich stellt Montaigne den oft nur dem Imponiergehabe dienenden Schwulst von Fachausdrücken bloß: *Ich weiß nicht, ob es andern ebenso ergeht wie mir, aber wenn ich unsere Architekten mit so großen Worten wie »Pilaster« und »Architrave«, »Karniese« und »korinthischer« oder »dorischer« Stil und ähnlich geschwollnen Fachausdrücken um sich werfen höre, sieht mein inneres Auge unwillkürlich den Apollidon-Palast vor sich, während in Wirklichkeit doch, wie ich ernüchtert feststelle, nur von den kümmerlichen Teilen meiner Küchentür die Rede ist. Und hört ihr jemanden »Metonymie«, »Metapher«, »Allegorie« und dergleichen hochtrabende Ausdrücke in den Mund nehmen, meint ihr dann nicht, es müsse sich auf eine seltene und exotische Sprache beziehn? Dabei sind es nur Bezeichnungen für das Geschwätz eurer Kammerjungfer!* (ES. 155/r)

Gut gebrüllt, Löwe! Wie aber, wenn nicht von seiner Küchentür die Rede ist, sondern tatsächlich von Palästen? Wenn es sich nicht um das Geschwätz einer Kammerjungfer handelt, sondern um hochkomplexe Sprachkunstwerke – wie dem seinen? Für die nähere Beschäftigung damit ist der Rückgriff auf ein angemessenes terminologisches und begriffliches Instrumentarium doch gewiß hilfreich, zuweilen sogar unerläßlich.

Ob Aufblähung oder Verfälschung der Wörter und Worte, so oder so folgt daraus eine semantische Reduktion: Das Wort verfehlt seine Aufgabe, der bezeichneten Sache gerecht zu werden — eine Gefahr, die wegen der zwischen ihnen bestehenden Dichotomie jederzeit droht.

Es gibt den Namen, und es gibt die Sache. Der Name ist ein Schall, der die Sache bezeichnet und bedeutet; er ist also kein Teil der Sache oder ihres Wesens, sondern eine der Sache völlig äußerliche, ihr bloß beigelegte Zutat. Doch nicht mit Schall und Rauch sollten wir uns zu füllen trachten; um unsrer Nichtigkeit abzuhelfen, brauchen wir etwas Handfesteres. Ein Hungriger würde recht einfältig han-

deln, wenn er sich eher ein schönes Gewand als ein gutes Mahl zu besorgen suchte. *Nach dem Vordringlichen sollten wir uns strecken; die äußeren Zierden mögen wir dann anstreben, wenn wir für diese uns notwendigen Dinge gesorgt haben.* (ES. 306/r)

Das Auseinanderklaffen von Wort und Sache kann so weit führen, daß man schließlich nicht mehr weiß, worum es geht: *Als Melanthios gefragt wurde, was er von einer bestimmten Tragödie des Dionysios halte, antwortete er:* »*Ich habe nichts davon gesehn, so verdunkelt war sie von den Worten!*« *Im gleichen Sinne müßten jene, die um ihr Urteil über die Reden unserer Großen gebeten werden, meistens sagen:* »*Ich habe überhaupt nichts von den Worten verstanden, so verdunkelt waren sie von all der Würde, Hoheit und Majestät.*« (ES. 471/l)

Um zu verdeutlichen, wie stark sich Montaignes Vorstellung einer sach- und handlungsorientierten Rhetorik von der regelfixiert-dogmatischen abhebt, bündelt Nicola Panichi (Università degli Studi di Urbino) die Unterschiede zu folgenden Gegensatzpaaren: *Die Wahrheit sagen/lügen, Einsicht/ Eloquenz, Materie/Manier, gut handeln/gut sprechen, Kern/ Schale, innerlich/ äußerlich, Dinge/Worte, ungeschminkte Wahrheit/ Schminke, natürlich/künstlich.**

Montaigne ist es also darum zu tun, die klassische Rhetorik aus ihrer formalistischen Erstarrung zu lösen und sie zu revitalisieren, indem er sie auf die Kommunikation im menschlichen Zusammenleben gründet: *Versucht einmal, Eloquenz einem Einsiedler zu geben, der in die Wüsten Arabiens geflüchtet ist!*(ES. 508/r) Diese neue Rhetorik, wie er sie fordert und praktiziert, findet ihren natürlichsten Niederschlag in seiner Gesprächs- und Diskussionskunst, denn *die Wechselrede ist die Wiege der Wahrheit**.

Alles, was den freien Meinungsaustausch beeinträchtigt, ist Montaigne zuwider. Daher *sind in seiner Gesprächs- und Diskussionsrunde*, so die Montaignistin Claire Couturas, *hauptsächlich zwei Kategorien von Menschen unerwünscht: die Fürsten und die Dummköpfe* — die einen, entweder weil sie aufgrund ihrer Machtstellung einen Vorrang auch für ihr Wort beanspruchen oder weil jeder Untertan sich genötigt fühlt, ihnen wider besseres Wissen stets beizupflichten, die andern, weil sie jede ernsthafte Auseinandersetzung wie jedes klärende Gespräch durch ihre Unbedarftheit be- und verhindern. (*Mir steht der Sinn ohnehin nicht danach, mich mit Anfängern zu unterhalten oder für sie zu schreiben.*[ES. 472/r]) Für Montaigne *sichert allein die Gleichheit ein sinnvolles intellektuelles Kräftemessen, in dem jeder seine Fähigkeiten durch Zustimmung und Widerspruch einbringen kann.**

Damit dieses Kräftemessen *en bonne et due forme* (*in angemeßner und gehöriger Form*) vor sich geht, sind für Montaigne auch Artikulation und rechte Dosierung der Lautstärke von größter Wichtigkeit, denn wenn die Diskussionspartner ihre Stimme nicht in den Dienst der Sinnverdeutlichung zu stellen wissen, werden Klarheits- wie Wahrheitssuche erschwert:

In einer griechischen Philosophenschule pflegte einer seine Meinungen stets lauthals vorzutragen, wie ich halt auch. Eines Tages nun ließ ihm der Diskussionsleiter ausrichten, er solle leiser sprechen. »Dann möge er mir mitteilen, welche Tonhöhe er denn wünsche«, lautete die Antwort. Hierauf erwiderte der andre, er solle sie danach richten, ob der Angesprochne Ohren habe, zu hören. Das war gut gesagt, vorausgesetzt, er meinte damit: »Sprich je nach Gewicht der Sache, die du mit deinem Gegenüber zu erörtern hast!« Denn falls er sagen wollte: »Es reicht, wenn er dich hört« oder »Laß deine Sprechweise von ihm bestimmen«, hätte er meines Erachtens unrecht.

Lautstärke und Stimmführung dienen nämlich der ausdrücklichen Verdeutlichung dessen, was man sagen will; als Redender liegt es also an mir, sie so zu wählen, daß ich recht verstanden werde. Es gibt einen Tonfall fürs Belehren, einen fürs Schmeicheln und einen fürs Schelten. Ich will nicht nur, daß meine Stimme den andern erreicht, sondern gegebnenfalls auch, daß sie in ihn dringt und ihn durchbohrt. Das hat sie bei Montaigne offenbar stets geschafft — was ihm freilich auch manch Ungemach bereiten konnte: *Meine Stimme ist stets derart angespannt und laut, daß ich hohen Persönlichkeiten, wenn ich ihnen mit einer wichtigen Angelegenheit in den Ohren liegen mußte, peinlicherweise oft Anlaß gegeben habe, mich um Mäßigung meiner Lautstärke zu bitten.*

Mit dem Beispiel des schlagballähnlichen *Paume*-Spiels führt Montaigne uns schließlich vor Augen, was er unter einem auf Gleichheit basierenden freien Meinungsaustausch versteht: *Das Wort gehört halb dem, der spricht, und halb dem, der angesprochen ist. Dieser muß bereit sein, es in der Bewegung aufzufangen, mit der es auf ihn zukommt, so wie beim Paume-Spiel der Auffangende durch Vor- und Zurückspringen sein Verhalten ganz nach den Bewegungen des Schlägers und der Art des jeweiligen Schlages richtet.* (E.S. 549/l–r)

Wer immer aus einem derart engagiert geführten Wettkampf der Geister als Gewinner hervorgeht — gewinnen wird letztlich das Wort. Zerredet man es hingegen, verliert es an Wert und Würde, und seine Tauglichkeit zur Wahrheitssuche schwindet dahin. (Am Rande: Wie schrecklich hätte Montaigne deshalb unter dem audiovisuellen Gesülze unsrer Tage gelitten!)

Rhetorik und Lüge treffen sich da, wo es weniger um die verhandelte Sache als darum geht, sie so darzustellen, daß man möglichst ungeschoren davonkommt, ja, den andern hereinlegt, um selbst als Sieger dazustehn: *Der erste Schritt zur Sittenverderbnis ist die Verbannung der Wahrheit, so wie laut Pindar der erste Schritt zu großer Tugend die Wahrhaftigkeit ist. Heute hingegen nennen wir »Wahrheit« nicht das, was ist, sondern was man andern einzureden vermag.* (E.S. 330/r)

Demgegenüber dürfte es die Gewißheit vom Vorrang des der Wahrheitssuche verpflichteten Wortes sowie der Genuß von dessen klangästhetischen Potentialen gewesen sein, die Montaigne immer wieder in seinem Credo *Nur durch das Wort sind wir Menschen* bestärkt haben. Und sicher war es ebendarum sein Bestreben, durch die bis zum Tod fortgesetzten handschriftlichen Änderungen im *Exemplaire de Bordeaux* die Sprache der *Essais* noch *gesprochener* zu machen, als sie es von Anfang an gewesen ist.

Vor allem in den Zusätzen, erläutert Floyd Gray (University of Michigan), *vermehrt er die pittoresken Ausdrücke, die Bilder und Metaphern, während er Wiederholungen und Dubletten* streicht. *Auf diese Weise eliminiert er die Wörter, die ihm den Satz schwerfällig zu machen scheinen, ohne den Sinn zu bereichern. Andrerseits fügt er Sprichwörter und volkstümliche Redewendungen ein, Stabreime und Antithesen, was dazu beiträgt, die Expressivität und den gesprochenen Charakter seiner Sprache zu verstärken.**

So bleibt seine längst verstummte Stimme allen, die ihn lesen, weiter hörbar, wie er es sich gewünscht hat: *auf dem Papier nicht anders als aus dem Mund*[(ES. 93/r)] — denn *im Leben siegt der Tod, in der Literatur das Leben**.

12. KATARAKTE DER KOMIK

Das Besondre unsres Menschseins besteht darin, daß wir zugleich des Lachens fähige und lächerliche Wesen sind. (ES. 154/l)

Montaigne ist kein Humorist — er hat Humor. Man kann ihn sich schwer als Zünder von Lachsalven vorstellen, doch ebensowenig als alles gutheißenden Menschheitsbeschmunzler. Sein ganz eigener Witz liegt in dem trocknen, einen Sachverhalt pointierenden Vorbringen, ob durch die Blume oder unverblümt. Er ist ein *Pince-sans-rire*: einer, der beim Lachenmachen sich das Lachen verkneift. Gerade dies imponiert ihm ja bei den antiken Dichtern: *Jene Alten schafften sich sattsam Beachtung, ohne viel Wind zu machen und sich groß aufzuspielen. Zum Lachen findet sich bei ihnen überall etwas, sie brauchen sich dazu nicht erst zu kitzeln.* (ES. 205/r)

Sehr anschaulich erläutert der Schriftsteller Bruno Roger-

Vasselin, in welchem Verhältnis Humor und Ironie bei unserem Autor stehn: *Das Feld des Humors ist bei Montaigne weniger weit als das der Ironie, doch genauso reich und noch fruchtbarer an Heilkräutern.* Den Unterschied zwischen den beiden Begriffen könne man darin sehen, daß der Humor auf dem Prinzip der Gesundheit gründe, die Ironie hingegen auf dem der Wahrheit. Mit der Ironie maße man sich gegenüber dem andern eine auf höherer Kenntnis beruhende Überlegenheit an, während man mit dem Humor der seelischen Hygiene des Angesprochnen dienen wolle, indem man sein Verständnis dafür wecke, daß wie alles Bestehende und Geschehende auch der Mensch selber unvollkommen sei — und als solcher anzunehmen. *Der vielleicht persönlichste Zug in Montaignes Philosophie dürfte der Humor sein, da es bei ihm anders als bei der im Kern kritischen Ironie um menschliche Wärme geht, um Herzlichkeit und Öffnung zum Unbekannten.* *

In das für die Ironie hier postulierte Prinzip der Wahrheit würde Montaigne nun gewiß auch die Skepsis gegenüber deren Erkennbarkeit (*Que sais-je?*) einbeziehn — namentlich bei seiner ständigen Selbstprüfung, die oft zu einem vom Feuerwerk deftiger Wortfindungen begleiteten Offenbarungsfuror führt: *Ich habe auf der ganzen Welt bisher kein ausgeprägteres Monster und Mirakel gesehen als mich selbst. Zeit und Gewöhnung machen einen mit allem Befremdlichen vertraut; je mehr ich aber mit mir Umgang pflege und mich kennenlerne, desto mehr frappiert mich meine Ungestalt, desto weniger werde ich aus mir klug.* (ES. 518/I)

So peitscht er auf nicht minder drastische Weise die Schilderung seines ungestümen Temperaments bis zur verbalen Selbstdemontage hoch: *Wenn ich meinen Bedienten schelte, tue ich das aus Leibeskräften, und die Verwünschungen sind ernstgemeint und alles andre als gespielt; ist aber das Donnerwetter vorbei und er bedarf meiner, werde ich ihm gern helfen: Das Blatt hat sich bei mir im Nu gewendet. Heiße ich ihn einen Esel oder Hornochsen, so nicht in der Absicht, ihm diese Ehrentitel auf Lebenszeit anzuhängen, und ich glaube mich auch nicht Lügen zu strafen, wenn ich ihn kurz danach einen braven Kerl nenne. Keine Eigenschaft ergreift je voll*

und ganz von uns Besitz. Wäre es nicht das Benehmen eines Narren,
Selbstgespräche zu führen, würde kein Tag, ja keine Stunde vergehn,
da man mich nicht mich selber anknurren hörte:»Du Scheißkerl!«
Die Passage endet mit dem umwerfenden Satz: *Und doch sehe*
ich mich damit nur unvollkommen definiert. (ES. 123/r)

Dergleichen Katarakte der Komik bleiben jedoch keineswegs der Eigendarstellung vorbehalten — Montaigne benutzt
sie vielmehr als generelles Stilmittel, wenn es ihm darum
geht, besonders lächerliche Exempel der uns von der *Conditio*
humana im doppelten Sinn auferlegten Beschränktheit vor
Augen zu führn. Dabei ist ihm offenbar die etymologische
Herkunft des *Komischen* aus der antiken *Comoedia* stets derart
präsent, daß er gerade hieraus wichtige Einsichten in Wesen
und Wirken des Menschen gewinnt:

Die meisten unserer Tätigkeiten sind Possen.»Die ganze Welt
treibt Schauspielerei«*. Wir müssen unsre Rollen darin gebührend
übernehmen, aber eben als Theaterfigur. Aus Maske und Aufma-
chung sollte man nicht ein wirkliches Wesen machen, und aus Frem-
dem nichts Eignes. Ebendies aber scheinen die meisten zu tun;
daher wird Montaigne nicht müde, die vielfältigen Manifestationen von menschlichem Schein statt Sein aufzuspürn.

Über einen Kirchenfürsten heißt es zum Beispiel: *Ich kenne*
Leute, die sich genausooft in andre Gestalten und Wesen verwandeln,
wie sie neue Ämter übernehmen, und die, etwa Prälat geworden,
selbst die Eingeweide in diesen Stand erheben und ihre Würde noch
auf dem Klosett nicht ablegen. Ich vermag ihnen nicht beizubringen,
das ihnen geltende Hutabziehn von dem zu unterscheiden, welches
ihrem Amt, ihrem Gefolge oder ihrem Maulesel gilt.»Sie sind
derart von ihrem Rang eingenommen, daß sie ihre Natur darüber
vergessen.«* So blasen und blähn sie ihre Seele und ihre natürliche
Redeweise bis zur Höhe ihres Amtssessels auf. (ES. 509/l–r)

An weiteren Musterfällen besteht kein Mangel: *Wenn man*
mich seinerzeit bei Erasmus eingeführt hätte, wäre es mir sicher
schwergefallen, nicht all seine an den Diener oder die Wirtin ge-
richteten Anweisungen für Sinn -und Denksprüche zu halten. Wir
stellen uns viel leichter einen Handwerker auf dem Abort oder seiner

Frau vor als einen sich würde- und weisheitsvoll gebenden Präsiden-
ten, denn wir meinen, von so hohen Thronen würde man sich nie
dazu herablassen zu leben. (ES. 401/r)

Dabei gelten ihm für die Aufnahme in sein Kuriositäten-
kabinett der menschlichen Existenz Fakt und Fiktion gleich
viel: *Bei meinen Untersuchungen unserer Beweggründe und Ver-*
haltensweisen sind mir die erdichteten Zeugnisse, soweit sie möglich
scheinen, ebenso dienlich wie die wahren. Geschehen oder nicht, in
Paris oder Rom, dem Hinz oder Kunz — stets zeigen sie mir, wozu
Menschen fähig sind, und das zu wissen ist mir nützlich: Ich sehe
mir jedes Beispiel an und ziehe hieraus, ob Wirklichkeit oder deren
Schatten, meinen Gewinn; und von den verschiedenen Lesarten, die
solche Geschichten oft bieten, bediene ich mich der jeweils ungewöhn-
lichsten und denkwürdigsten. (ES. 59/l)

Auf keinen Fall aber nimmt er als Kriterium für die Glaub-
würdigkeit ungewöhnlicher Geschehnisse die Breite der Ak-
zeptanz — im Gegenteil: Als er in einem Dorf Zeuge wird, wie
ein vermeintliches Wunder auffliegt, das sich drei junge Leute
als Schabernack ausgedacht haben, kommt er zu dem Schluß,
daß *das Recht zu entscheiden, ob wundersame Begebenheiten Glau-*
ben und Verbreitung finden, im wesentlichen Fortuna vorbehalten
bleibt. Hätte das Schicksal den Schwindel nur ein klein wenig be-
günstigen wollen, wer weiß, bis zu welchem Ausmaß er gediehen
wäre! Zur Stunde sitzen die armen Teufel jedoch im Gefängnis und
werden wahrscheinlich für die allgemeine Leichtgläubigkeit büßen
müssen, und ich frage mich, ob nicht irgendein Richter sich für die
seine an ihnen rächen wird. (ES. 518/l–r)

Sein Sinn für die komischen Aspekte unseres Lebens schärft
sein Interesse immer neu an den Manifestationen dessen, *wozu*
Menschen fähig sind — vor allem auf Reisen, wo er kaum eine
Gelegenheit ausläßt, sich ein persönliches Bild zu machen. So
berichtet er aus Pisa:

Am 1. Juli 1581 kam es in der Kirche »San Francesco« zu einer
großen Schlägerei zwischen den Dompriestern und den Ordensbrü-
dern. Ein Pisaner Adliger war am Tag zuvor dort begraben worden,
daher wollten die Priester die Messe lesen. Mit allem heiligen Gerät

kamen sie nun im Ornat an und beriefen sich darauf, daß dies nach altem Brauch ihr Privileg sei.

Gerade das aber bestritten die Ordensbrüder: Ihnen allein und niemand andrem stehe es zu, in ihrer Kirche die Messe zu lesen. Ein Priester eilte an den Hauptaltar und wollte den Marmortisch packen, doch ein Bruder bot all seine Kräfte auf, ihn wegzuziehn, worauf der Domvikar ihm eine Ohrfeige gab. Von beiden Seiten flogen hierauf die Fäuste, und mit Stöcken und Kerzenhaltern, Leuchtern und dergleichen Dingen ging man aufeinander los: Nichts, was in Reichweite war, blieb unbenutzt. Am Ende las keiner die Messe. Diese wüste Schlägerei wurde ein Riesenskandal.

Wie aber hat Montaigne von diesen mit solcher Freude am Detail geschilderten Vorgängen Kenntnis erlangen können? Eben à la Montaigne: *Sobald die Neuigkeit die Runde machte, eilte ich an den Ort des Geschehens und ließ mir alles genau berichten.*[(RS. 277)]

Oft auch setzt er auf einen Schelmen anderthalbe, indem er die Komik der Begebenheit durch die Lakonik seines Kommentars noch steigert — so in dem umfangreichen Bericht über eine Teufelsaustreibung in Rom, der er in einer kleinen Kapelle zugeschaut hatte. Dessen Schlußteil lautet wie folgt:

Der Prozedur hatten außer mir noch zehn, zwölf Edelleute beigewohnt. Der Priester erklärte uns, daß er es hier mit einem Teufel der schlimmsten Sorte zu tun gehabt habe, verbissen und nur unter größter Anstrengung auszutreiben. Und er erzählte noch mancherlei über diese Wissenschaft und die Erfahrungen, die er mit ihrer Anwendung alltäglich mache. So habe er am Tag zuvor eine Frau von einem großen Teufel befreit, bei dessen Ausfahrt aus ihrem Mund gleichzeitig Nägel, Nadeln und ein Büschel seines Haarschopfs hervorgeschossen seien.

Als jemand einwandte, daß sie ja noch immer eine gewisse Unruhe zeige, erklärte er, dies rühre von einem Geist andrer Art her, der sich erst heute morgen bei ihr eingenistet habe. Er sei weniger bösartig und daher leichter auszutreiben (denn der Priester kennt die Teufel alle beim Namen und weiß sie anhand ihrer Unterscheidungsmerkmale genau einzuteilen).

Ich sah jedoch nur diesen einen Fall — und da tat der Besessene nichts anderes, als in dem Augenblick, da man ihm den »Corpus Domini« vorhielt, mit den Zähnen zu knirschen und den Mund zu verziehn. Nur gelegentlich hörte man ihn murmeln: »Si fata volent.« Genau hier nun beendet unser *Pince-sans-rire* seine Erzählung mit der wie beiläufig hingeworfnen Pointe: *Er war nämlich Notar und konnte etwas Latein.* (RSS. 167–168)

In anderen Fällen, wo Montaigne die Möglichkeit einer auditiven oder autoptischen Überprüfung nicht hat (oder aus naheliegenden Gründen keinen Gebrauch davon machen will), berichtet er über die jeweilige Kuriosität entweder kommentarlos:

+++ wie bei jenem Kaufmann aus Cremona, der *unter einem wunderlichen Ungemach zu leiden hatte: Ihm entfuhren die Blähungen durch die Ohren — und dies mit einem solchen Ungestüm, daß er fast keine Nacht mehr schlafen konnte! Selbst wenn er gähnte, schossen ihm aus den Ohrn flugs mächtige Fürze* (RSS. 252–253);

+++ oder wie in Vitry-le-François bei dem *Mann von niederer Herkunft, der noch lebt und »Germain« heißt. Er hat keinerlei Beruf oder Amt. Bis zum Alter von zweiundzwanzig Jahren war er ein Mädchen und als solches von allen Einwohnern der Stadt angesehn und gekannt; auffallend fand man lediglich, daß es mehr Haare ums Kinn hatte als die andern Mädchen, weswegen man es »Marie mit dem Bart» nannte. Eines Tages sind der «Marie» durch die Anspannung eines Sprungs plötzlich männliche Geschlechtsteile hervorgeschnellt, und Kardinal de Lenoncourt, damals Bischof von Châlons, gab ihr daraufhin den Namen »Germain«. Als solcher trägt er nun einen großen und äußerst dichten Bart.* Mit offensichtlichem Bedauern, daß ihm die Verifikationsmöglichkeit entgangen ist, notiert Montaigne zum Schluß: *Wir bekamen ihn nicht zu sehen, weil er in die Stadt gegangen war* (RS. 25);

oder unter dem ausdrücklichen Vorbehalt *Ohne mich für dessen Wahrheitsgehalt zu verbürgen:*

+++ wie hinsichtlich der *jungen Dirne, die, während ein Herr Jedermann grade ihre Künste in vollen Zügen genoß*, bei Beginn des *Ave-Maria*-Läutens plötzlich *mitten im Geschäft hochsprang, aus dem Bett hüpfte, auf dem Boden niederkniete und dort ihr Gebet verrichtete*[RS. 169];

oder mit Verzicht auf jeden Vorbehalt, weil der Casus, von welch drastischer Komik auch immer, ihm der erfahrbaren Realität zu entsprechen scheint:

+++ wie bei jener Frau, *die weder Drohungen noch Prügel davon abbringen konnten, ihren Mann einen »Lausekerl« zu nennen, und die, als er sie deshalb ins Wasser warf, noch im Untergehn die Hände hochstreckte und über ihrem Kopf mit den Fingern eine Bewegung machte, als ob sie Läuse knackte.* Zwar liefere sie so *nur ein Abbild der weiblichen Starrköpfigkeit, wie wir sie Tag für Tag deutlich genug vor Augen haben,* die freilich, fügt er fix hinzu, *die Schwester der Beständigkeit sei*[ES. 358/l–r] — und die schätzt er ja keineswegs gering.

Ein schönes Beispiel für den in einer scheinbar rein sachlichen Aussage implizierten Humor liefert auch die Schlußfolgerung im Bericht über jene Römer, die ihre Kutschen angeblich zu Sternwarten gemacht hätten. Montaigne schildert zunächst, worum es da geht:

Die beliebteste Tätigkeit der Römer ist es, durch die Straßen zu promenieren, und gewöhnlich entschließt man sich zum Ausgehn allein deswegen, weil man von Straße zu Straße streifen will, ohne sich irgendwo aufzuhalten; und es gibt Straßen, die eigens hierzu vorgesehn sind. Der ganze Gewinn des Unternehmens, um die Wahrheit zu sagen, besteht nun darin, daß man sich dabei die Damen in den Fenstern betrachten kann, namentlich die Kurtisanen. Die Vornehmen hingegen fahren ausschließlich mit der Kutsche; und die lüsternsten unter ihnen lassen, um ebenfalls freien Ausblick nach oben zu haben, das Verdeck halb öffnen — und machen so das Gefährt wahrlich zu *Sternwarten.*

Dann jedoch fährt er fort: *Zu Pferde sieht man natürlich mehr; dieser Möglichkeit bedienen sich aber nur kleine Leute wie ich oder junge Männer, die mit Leihpferden umzugehn wissen.*[RSS. 182–183] Den *Sternen* näher als die kutschierten Großen sind also, falls zu Pferde, die (im Doppelsinn) Kleinen!

Von besonderem Reiz ist des Juristen Montaigne spitzbübisches Spiel mit den Formalien und Finessen der Rechtsprechung. Ein herausragendes Beipiel liefert uns die Art und
Weise, wie er es anstellt, jenes Glied, von dem er sagt, keines
mache ihn *mehr als dieses zum Mann*[ES. 444/l], gegen den Vorwurf
des Ungehorsams zu verteidigen: Zunächst scheint er eine
etwaige Anklage nicht nur für zulässig zu halten, sondern sie
sogar mit höchst anschaulichen Argumenten zu stützen:

Man hat durchaus recht, den häufigen Ungehorsam dieses Glieds
zu rügen, das sich die Freiheit herausnimmt, gerade dann sich
schamlos vorzudrängen, wenn wir keinerlei Gebrauch dafür haben,
und ebenso schamlos zu erschlaffen, wenn wir es am nötigsten brau-
chen; so macht es herrisch unserem Willen die Herrschaft streitig und
weist voller Trotz und Eigensinn all unsre mentalen und manuellen
Beschwörungen ungerührt zurück.

Das sieht nach Mandatserschleichung aus — und tatsächlich
legt er im voraus seine Prozeßtaktik offen:

Falls man aber, wollte man das Glied dieser Aufsässigkeit wegen
anklagen und daraus einen Schuldbeweis herleiten, mir ein Mandat
zu seiner Verteidigung erteilte, würde ich mutmaßlich unsre ande-
ren Glieder verdächtigen, als Konsorten diesen spiegelfechterischen
Streit aus purem Neid auf die Annehmlichkeit und Wichtigkeit
seiner Dienste vom Zaun gebrochen und sich verschworn zu haben,
alle Welt gegen es aufzubringen, indem sie arglistig den ihnen ge-
meinsamen Fehler ihm allein zur Last legten.

Ich bitte zu erwägen, so würde ich plädieren, ob es auch nur einen
einzigen Teil des Körpers gibt, der seinen Dienst unserem Willen
nicht ebenso häufig versagte, wie er gegen unsern Willen in Tätigkeit
tritt. Dieselbe Ursache, die dieses Glied in Bewegung setzt, hält, von
uns unbemerkt, auch Lunge, Herz und Puls in Bewegung. Der An-
blick eines anmutigen Wesens durchglüht uns ohne unser Zutun mit
wahren Fieberschauern. Sind es etwa nur die Muskeln und Blutge-
fäße dieses Glieds, die unabhängig nicht allein von unserem Wollen,
sondern auch von unsren Gedanken anschwelln und erschlaffen?
Wir gebieten unseren Haaren nicht, sich zu sträuben, noch unsrer
Haut, vor Begierde oder Furcht zu zittern. Die Hand fährt oft an

eine Stelle, wo wir sie nicht hinbefahln. Die Zunge erstarrt und die Stimme erstirbt, wann immer sie wolln.

Was nun aber unseren Willen betrifft, dessen verletzter Rechte wir uns mit dieser Beschwerdeführung annehmen — aus wieviel triftigerem Grund könnten wir ihn nicht selber wegen seines Eigensinns und Ungehorsams der Rebellion bezichtigen! Will er denn immer, wie wir wollen, daß er wolle? Will er nicht vielmehr zu unserm offensichtlichen Nachteil oft gerade das, was zu wolln wir ihm verbieten? Läßt er sich etwa williger von unsren Vernunftschlüssen leiten?

Schließlich unternimmt der Advokat des *Corpus delicii* ein letztes Entlastungsmanöver, indem er auf die Ungerechtigkeit hinweist, daß die weiblichen Genitalien hier gleichsam ungeschoren davonkommen:

So würde ich zum Schluß für meinen Herrn Mandanten folgendes Plädoyer halten: Möge das Gericht in Betracht ziehn, daß man, obwohl seine Sache untrennbar und unentwirrbar mit der einer Komplizin verflochten sei, ausschließlich ihn anklage, indem man Argumente und Beschuldigungen vorbringe, die angesichts der Beschaffenheit der beiden die Komplizin in keiner Weise beträfen und belasteten. Zwar würde auch sie sich manchmal zur unrechten Zeit anbieten, heimlich und verschwiegen, verweigern aber nie. Fazit: Die Böswilligkeit und das Unrecht der Kläger lägen klar auf der Hand. (ESS. 55/I–56/I)

Montaignes reiche Lese- und Lebenserfahrungen unterbreiten ihm überdies ein derart vielfältiges Anschauungsmaterial, daß er nur zuzugreifen braucht, um für jeden dem Rechtsgefühl hohnsprechenden Irrwitz ein passendes Exempel zu finden — glossiert meist mit juristischem Sach- und Lachverstand:

Eine Bauersfrau beschuldigte vor einem Armeegeneral, der ein Gerechtigkeitsfanatiker war, einen seiner Soldaten, er habe ihren kleinen Kindern das bißchen Brei vom Mund gerissen, das ihr zu deren Fütterung nach der Ausplündrung aller Dörfer verblieben sei; Beweise hätte sie freilich keine. Der General warnte die Frau, genau zu bedenken, was sie da vorbringe, weil sie sich einer falschen

Bezichtigung schuldig mache und bestraft würde, wenn sie lüge; da sie jedoch auf ihrer Aussage beharrte, ließ er dem Soldaten den Bauch aufschneiden, um sich von der Wahrheit ihrer Behauptung zu überzeugen; und es zeigte sich, daß die Frau recht hatte. Montaignes grimmiger Kurzkommentar: *Hinrichten zur Beweissicherung!*(ES. 183/r)

Auf seiner Reise durch Süddeutschland wurde er in Konstanz persönlich von den Winkelzügen eines Richters betroffen, dessen Chuzpe er freilich eine gewisse Bewunderung zollte. Es ging dabei, wie der Sekretär berichtet, um folgendes:

Wir waren dort im »Adler« schlecht untergebracht, und vom Wirt erhielten wir, als einer unserer Fußbedienten mit unserm Führer aus Basel in Streit geriet, eine Kostprobe geradezu barbarischer alemannischer Willkür und Anmaßung. Der Herr de Montaigne brachte die Sache bis vors Gericht.

Auf die Frage, ob seine Bedienten als Zeugen für unsre Sache aussagen dürften, antwortete der Amtsrichter — ein italienischer Adliger, der, dort ansässig und verheiratet, seit langem das Bürgerrecht besitzt —, gewiß, das dürften sie, falls er sie vorher entlasse. Gleich danach könne er sie ja wieder einstelln. Von Montaigne wenn nicht diktierte, so gewiß inspirierte Anmerkung hierzu: *Diese Spitzfindigkeit sollte man sich merken!*(RS. 60)

Größtes Gewicht kommt der Tatsache zu, daß Montaigne nach seinem Jurastudium eine sechzehnjährige Tätigkeit erst am Steuergericht in Périgueux, dann am Parlament von Bordeaux ausgeübt hat, dem als oberste Berufungsinstanz fungierenden königlichen Gerichtshof (1554–1570). Dabei empörte ihn mehr noch als die schwerfällige und kalte Routine im Justizpalast die jede Gerechtigkeit niederwalzende *Rechtsprechung*.

Bald begann er, die Ticks und Tricks all jener Amtskollegen zu durchschauen, die sich Justitias verrutschte Augenbinde um des schnöden Mammons willen zunutze machten; und er sah, wie Gesetze von Hohlköpfen ausgeheckt und von Hohlköpfen angewandt wurden, wie Richter sich zum Schaden der Gerichteten ihren Emotionen hingaben und auf wie fragwürdigen und fragilen Pfeilern viele als unfragwürdig geltende Vorschriften und Gebote beruhten — ja, wie der Mensch vielleicht überhaupt von den positiven Rechtsnormen überfordert ist, weil sie seiner Natur widersprechen.

Doch man würde den Lebensphilosophen seines Augenzwinkerns berauben (wie in der deutschsprachigen Rezeption leider bisher geschehn), wenn man ihm verwehrte, selbst mit Justitia immer wieder seine übermütigen, kreuzfidelen Gedanken- und Sprachspiele zu treiben. *Mancher, ein Formulierungsblitz für viele, sieht klar, aber schielt.* [ES. 77/I]

Es ließe sich etwa folgender kleiner *Montani Codex ironicus* erstellen:

§1 Ohne Gesetze schlügen sich die Menschen gegenseitig tot.

§2 Grade am Gerichtshof aber geht es allzumenschlich zu, denn alles dreht sich nur noch um den rechten Dreh.

§3 Dabei wird der Mensch von den Gesetzen ohnehin überfordert, denn er ist ein Chamäleon.

§4 Doch keine Kapriolen sind tragikomischer als die der juristischen Koryphäen.

Zum ergiebigsten Demonstrationsobjekt der lächerlichen Aspekte des menschlichen Lebens macht er jedoch am liebsten sich selber, wobei sein Offenbarungseifer vor keinem Diskretionsgebot oder Tabu zurückschreckt. Als Generalabsolution kann er ja immer wieder geltend machen, daß wir wenn schon lächerliche, so doch auch des Lachens fähige Wesen sind.

So führt er für die Defizite seiner Tischsitten folgendes drastische Beispiel an: *Vor lauter Hast beiße ich mir oft in die Zunge, zuweilen gar in die Finger* — obwohl er durchaus weiß: *Es ist ungehörig und beeinträchtigt die Gesundheit, ja den Genuß.* [ES. 559/I]

Was seine Motorik angeht, wird er (wie wir schon im *Perpetuum mobile* sahen) nicht müde, deren Macht über ihn höchst erheiternd zu beklagen, in immer neuen Anläufen: *Mein Gang ist rüstig und rasch, und ich weiß nicht, was mir schwerer fällt: den Geist oder den Körper an einem Punkt festzuhalten. Ein Pfarrer, der meine Aufmerksamkeit eine ganze Predigt hindurch zu fesseln vermag, muß mir schon sehr ans Herz gewachsen sein! Bei feierlichen Anlässen, wo sich jeder völlig steif gibt und die Damen, wie ich gesehn habe, nicht einmal ihre Augen bewegen, ist es mir noch nie gelungen zu verhindern, daß irgendein Teil von mir sich ständig rührt und regt.*

So habe ich auch, um mein Gestikulieren im Zaum zu halten, fast immer eine Reitgerte in der Hand, ob zu Pferde oder zu Fuß. (ES. 558/r) *Daher konnte man bei mir von klein auf behaupten, ich hätte Quecksilber oder den Veitstanz in den Beinen: Wohin ich sie auch setze, unablässig zappeln sie hin und her.* (ES. 559/l) Fazit: *Selbst sitzend bin ich selten gesetzt.* (ES. 558/r)

Bei der Schilderung eines anderen Ungemachs läßt der Wirbel mit den Worten *Furz/Fürze/furzen* vermuten, daß der Autor damit mehr als sein Leiden dessen lustvoll-verbale Bemeisterung vor Augen führen wollte. Zunächst scheint es ihm nur um den Nachweis der allgemeinen flatualen Inkontinenz des Menschen zu gehn, die selbst die drastischsten Gegenbeispiele nicht zu widerlegen vermögen: *Wenn der heilige Augustinus zur Bekräftigung der Allmacht unseres Willens anführt, er sei jemandem begegnet, der seinem Hintern so viele Fürze abzufordern gewußt habe, wie er wollte, und sein Kommentator Vives dies durch das Beispiel eines Mannes noch überbietet, der zu seiner Zeit genau auf den Tonfall ihm vordeklamierter Verse abgestimmte Fürze habe herunterorgeln können, so ist damit keineswegs die völlige Beherrschbarkeit dieses Körperteils bewiesen — denn wo gäbe es einen, der ihn gemeinhin an Taktlosigkeit und Radaumacherei überträfe?*

Dann wendet er die Sache ins Persönliche, indem er die Mißlichkeit beklagt, die ihm andrerseits widerfährt, wenn er sich zur Kontinenz zwingt (oder sich anstandshalber dazu gezwungen sieht): *Wollte Gott, daß ich nur aus andrer Leute Erzählungen wüßte, wie oft uns der Bauch durch einen einzelnen verhaltnen Furz bis an die Schwelle eines äußerst qualvollen Todes zu führen vermag — und daß jener Kaiser, der den Menschen die Freiheit gab, überall einen streichen zu lassen, ihnen auch das Vermögen dazu gegeben hätte!*

Dabei scheint es ihm an ebendiesem Vermögen keinesfalls zu fehlen, was freilich zur erstgenannten Misere zurückführt — mit bedrohlichen Folgen, denn *ich selbst, das sei hinzugefügt, kenne einen Hintern, der derart turbulent und ungebärdig ist, daß er seinen Herrn seit vierzig Jahren ohne Unterlaß zu furzen zwingt, so daß er ihn auf diese Weise noch ins Grab bringen wird.*[(ES. 55/r)] So oder so sieht sich Montaigne folglich von Fortuna verarscht.

Wenn ihm zur Demonstration der Wunderlichkeiten des Lebens aus dem eignen Erfahrungsschatz einmal nichts seinen Formulierungsansprüchen Genügendes einfällt, ist er belesen genug, es wieder andre sich für ihn einfallen zu lassen, so
+++ die Schwiegertochter des Pythagoras, *die sagte, die Frau, die sich zu einem Mann ins Bett begebe, müsse mit dem Rock auch das Schamgefühl ablegen und es hernach mit dem Unterrock wieder anziehn*[(ES. 55/l)],
+++ oder den Menander, den seines Erachtens jener Mann aus der Antike, der einen Stein auf einen Hund warf, aber seine Schwiegermutter traf und tötete, mit Recht hätte zitieren können:
    »*Fortuna hat, das lob' ich mir,*
    oft eine beßre Hand als wir«[*(ES. 118/r)],
+++ oder den Horaz:
    »*Von Göttern und Verlegern wurde untersagt,*
    daß Dichter lauwarm schreiben. Wehe dem, der's wagt!«[*(ES. 316/r)],
+++ oder schließlich den die Trotzdem-Schreiber durchschauenden Martial:
    »*Keiner ist auf Ruhm erpichter,*
    als ein unbegabter Dichter.«[*(ES. 316/r)]

Dergleichen Katarakte der Komik sind es, aufschäumende Stromschnellen im Dahinfließen des Lebens, mit denen Montaigne die unser Menschsein oft so behindernden Felsbrocken immer wieder umspielt und überspült.

13. GEDANKENFLUCHTEN

An meiner Seele mißfällt mir, daß sie das, was mir am meisten an ihr gefällt, ihre tiefsten und zugleich ausgelassensten Gedankenspiele nämlich, gewöhnlich unerwartet unternimmt, wenn ich also am wenigsten darauf eingestellt bin; so verflüchtigen sie sich plötzlich wieder, weil ich, sei es zu Pferde, bei Tisch oder im Bett, nichts zur Hand habe, um sie festzuhalten; vor allem zu Pferde, und gerade da schweifen meine Gedanken am weitesten … Mit jenen Gedankenspielen geht es mir wie mit meinen Träumen: Während ich sie träume, nehme ich mir vor, sie im Gedächtnis zu behalten — denn ich träume oft, daß ich träume —, doch am nächsten Tag kann ich mir zwar ihre Tönung noch vergegenwärtigen: heiter, traurig oder wundersam, aber wie sie im übrigen waren, entschwindet mir in ein um so tieferes Grab des Vergessens, je atemloser ich es ihm zu entreißen suche. So bleibt mir, wie gesagt, auch von den unerwartet mich überfallenden Gedankenspielen nichts als ein flüchtiges

*Schattenbild in Erinnrung — gerade noch deutlich genug, um mich
zur quälenden und aufreibenden Suche nach dem Entschwundnen
anzutreiben. Vergebens.* (ES. 438/r)

So vehement Montaigne hier die Flüchtigkeit seiner Gedanken beklagt, hat er zu unserm Glück doch eine Fülle davon in
einhundertsieben *Essais* dingfest zu machen und auf ständig
wechselnde *Fluchtpunkte* hin auszurichten gewußt: Sprachar-
chitekturen nun, in Perspektive.

Es wird manchen Leser überraschen, wenn ich (der Anregung einer montaignekundigen Dame folgend) gleich zu Beginn vorschlage, den Blick auf eine Stelle in den *Katarakten der
Komik* zurückzuwerfen, die, so scheint es, mit unserem Thema
nichts zu tun hat — handelt sie doch von der Impotenz! Hören
wir uns also noch einmal an, was der Autor darüber zu sagen
weiß: *Man hat durchaus recht, den häufigen Ungehorsam des
männlichen Glieds zu rügen, das sich die Freiheit herausnimmt, gerade dann sich schamlos vorzudrängen, wenn wir keinerlei Gebrauch
dafür haben, und ebenso schamlos zu erschlaffen, wenn wir es am nötigsten brauchen; so macht es herrisch unserm Willen die Herrschaft
streitig und weist voller Trotz und Eigensinn all unsre mentalen und
manuellen Beschwörungsversuche ungerührt zurück.* (ES. 55/l)
Auch wenn man nicht zu jenen Literaturwissenschaftlern
gehört, die glauben, Montaigne ließe sich *post festum* psycho-
analytisch deuten, werden einem beim Vergleich der beiden
Textausschnitte in der Tat gewisse Entsprechungen auffallen,
wie etwa: *Am wenigsten darauf eingestellt // keinerlei Gebrauch
dafür — Verflüchtigen sie sich // erschlaffen — Suche nach dem Entschwundnen, vergebens // weist Beschwörungsversuche ungerührt
zurück.* Zudem ist bemerkenswert, daß sich das Zitat über die
Flüchtigkeit der Gedanken ausgerechnet im der Liebe gewidmeten *Essai* III/5 findet.

Montaigne selbst scheint zur Suche nach ähnlichen Bezü-
gen zu ermutigen, wenn er beispielsweise in anderem Zusammenhang (siehe *Perpetuum mobile*) darauf hinweist, wieviel
dem Autor Verborgenes man in seinen Texten finden kann:

Warum sollte man die blitzartigen Eingebungen, die einen Dich-
ter so hinreißen, daß er vor Begeisterung außer sich gerät, nicht
der Gunst der Stunde zuschreiben? Bekennt er denn nicht selbst,
daß sie seine Fähigkeiten und Kräfte übersteigen? ... Dasselbe gilt
für die Malerei, wo der Hand des Künstlers zuweilen Pinselstriche
entfließen, die dem, was er sich vorgestellt und vorgenommen hat,
den Rang ablaufen, so daß er selbst hiervon völlig überwältigt ist.
Aber welch großen Anteil Fortuna an all diesen Werken hat, zeigt
sich noch viel deutlicher an den nicht nur ohne Zutun, sondern sogar
ohne Wissen ihres Schöpfers darin enthaltenen Reizen und Schön-
heiten. So entdeckt etwa ein kundiger Leser in manchen Schriften
noch ganz andere Glanzlichter als jene, die der Verfasser dem Text
aufgesetzt oder auch nur bemerkt hat, und gewinnt auf solche
Weise dessen Werk viel reichhaltigere Aspekte und Bedeutungen
ab. (ES. 70/l)

Es sind dergleichen mehr oder weniger offensichtliche Kontingenzen, die Montaigne als das Leben derart bestimmend
wahrnimmt, daß er sogar den literarischen Nachvollzug des
seinen davon leiten läßt und sie so zur *forme maîtresse*, zum
Grundmuster und Gestaltungsprinzip des ganzen Unternehmens macht: *geplant planlos, gleichsam Wildwuchs.* (ES. 190/r)

Gerade deswegen ist er bemüht, die ihm nach Fortunas
Laune jeweils zufallenden Eingebungen und Gedankenspiele
so fix wie möglich zu fixieren — fühlt er sich doch schon durch
die todumlauerte Endlichkeit des menschlichen Daseins hierzu gedrängt. So schreibt er:

Jemand, der neulich in meinen Aufzeichnungen blätterte, fand
eine Notiz über etwas, das, so wünschte ich, nach meinem Tod erledigt
werden sollte. Auf seine Frage erklärte ich ihm wahrheitsgemäß, daß
ich, nur eine Meile von meinem Haus entfernt, mich beeilt hätte, dies
an Ort und Stelle niederzuschreiben, weil es mir, wiewohl ich mich
völlig gesund fühlte, nicht sicher schien, ob ich wieder heimgelangen
würde. (ES. 49/l)

Was das Ärgernis der flüchtigen Gedanken für Montaigne
noch vergrößert, ist seine Gedächtnisschwäche, ob übertrie-
ben von ihm dargestellt oder nicht. Wiederum mit dem uns

aus den *Katarakten der Komik* schon bekannten Galgenhumor sucht er die Misere jedoch in den Griff zu bekommen:

Keinem Menschen steht es schlechter an als mir, vom Gedächtnis zu reden, denn ich entdecke in mir kaum eine Spur davon, und ich bezweifle, daß es auf der ganzen Welt ein zweites gibt, das so ungeheuerlich versagt. All meine anderen Eigenschaften sind von der gewöhnlichen, durchschnittlichen Art, in dieser aber glaube ich ein seltnes, ja einmaliges Exemplar zu sein — würdig, mir damit Ruf und Ruhm zu erwerben.(ES. 20/l)

Dem folgt eine Jeremiade darüber, daß man im täglichen Umgang dazu neige, Menschen mit schwachem Gedächtnis für verrückt zu halten, weil man zwischen Gedächtnis und Intelligenz keinen Unterschied sehe; überdies halte man Gedächtnisschwäche für Gefühlskälte, und aus einem natürlichen Mangel mache man einen Makel. Doch dann fährt wieder er gutgelaunt fort:

Ich weiß mich freilich einigermaßen zu trösten, denn ich habe hauptsächlich dieses Übel zum Anlaß genommen, einem viel schlimmeren zuvorzukommen, das mich leicht hätte befallen können — dem Ehrgeiz nämlich; denn ein schlechtes Erinnerungsvermögen ist für jeden eine unerträgliche Behinderung, der sich die Geschäfte der Welt auf den Hals lädt. Außerdem hat die Natur bei mir von sich aus in gleichem Maße, wie das Gedächtnis schwächer wurde, andre Fähigkeiten gestärkt. Gewiß würde auch ich leicht der Versuchung erliegen, Geist und Urteilskraft träge in den Spuren Dritter dahintrotten zu lassen (wie es ja, ohne die eignen Kräfte in Schwung zu bringen, alle Welt tut), wenn die fremden Ideen und Meinungen mir dank eines guten Erinnerungsvermögens stets gegenwärtig wären.(ES. 20/r)

Gedächtnisschwäche als Motor der Kreativität — wie gut, daß Montaigne diesen tröstlichen Gedanken an der Flucht zu hindern wußte!

ABSTECHER IN DIE
ÜBERSETZERWERKSTATT

Mit eigener Hand?

Dem Übersetzer aus einer älteren Sprache widerfährt es immer wieder, daß selbst unter den seine Arbeit insgesamt lobenden Kritikern manche bemängeln, er habe dieses oder jenes Wort falsch übersetzt, wo doch schon ein Blick in den Taschen-Langenscheidt (sic!) zeige, wie es richtig wiederzugeben sei. Da bleibt einem nur, mit André Gide auszurufen: *Terribles simplificateurs (Schreckliche Vereinfacher)!*

Nehmen wir als Beispiel das Verb *dicter*. Im Taschen-Langenscheidt finden wir dafür *diktieren* und *vorschreiben* — aus! Im *Wörterbuch des Mittelfranzösischen* hingegen führt Larousse* an: *schreiben* und *abfassen*, *verfassen* und *ausarbeiten*, *vorschreiben* und *laut aussprechen*; nur dieses also entspricht dem obigen *diktieren*. Nach der Wörterliste der *Édition Municipale** bedeutet *dicter* sogar allein *verfassen*.

Frage: Wie soll angesichts dieser lexikalen Mehrdeutigkeiten der Übersetzer in der heftig geführten Debatte, ob Montaigne die *Essais* eigenhändig geschrieben oder vielmehr diktiert habe, Position beziehen? Antwort: Indem er des Autors eigenen Hinweisen nachgeht, Plausibilitätsvergleiche anstellt und sich dann als Wortwerker vor Ort nach dem textlichen Umfeld entscheidet.

Montaigne verwendet *dicter* in den *Essais* unterschiedlich flektiert nur viermal wörtlich, und nur einmal auf sie selber bezogen. Paradoxerweise spricht aber gerade diese Stelle meines Erachtens nicht für die These, daß er die *Essais* diktiert habe, denn hier schildert er den Aufenthalt in der Bibliothek seines Turms wie folgt: *Da oben blättere ich einmal in diesem, einmal in jenem Buch, ohne Ordnung, ohne Plan: wie es sich eben ergibt. Bald hänge ich im Hin- und Hergehen meinen Tagträumen nach, bald halte ich meine Hirngespinste fest und schreibe sie auf, wie sie hier nun stehn.* [ES. 412/r] Ausgehend von der oben dokumentierten Bedeutungsbreite des Verbums *dicter* und im Hinblick auf den situativen Kontext scheint mir die Übersetzung *halte meine Hirngespinste fest und schreibe sie auf* für *j'engistre et dicte* am plausibelsten.

Selbst wenn man das von Montaigne immer wieder benutzte *schreiben* (*écrire*, *peindre*) als metonymisch für *diktieren* auslegen wollte, gibt es konkrete Hinweise genug, die für die wörtliche Lesart sprechen — so hier: *Meine Hand ist derart ungelenk, daß ich meine Schrift selber kaum lesen kann und das, was ich hingekritzelt habe, lieber neu aufsetze, als mir die Mühe seiner Entzifferung zu machen.* (ES. 319/r)

Wandern wir nun in den *Essais* voraus, sehen wir, daß unser Autor sein Werk gar als *dieses ganze hier zusammengekritzelte Sammelsurium* denunziert. (ES. 544/r)

Völlig klar scheint die Sache zu werden, wenn wir noch die folgende Stelle heranziehn: *Ich schreibe meine Briefe stets in Windeseile, ja so überstürzt, daß ich trotz meiner unzumutbar schlechten Schrift sie lieber eigenhändig zu Papier bringe, als einen andern damit zu beauftragen: Ich finde einfach keinen, der mir folgen könnte.* (ES. 131/r)

Freilich kommt auch den Verfechtern der These, daß Montaigne die *Essais* diktiert habe, eine Stelle zu Hilfe, die eindeutig in ihrem Sinne ist — obwohl, spiegelbildliches Paradox zu oben, ausgerechnet hier das Wort *dicter* nicht auftaucht. Gleichwohl habe ich es guten Gewissens verwendet, da an dem Sinn (*un valet qui me servoit à les écrire soubs my*) nicht gezweifelt werden kann: *Ein Diener, dem ich meine Gedanken zu diktieren pflegte, glaubte eine wertvolle Beute zu machen, als er mir etliche Stücke stahl, die er nach seinem Gutdünken ausgewählt hatte.* (ES. 376/r)

Was nun? Die Manuskripte, sei es von Montaignes oder eines Sekretärs Hand, sind verloren. Sie allein aber könnten unwiderlegbar Auskunft geben.

Beim *Reisetagebuch* ist der Fall insoweit klar, als dessen Niederschrift, ob von Montaigne diktiert oder nur inspiriert, im knapperen ersten Teil von einem Sekretär stammt, der zweite Teil jedoch *expressis verbis* aus der Feder des Herrn selber, der 1581 in Rom einträgt: *Da ich demjenigen meiner Leute den Abschied gegeben habe, der dieses schöne Geschäft bisher besorgte, und da ich es schon derart vorangeschritten sehe, muß ich es nun wohl oder übel eigenhändig fortführn.* (RS. 167)

Vorschlag zur Güte: Könnte es auch bei den *Essais* folglich nicht so sein, daß sie zum (größeren) Teil von Montaigne eigenhändig geschrieben wurden, zum (kleineren) Teil nicht?

14. PANORAMA DER GRÜNDE

An den Leser. Dieses Buch, Leser, gibt redlich Rechenschaft. Sei gleich am Anfang gewarnt, daß ich mir damit kein anderes Ziel als ein rein häusliches und privates gesetzt habe. Es ist meinen Angehörigen und Freunden zum persönlichen Gebrauch gewidmet, damit sie, wenn sie mich verloren haben (was bald der Fall sein wird), darin einige meiner Wesenszüge und Lebensumstände wiederfinden und so die Kenntnis, die sie von mir hatten, zu einem anschaulicheren Bild vervollständigt bewahren können. Meine Fehler habe ich frank und frei aufgezeichnet, wie auch meine ungezwungne Lebensführung, soweit die Rücksicht auf die öffentliche Moral mir dies erlaubte. Hätte ich unter jenen Völkern mein Dasein verbracht, von denen man sagt, daß sie noch in der süßen Freiheit der ersten Naturgesetze leben, würde ich mich, das versichere ich dir, am liebsten rundum unverhüllt abgebildet haben, rundum nackt.[ES. 5]

Montaignes Vorwort scheint die Richtung zu weisen — doch wohin? Nach vorn natürlich. Wo aber liegt *vorn*? Auf den danach folgenden Seiten, gewiß. Wenn deren Inhalt jedoch nicht nur weiterführt, sondern entstehungszeitlich (1571–1580) sogar *hinter* das Vorwort zurückverweist, dann verschiebt sich dessen hermeneutische Bedeutung zur Mitte. Erst von hier aus öffnet sich der volle Blick auf das Panorama der Gründe, die Montaigne bewogen haben, die *Essais* zu verfassen.

Was zum Beispiel Montaignes Beteuerung angeht, er habe das Buch lediglich seinen *Angehörigen und Freunden zum persönlichen Gebrauch gewidmet, damit sie, wenn sie mich verloren haben (was bald der Fall sein wird), darin einige meiner Wesenszüge und Lebensumstände wiederfinden und so die Kenntnis, die sie von mir hatten, zu einem anschaulicheren Bild vervollständigt bewahren können*, so handelt es sich jedenfalls um eine Konzeption, wie sie ihm zumindest in dieser Ausschließlichkeit allein zum Zeitpunkt des *Erscheinens* der ersten beiden Bände der *Essais* vorgeschwebt hat, also im März 1580. Sie trifft auf die meisten der in den neun vorhergehenden Jahren *verfaßten* keineswegs zu (und fast gar nicht auf die späteren, in denen die Suche nach Selbsterkenntnis sich immer weiter zur Erkenntnis der *Conditio humana*, des Menschen an sich entfaltet). So schreibt Montaigne im vermutlich 1578 verfaßten achten *Essai* des zweiten Bandes:

Was mir zuerst das Hirngespinst in den Kopf setzte, mich ans Schreiben zu begeben, war eine melancholische, meiner natürlichen Gemütsverfassung folglich sehr zuwiderlaufende Stimmung, ausgelöst vom Trübsinn der Einsamkeit, in die ich mich vor einigen Jahren zurückgezogen habe. Und da ich nun allen anderen Stoffs völlig ermangelte, machte ich mein Selbst zum Gegenstand und Thema meines Buchs, das auf der ganzen Welt das einzige seiner Art ist: geplant planlos, gleichsam Wildwuchs. An der Sache verdient außer dieser Absonderlichkeit nichts hervorgehoben zu werden. (ES. 190/r)

Der früheste Hinweis auf den tiefsten Beweggrund, sich ans Werk zu machen, findet sich jedoch im vermutlich schon 1572 (also in Montaignes neununddreißigstem Lebensjahr) entstandenen achten *Essai* von Band eins:

Als ich mich kürzlich nach Hause zurückzog, entschlossen, mich künftig soweit wie möglich mit nichts anderem abzugeben, als das Wenige, was mir noch an Leben bleibt, in Ruhe und für mich zu verbringen, schien mir, ich könnte meinem Geist keinen größeren Gefallen tun, als ihn in voller Muße bei sich Einkehr halten und gleichmütig mit sich selbst beschäftigen zu lassen — hoffte ich doch, daß ihm das nunmehr, da er mit der Zeit gesetzter und reifer geworden ist, leichter fallen werde. Nun aber sehe ich, daß umgekehrt

»der Geist, vom Müßiggang verwirrt,
zum ruhelosen Irrlicht wird«; *

wie ein durchgegangnes Pferd macht er sich selber heute hundertmal mehr zu schaffen als zuvor, da er für andre tätig war; und er gebiert mir soviel Schimären und phantastische Ungeheuer, immer neue, ohne Sinn und Verstand, daß ich, um ihre Abwegigkeit und Rätselhaftigkeit mir mit Gelassenheit betrachten zu können, über sie Buch zu führen begonnen habe. So hoffe ich, ihn mit der Zeit dahin zu bringen, daß er selbst sich ihrer schämt. (ES. 20/l)

Wie aufschlußreich für die Erforschung von Montaignes Beweggründen es sein kann, sein Vorwort im Lichte der vor- und nachher geschriebenen *Essais* zu betrachten, läßt sich auch anhand des Satzes demonstrieren ... *würde ich mich, das versichere ich dir, am liebsten rundum unverhüllt abgebildet haben, rundum nackt.* Drückt er hier nämlich seinen Wunsch noch zurückhaltend im Konditional aus, verwirklicht er ihn später ohne Wenn und Aber — und bekennt dies mit indikativischer Entschlossenheit: *Die günstige Aufnahme meines Werks hat mir etwas mehr Wagemut gegeben, als ich mir zugetraut hätte.* (ES. 484/r) *Mein Vorwort zeigt, daß meine Hoffnungen damals zaghafter waren. Die Lektüre der klügsten und vernünftigsten Werke vieler großer Schriftsteller sowie die zustimmende Aufnahme meiner ersten Veröffentlichung ermutigten mich jedoch derart, daß ich mir in den Kopf gesetzt habe, das Eis nunmehr zu brechen.* (ES. 444/r) Und: *Der Wahrheit und Freiheit zuliebe muß man sich über die gewöhnlichen Anstandsregeln hinwegsetzen. Ich nehme mir nicht nur heraus, über mich zu sprechen, sondern auch, es ausschließlich zu tun.* (ES. 474/r)

Fazit: *Wie auch immer — ich zeige mich stehend und liegend, von vorn und von hinten, von links und von rechts: in all meinen natürlichen Stellungen.* (ES. 475/r)

Daß Montaigne später größten Wert darauf legte, die zeitliche Bedingtheit der Konzeption von 1580 zu dokumentieren, zeigt überdies die Tatsache, daß er auf dem für eine neue Edition mit zahlreichen Abänderungen und Erweiterungen versehenen Exemplar der letzten zu seinen Lebzeiten erschienenen Ausgabe (1588, *Exemplaire de Bordeaux*) das aktualisierte Vorwort-Datum *12. Juni 1588* eigenhändig gestrichen und durch die ursprüngliche Datierung ... *am heutigen ersten März des Jahres eintausendfünfhundertachtzig* ersetzt hat — womit er den Leser in aller Deutlichkeit auf den Zeitpunkt der Erstveröffentlichung zurückverweist. (Um dem Dilemma der zeitlichen Zuordnung zu entgehen, hat Marie de Gournay, Montaignes *geistige Adoptivtochter*, die nach dessen Tod die *Essais* ja elfmal herausgab, das Vorwort denn auch in mehreren Ausgaben weggelassen.)

Und noch einen Beweggrund gibt es — es könnte sogar der wichtigste sein: Da Montaigne im obigen Zitat erklärt, es sei *eine melancholische, meiner natürlichen Gemütsverfassung folglich zuwiderlaufende Stimmung* gewesen, die zu seinem Schreibentschluß geführt habe, stellt sich die Frage, ob diese Stimmung nicht vielleicht nur mittelbar vom *Trübsinn der Einsamkeit* ausgelöst wurde, unmittelbar hingegen die Erinnerung an den allzu frühen Tod seines Freundes Étienne de la Boétie die Ursache war, den er als größten Schicksalsschlag seines Lebens empfand. Selbst mitten in der erlebnisreichen, seine Aufmerkamkeit fesselnden, ja immer wieder neue Begeisterungsschübe auslösenden Italienreise zum Beispiel verfiel er plötzlich *in ein derart quälendes Grübeln über den Herrn de la Boétie und konnte mich derart lange nicht daraus befreien, daß mich dies völlig niederwarf.* (RSS. 238–239)

Im berühmten *Essai I/28 Über die Freundschaft* schreibt er: *Wenn ich mein ganzes späteres Leben mit jenen vier Jahren vergleiche, in denen es mir vergönnt war, die beglückende Nähe und*

Freundschaft dieses Mannes zu genießen, so ist es nichts als Rauch, nichts als freudlose, dunkle Nacht. (ES. 104)

Da jedoch solch melancholische Stimmungen seiner *natürlichen Gemütsverfassung*, wie er sagt, sehr zuwiderliefen, ist er ihnen nicht verhaftet geblieben. Letztlich hat der Entschluß, seine Trauer schreibend zu verarbeiten und so dem unvergeßlichen Freund ein literarisches Denkmal zu setzen, ihn sogar glücklich gemacht:

> *O mein Freund! Macht es mich glücklicher, die Gemeinschaft mit ihm genossen zu haben, oder unglücklicher? Ganz gewiß glücklicher! Meine Trauer über seinen Verlust gereicht mir zum Trost und zur Ehre. Ist es nicht ein gottgefälliges und herzerhebendes Werk meines Lebens, es seiner fortwährenden Totenfeier zu widmen? Gibt es eine Freude, die dieser gleichkäme?* (ES. 196/I)

Das sich vor unseren Augen aus schier unüberbrückbaren Kontrasten schließlich doch zusammenfügende *Panorama der Gründe* beglaubigt damit Montaignes Diktum: *Ich mag mir zwar zuweilen widersprechen, aber der Wahrheit, wie Demades sagte, widerspreche ich nie.* (ESS. 398/r–399/I)

ABSTECHER IN DIE
ÜBERSETZERWERKSTATT

Sinn gleich Sinn statt Wort gleich Wort

Wie oben aufgezeigt, liegt die hermeneutische Bedeutung des Vorworts *An den Leser* darin, daß es entstehungszeitlich in die Mitte der *Essais* gehört. Andrerseits steht es räumlich am Anfang. Da Vorworte (zumindest in der Hoffnung der Autoren) das erste sind, dem der Leser sich zuwendet, pflegt man ihnen eine besondere Bedeutung beizumessen, namentlich aber dem ersten Satz. Hier lautet er im Original: *C'est icy un livre de bonne foy, lecteur.* Einfacher, scheint es, könnte er nicht sein. Aber *dieser* Satz hat es in sich!

Natürlich kann man es sich leicht machen und ihn wörtlich mit: *Dies hier ist ein aufrichtiges/ehrliches Buch, Leser* übersetzen, wie auch ich es in der Rohfassung getan habe. Je weiter ich mich jedoch durch das Werk voranarbeitete, desto klarer wurde mir, daß man ihn damit seines konnotativen Reichtums beraubt — als hätte Montaigne lediglich im Sinn gehabt, sich dem Leser mit einer *captatio benevolentiae*, einer simplen Ehrlichkeitsbeteuerung anzubiedern.

Klopft man hingegen die vielfältigen Bedeutungen des Wortes *foy* auf die an charakteristischen Stellen im Gesamtwerk wörtlich oder sinngemäß am häufigsten wiederkehrende ab, zeigt sich immer deutlicher, daß hier (analog zum englischen *faith* und italienischen *fede*) das nach bestem Wissen und Gewissen *gegebene Wort* gemeint sein dürfte — auf ein Gegenüber bezogen also, dem sich der im Wort Stehende *verantwortlich* fühlt. Gott? Dem oder den anderen? Seinem Buch? Zuerst und letztlich jedenfalls: sich selbst.

In der ungemein gründlichen englischen Gesamtübersetzung von M.A. Screech* lautet Montaignes erster Satz: *You have here, Reader, a book whose faith can be trusted.* Daß *faith/foy* sogar als *Zeugnis* und *Bekenntnis*, ja *Beichte* verstanden werden kann, lassen einschlägige spätere Stellen vermuten, zum Beispiel: *Sobald ich mir selber gewissenhaft beichte*[ES. 336/r] — oder: *Ganz im Sinne der Hugenotten, die unsre Ohrenbeichte ablehnen, beichte ich durch mein Buch in aller Öffentlichkeit, und das gewissenhaft und rückhaltlos.*[ES. 423/r]

Freilich versteht Montaigne unter *beichten* etwas völlig anderes als *seine Sünden bekennen*, und jede Art von Reue ist ihm schon deswegen fremd, weil sie den Menschen daran hindere, sich so anzunehmen, wie er ist. Nein, um nichts andres geht es ihm, als über sein Leben Rechenschaft abzulegen. Diese Gesichtspunkte und Erwägungen brachten mich schließlich auf das Wort *redlich*, womit mir für die Übersetzung ein doppelter Gewinn zufiel: Da *redilih*, das althochdeutsche Etymon für *redlich*, gerade jenes *so handeln, daß man es verantworten und darüber Rechenschaft geben kann* bedeutet und außerdem mit *reden* zu tun hat, scheint es geradewegs auf Montaigne zuzugehn — betont er doch immer wieder, welchen Vorrang er allem Gesprochenen gegenüber dem Geschriebnen einräumt!

So ergab sich meine Formulierung *Dieses Buch, Leser, gibt redlich Rechenschaft*, deren Plausibilität von zahlreichen Passagen der *Essais* untermauert wird, zum Beispiel: *stets und ständig mir schriftlich Rechenschaft über mich abgelegt zu haben*[ES. 330/l], *über meinen gewohnten Lebenswandel Rechenschaft zu geben*[ES. 545/l] und *bis zum kleinsten Härchen Rechenschaft schuldig.*[ES. 565/l]

Zudem schien mir wichtig, durch Klang und Rhythmus des ersten Vorwortsatzes auf die sich schon hier *in nuce* zeigenden sprachspielerischen Fingerfertigkeiten Montaignes einzustimmen, indem ich die Alliteration des *l*ivre//*l*ecteur mit dem Homoiarkton des *r*edlich/*R*echenschaft wiedergab.

Zur Beglaubigung meines Vorgehens, immer dann, wenn es mir zur Verdeutlichung des Sinngehalts geboten erscheint, frei zu übersetzen, seien hier die einschlägigen Worte von Horaz, Hieronymus und Luther angeführt: *Als treuer Übersetzer wirst du deine Aufgabe nicht darin sehen, Wort für Wort wiederzugeben.** Und: *Ich möchte beweisen, daß ich von Jugend an nicht Wörter, sondern Sinngehalte übertragen habe.** Und schließlich: *Man muß nicht die Buchstaben in der lateinischen Sprache fragen, wie man soll deutsch reden* — wobei unser Mann aber auch betont: *Doch hab ich wiederum nicht allzu frei die Buchstaben lassen fahren, sondern mit großer Sorgfalt darauf gesehen, so daß, wo es etwa darauf ankam, da hab ich's nach den Buchstaben behalten.**

Damit sind in aller Kürze die beiden Kriterien aufgezeigt, nach denen sich jeder literarische Übersetzer bei dem Versuch richten sollte, das Werk *seines* Autors möglichst unversehrt an Sprachleib und Sinnseele dem Leser nahezubringen.

15. IM WANDELGANG DER FORMEN

Die Sprache, die ich liebe, ist einfach und natürlich: auf dem Papier nicht anders als aus dem Mund; eine Sprache voller Kraft und Saft, kurz und bündig. (ES. 93/r)

Gehen wir von dieser stilistischen Grundsatzerklärung Montaignes aus, überrascht es, daß wir, wandern wir in den *Essais* ein wenig zurück, auf das Beispiel einer ihr diametral entgegengesetzten Praxis stoßen: einen plötzlich hochschäumenden Redestrom, dessen Aufzählungsfuror *etwas Betäubendes hat. Die Sprache wirbelt gleichsam mit im Wirbel der hereinbrechenden Tatsachen,* wie Hugo Friedrich* schreibt.

Es gibt Völker, heißt es dort, *wo Männer sich in Bordellen feilbieten, wo die Frauen mit ihren Gatten in den Krieg ziehen, wo an Nase und Lippen, Wangen und Zehen Ringe getragen werden, wo man sich beim Essen die Finger an den Schenkeln, am Hodensack*

oder an den Fußsohlen abwischt, wo nicht die Kinder Erben sind,
sondern die Brüder und Neffen, wo man den Tod der Kinder beweint,
den der Greise hingegen feiert, wo die Männer zu zehnt oder zwölft
mit ihren Frauen das Beilager teilen, wo man den Rang der Frauen
so gering einschätzt, daß man die Mädchen tötet, wo die Ehemänner
ihre Frauen verstoßen können, wo man einen Verstorbenen kocht, wo
das ersehnteste Begräbnis darin besteht, von Hunden aufgefressen zu
werden, wo die Männer im Wasser kämpfen, wo man den Eunuchen
auch noch Nase und Lippen abgeschnitten hat (ESS. 62/l–63/r) — und so
fort in einer schier endlosen Reihung von *wo, wo, wo*.

Ein Abstecher zum *Reisetagebuch* führt zu vergleichbaren
Beispielen — etwa diesem: *Und dasselbe dann auf der andern*
Seite, und dann der Anblick dieser in zwei, drei Stufen gegliederten
Terrassen, und dann all das allseitig durch Berge umschlossen und
beschützt, die unendlich hoch sind. (RS. 89)

Zurück in den *Essais* begegnen uns andere Stellen, an denen sogar *das syntaktische Gefüge unter der Last der Beispiele zu*
zerreißen droht (so Friedrich weiter). Es kommt wiederum zu
wo-Ballungen: *In Westindien gibt es Völker, wo die Beschneidung*
Brauch war, wo Staaten und große Gemeinwesen von Frauen re-
giert wurden, wo man wie bei uns feste Fastenzeiten kannte, wo
Kreuze auf vielerlei Weise in Ansehn standen, und es kommt
zu veritablen Orgien purer Aufzählung: *In einer bestimmten*
Gegend traf man auf den Glauben an ein jüngstes Gericht, man
traf auf reinen Tauschhandel, man traf auf die Gepflogenheit der
Falkenjagd, auf tyrannische Abgaben, auf geschmackvolle Gartenan-
lagen, auf Gauklersprünge und Tänze, auf Instrumentalmusik, auf
Wappen, auf Ball-, Würfel- und Glücksspiele, auf eine Art Bilder-
schrift (ES. 286/l–/r) — und dies bis zu zwanzigmal gehäuft!

Eine andere Variante stellen die parataktischen Exzesse dar:
das Hämmern mit dem immer gleichen Satzanfang: *Man hat*
gesehen, heißt es über Sokrates, *wie dieser Mann einen vollen Tag*
und eine volle Nacht lang in Verzückung vor dem ganzen griechi-
schen Heer stand. Man hat gesehen, wie er dem vom Feind niederge-
streckten Alkibiades zu Hilfe eilte und ihn aus dem Kampfgetümmel
zog. Man hat gesehn, wie er, umbuhlt von einer Schönen, gleichwohl

strenge Enthaltsamkeit übte. Man hat gesehn, wie er in der Schlacht von Delion dem vom Pferd gestürzten Xenophon wieder aufhalf und ihn rettete. Man hat gesehn, wie er stets barfuß in den Krieg zog, sogar über Eis. Man hat gesehn, wie er siebenundzwanzig Jahre lang Hunger und Armut, die Aufsässigkeit seiner Kinder und die Krallen seiner Frau mit unerschütterlicher Miene ertragen hat, und schließlich gar Verleumdungen und Tyrannei, Kerker und Ketten, und zuletzt das Gift. (ES. 561/l)

So überwältigend dergleichen Sprachergüsse sind — könnte aus ihnen nicht *e contrario* ebendas erhellen, worum es Montaigne mit seiner obigen Grundsatzerklärung letztlich geht? An vielen Stellen münden sie nämlich in eine Art Telegrammstil, etwa bei der Schilderung seines Vaters:

Sein Auftreten hatte eine sanfte, schlichte, ja bescheidne Würde. Außerordentlich bedacht auf Untadligkeit und Dezenz in Körperhaltung und Kleidung, sei es zu Fuß oder zu Pferde. Unglaublich zuverlässig im Worthalten und durchgängig von skrupulöser, fast zu Übertreibung neigender Gewissenhaftigkeit. Für einen kleinwüchsigen Mann höchst kraftvoll und von aufrechter, wohlgeformter Statur. Angenehme Gesichtszüge, ins Bräunliche gehender Teint. In allen ritterlichen Übungen geschickt und sich auszeichnend. (ES. 170/l–r)

Man könnte also sagen: Erst die weit ausholenden Darstellungsbögen geben der ihnen oft auf dem Fuße folgenden Kürze die rechte Würze. *An nichts erkennt man die Kraft eines Pferdes besser als an seiner Fähigkeit zu einem glatten Halt*(ES. 20/r), schreibt der Autor, und die Drucker/Verleger ermahnt er ausdrücklich, bei ihren Korrekturen stets seine Vorliebe für eine abgehackte, kantige Sprache (*langage coupé*) zu beachten. In Wirklichkeit ist also der scheinbare Gegensatz Fülle *versus* Kürze bei ihm konstituierendes Element seines Denk- und Darstellungsprozesses.

Doch auch die Kürze hat ihre Tücken und kann kontraproduktiv werden. *Ich fühle durchaus*, schreibt er, *daß ich vor lauter Widerwillen gegen Künstelei und Affektiertheit durch die Hintertür erst recht darein verfalle*, und was er damit meint, läßt er Horaz* für sich sagen:

»Wenn allzu kurz ich bin,
verdunkelt sich der Sinn.«(ES. 317/r)

Gerade dies aber ist ihm am unerträglichsten, denn *aus der Dunkelheit meiner Gedanken werden manche Gemüter auf deren Tiefe schließen; dabei ist mir Dunkelheit, ehrlich gesagt, höchst zuwider.*(ES. 502/r) Und: *Die Schwerverständlichkeit ist ein Falschgeld, dessen sich die Gelehrten wie die Taschenspieler bedienen, damit die Nichtigkeit ihrer Kunst nicht ans Licht komme.*(ES. 252/r)

Um Deutlichkeit geht es ihm also, um Klarheit, und selbst da, wo der Wortkünstler Montaigne sich mit all seinen Alliterationen und Assonanzen, seinen Paronomasien, Homoiarkta und Homoioteleuta, seinen Chiasmen, Rhythmisierungen und Binnenreimen, seinen Bild auf Bild häufenden *Schwellmetaphern* (Friedrich*) zur Freude des literarisch aufgeschlossenen Lesers (und zum Leidwesen der fachwissenschaftlichen Polypheme) rein spielerisch, ja verspielt zu geben scheint, weiß er seine stilistische Agilität doch immer wieder dafür zu nutzen, daß das jeweils Gemeinte um so schärfer konturiert hervortritt: *Ich will*, schreibt er klipp und klar, *daß die Dinge die Oberhand behalten.*(ES.93/r)

Die weltzugewandte Sinn- und Sinnenhaftigkeit dieser Sprache besteht jedoch nicht nur in ihrem Bilderreichtum, sondern ebenso, ja mehr noch in ihrem Klang. Wie zahlreiche Stellen ausweisen, empfindet sich Montaigne in der Tat weniger als Schreibender denn als Autor, der zum Leser *spricht*: Schrift ist ihm gleichsam geronnene Sprache, eine Sprechkonserve, ein schwarz auf weiß fixiertes Lebenskonzentrat, das vom Leser, indem er sich zum Hörer macht, wieder zum Fließen, zum Pulsieren gebracht wird. *Man muß ihn hören, Satz für Satz lesen, wie er sagt, was er sagt*, so Karl Heinz Bohrer.* Die Stimme ist es, die Montaignes Schreiben bestimmt, er spricht *auf dem Papier nicht anders als aus dem Mund*(ES. 93/r), und er begründet es damit, daß er wie im Handeln so auch im Sprechen einfach seinem Naturell folge.

Wie stark sich dies dem aufgeschlossenen Leser mitteilt, hat keiner besser gesagt als Erich Auerbach: *Ich vermute, daß jeder,*

der sich in Montaigne eingelesen hat, die gleiche Erfahrung macht wie ich: nachdem ich ihn einige Zeit gelesen und einige Vertrautheit mit seiner Art erworben hatte, meinte ich ihn sprechen zu hören und seine Gesten zu sehen. *

Diese sogar die Schrift prägende Sprechsprache schlägt sich auch in deren oft dialogischer Form nieder, so wenn Montaigne einen imaginären Gesprächspartner unmittelbar zu Wort kommen läßt: »*Ich habe heute nichts getan*«. Darauf erhält er die Antwort: *Wie — hast du nicht gelebt? Das aber ist nicht nur die wesentlichste, sondern auch die lobenswerteste deiner Tätigkeiten.* Doch der Gesprächspartner läßt nicht locker: »*Wäre ich mit großen Aufgaben betraut worden, hätte ich zeigen können, was ich zu vollbringen weiß.*« Hierauf der Autor: *Wußtest du dein Leben recht zu bedenken und in die Hand zu nehmen? Dann hast du die größte aller Aufgaben vollbracht!*(ES. 560/I)

Nicht selten werden aus solch imaginärem Gesprächspartner mehrere, die Montaigne dann im differenzierenden Plural anspricht — manchmal nicht ohne pädagogische List, die zu einem gewieften Hin und Her der Personalpronomen führt.

Nehmen wir das Beispiel, wo er angesichts der Zwistigkeiten seines Jahrhunderts von den unternommenen Schlichtungsversuchen spricht, die er vorwiegend *schändlich und verlogen* findet. Um nun jene, die er von dieser Verlogenheit abbringen möchte, nicht in eine Trotzhaltung zu treiben, wiegt er sie zunächst in Sicherheit, indem er sich der ersten Person Plural bedient (Hervorhebungen von mir):

W i r suchen nur den Schein zu retten und verraten und verleugnen darüber u n s e r e wahren Absichten. W i r übertünchen den Sachverhalt. Doch schon ein paar Sätze weiter gibt er das Täuschungsmanöver auf und ermahnt die in Wahrheit von Anfang an Gemeinten: *Es darf e u c h nicht kümmern, ob e u e r Tun und Reden unterschiedliche Auslegungen zuläßt. Zu e u r e r eignen, wahrhaft aufrichtigen Auslegung müßt i h r stehn, sobald i h r sie vorgebracht habt.* Zu guter Letzt aber kehrt er, eine typisch Montaignesche Volte, zur ersten Person Plural in Form eines nun an uns alle gerichteten Imperativs zurück: *Überlassen w i r die gemeinen Kniffe und Winkelzüge den Rechtsverdrehern im Justizpalast!* (ES. 513/r)

Die hier angewandte Taktik, sich dem andern indirekt zu nähern, kann gewiß dazu führen, daß selbst der aufmerksamste Leser im Zickzack der Personalpronomen zuweilen die Orientierung verliert, doch nur solang, bis er verstanden hat, daß die von Montaigne in Wahrheit anvisierte Person zuvörderst er selbst, letztlich aber der Mensch ist, denn *jeder Mensch*, so sein (im Kapitel *Das Hinterstübchen* erörtertes) Fazit, *trägt die ganze Gestalt des Menschseins in sich.* (ES. 399/l)

ABSTECHER IN DIE
ÜBERSETZERWERKSTATT

a) Bald Frosch-, bald Adlerperspektive

Zunächst: Die *Essais* sind ja wie größtenteils das *Reisetagebuch* auf Mittelfranzösisch geschrieben — eine im Wechsel und Übergang befindliche Sprache, die vieles abgestoßen und vieles neu entwickelt hat, das seinerseits vom Fluß der Zeit verändert oder hinweggespült wurde. Zahlreiche Wörter, Wendungen und rhetorische Figuren werden daher für jeden zum Fallstrick, der sie im heutigen Sinn zu verstehen sucht.

Was die Sache weiter kompliziert, ist Montaignes Neigung, ein und dasselbe Wort bald auf die alte Weise, bald auf moderne zu gebrauchen. An vielen Stellen beispielsweise verwendet er *pourtant* der Regel seiner Zeit folgend in kausaler Ableitung, so daß es mit *daher* oder *folglich* zu übersetzen ist; in anderen Zusammenhängen hingegen gibt er ihm schon den adversativen Sinn, wie es der heutigen Regel entspricht, es heißt dann also *jedoch* oder *trotzdem*.

Hinzu kommt, daß Montaignes Mittelfranzösisch oft das alte Latein durchscheinen läßt, das er als Mutter-, richtiger eigentlich Vatersprache gelernt hatte (denn es war sein Vater, der die Anordnung gab, daß der kleine *Micheau* es sich noch vor dem Französischen aneigne, siehe *Heiße Spur zu Hamlet*). Daher sind bestimmte Wörter und Wendungen kaum oder gar nicht verständlich, wenn man deren lateinische Herkunft unbeachtet läßt.

Ganz allgemein läßt sich sagen, daß Montaignes schier endlose Verknüpfungen der mikro- und makrotextuellen Aspekte den Übersetzer zwingen, jedes Wort nicht nur innerhalb des unmittelbaren Zusammenhangs zu betrachten, sondern gleichzeitig auf dessen rhetorische und semantische Rolle im ganzen Korpus achtzugeben. Folglich kann dieses oder jenes Wort, das im engen Sinne falsch übersetzt scheint, im weiteren sich als richtig erweisen. Dem Sprachmittler bleibt also nichts anderes übrig, als Satz für Satz und Wort für Wort zu prüfen, wo der Autor die Dinge eher aus der Frosch-, wo aus der Adlerperspektive gesehen und wiedergegeben hat.

Und schließlich: Da es sich bei den *Essais* nicht nur um ein lebensphilosophisches Werk handelt, sondern ebenso um ein Sprachkunstwerk höchsten Ranges, ist der Übersetzer hier besonders gefordert. Problematisch wird das für ihn an den Stellen, wo Montaigne die Worte von ihrer semantischen Bürde völlig entbindet (gewiß um sie, wenn sie nach ausgiebigem Herumtollen auf der selbstreferentiellen Spielwiese frische Kräfte gesammelt haben, um so strenger wieder in die mimetische Pflicht zu nehmen: die Dinge sollen ja *die Oberhand behalten*).

Hier ist der Signifikant wichtiger als das Signifikat, und der Rückgriff auf den Sinn als *tertium comparitionis* bleibt dem Übersetzer weitgehend versagt: Nicht Sinn mit Sinn wiederzugeben hat nun Vorrang, sondern Wortspiel mit Wortspiel.

Nehmen wir das Exempel, wo Montaigne von der Laune Kaiser Getas berichtet, beim Tafeln die Gänge nach den ersten Buchstaben der Speisen auftragen zu lassen, so unter *M mouton* (Hammel), *marcassin* (Frischling), *merlus* (heute *merluche*, Stockfisch) und *marsoin* (heute *marsouin*, Tümmler). (ES. 140/I) Hier wörtlich zu übersetzen würde den Witz der Sache natürlich verfehlen. Also galt es, Entsprechungen zu finden, die sich auch möglichst nah ans konkret zu Schmeckende halten. So ersetzte ich das *M* durch *Sch* und verfiel auf die Reihenfolge *Schellfisch, Scholle, Schöps* und *Schwein*, wodurch ich mich von der Substanz der Genüsse kaum entfernte und mit der Umstellung überdies der heute üblichen Gangfolge *Fisch vor Fleisch* entgegenkam.

b) Das Elixier der Elisionen (Die redundanten »e«)

Wie dargelegt, betont Montaigne trotz oder gerade wegen seiner berühmt-berüchtigten Abschweifungen immer wieder die Vorliebe für eine Sprache, die *kurz und bündig* ist (selbst wenn sie gelegentlich *zu abgehackt* ES. 131/l wirken mag) — und hierin kommt ihm das Französische mit seiner Endbetonung der Wörter ohnehin entgegen.

Im Deutschen andrerseits wird nicht nur vorwiegend auf der vorletzten Silbe betont, sondern wir haben auch eine beträchtliche Redundanz an unbetonten »*e*«. Die Häufigkeit dieses farblosen Vokals bewirkt eine mit Klangverarmung einhergehende Rhythmusdehnung. In der gesprochenen Sprache hat das dazu geführt, daß man häufig die elidierten Formen bevorzugt und statt *gehen* zum Beispiel *gehn* sagt. Weil in der Schriftsprache aber weiterhin die unverkürzte Form als Regel gilt, ergibt sich daraus fürs Deutsche ein großer Reichtum an Variations- und Kombinationsmöglichkeiten, die ich in meiner Übersetzung intensiv genutzt habe, da sie mir gut geeignet scheinen, anderweitige Defizite gegenüber dem lexikal, syntaktisch und morphologisch noch ungemein beweglichen Mittelfranzösisch Montaignes auszugleichen und so auch hier dem Autor möglichst nahezukommen. Für dieses Wechselspiel zwischen lang und kurz erlegte ich mir die hier folgenden Regeln auf.

+++ Gestraffte Form möglichst im letzten Glied von Wortwiederholungen und an Satzenden. (Montaigne: *Mehr als Ciceros langatmige Satzenden liebe ich in hartem Schnitt zu Jamben verkürzte Sentenzen.*)(ES. 207/r) Beispiele:

Hippomachos sagte einleuchtend, er brauche, um einen guten Ringer zu erkennen, ihn nur über die Straße gehen zu sehn.(ES. 410/r)

Ein Verwandter, der sich abgewöhnt hatte, unsre üblichen Betten zu benutzen und sich vorm Schlafengehen auszuziehn.(ES. 555/r)

Niemand macht es zu seinem Zeitvertreib, den Tieren beim Spielen und Kosen zuzusehen; ihnen aber zuzusehn …(ES. 215/r)

Weil die Barbaren außer ihnen keine andere Gottheit, kein andres göttliches Wesen anerkannten.(ES. 216/l)

Es bleibt eine offene Frage, wessen Fehler es ist, daß wir uns nicht verstehen, denn wir verstehn die Tiere keineswegs besser als sie uns. Und daß wir sie nicht verstehen, braucht uns kaum zu wundern — verstehn wir doch…(ES. 224/l)

Er schmeichele und streichle sich.(ES. 126/r)

+++ Darüber hinaus genereller Vorrang für Rhythmus und Melodie, wann immer sich dies mit dem mimetischen Auftrag von Wort und Satz vereinbaren läßt.

Bei der Lektüre des Textes sollte man daher versuchen, gleichsam mit den Augen — zu hören. In der Rezeptionsgeschichte Montaignes wurde immer wieder darauf hingewiesen, daß es sich bei seinem *Opus magnum* um ein Gedankenepos handelt, um ein vielschichtiges Gedicht in Prosa. Andrerseits spielen selbst drastischste Ausdrücke der Alltagssprache in den *Essais* eine wesentliche Rolle. Im Deutschen nun hat die Dichtkunst Elisionen seit eh und je reichlich verwendet — wie auf ihre Weise eben auch die Alltagssprache. Indem ich mich dieser phonetischen Straffungen für die Übersetzung bediente, versuchte ich auch unter diesem Aspekt, dem zwischen Dichtkunst und Alltagssprache gespannten weiten Bogen des Montaigneschen Darstellens bis in den Balanceakt zwischen langen und kurzen Wortformen hinein gerecht zu werden.

In dem Zusammenhang dürfte ein Hinweis auf den rein sprachgeschichtlichen Aspekt nicht uninteressant sein. So schreibt Wolf Peter Klein*: *Die Geschichte der deutschen Sprache läßt sich zum Teil als Verfall beschreiben … Die einst volltönenden althochdeutschen Endsilben verloren mehr und mehr ihre phonologische Prägnanz … Im Zuge dieser Entwicklung kam es vermutlich auch zu einem Schwund von Vokalen im Wortauslaut oder in anderen unbetonten Silben … Von diesen Prozessen war vorwiegend das unbetonte »e« betroffen. Seine schwache phonologische Substanz scheint sein Verschwinden befördert zu haben.* Dieser Prozeß nun habe im sechzehnten Jahrhundert, ehe es zu Gegenentwicklungen kam, seinen Höhepunkt erreicht — genau zu der Zeit also, da Montaignes *Essais* entstanden sind!

Wie auch immer: Möge mein Unternehmen, durch Elisionen die Übersetzung der Diktion des Originals weiter anzunähern, von dir, Leser, als Elixier verstanden werden, das den Text im Wandelgang der Formen verlebendigt und so deinen Lektüregenuß erhöht!

16. HOLZWEGE

TREFFPUNKT:

Mein Geist schreitet nicht immer voran, er geht auch im Krebsgang. Ich mißtraue meinen zweiten und dritten Einfällen kaum weniger als den ersten, den heutigen kaum weniger als den von gestern. Wir berichtigen uns oft genauso falsch, wie wir es mit andern tun. Die erste Ausgabe meines Werks erschien im Jahre 1580. Seitdem bin ich viele Jahre älter geworden, gewiß aber um keinen Deut weiser. Ich heute und ich einst, wir sind zweierlei Menschen; welches jedoch der beßre ist, kann ich nicht sagen. Es wäre schön, alt zu werden, wenn wir nur unsrer Vervollkommnung entgegengingen. In Wirklichkeit aber bewegen wir uns gleich schwindligen Betrunkenen wankend und schwankend, oder gleich dem Schilfrohr, das der Wind hin und her weht, wie er will. ^(ES. 484/r)

Hiermit sagt uns Montaigne eindringlich, daß seinem Werk mit Wörtern wie *nur* oder *allein* oder *ausschließlich* aufgezwungne Vereinseitigungen Holzwege sind, die im Kahlschlag enden. Schon *vorwiegend* oder *in erster Linie* führen meistens nicht weiter, denn was Montaigne über seine Reisewege sagt, gilt für das ganze Opus: *Ich lege mich auf keine Linie fest, keine grade und keine krumme.* [ES.497/l] Ebendiese Offenheit nach allen Richtungen gibt ihm ja das Recht, von den *Essais* zu sagen, sie seien *auf der ganzen Welt das einzige Buch seiner Art: geplant planlos, gleichsam Wildwuchs.* [ES. 190/r]

Einer der trügerischsten Holzwege nun, die von Montaigne weg- statt zu ihm hinführen, ist die Zergliederung der *Essais* in drei dem jeweiligen Entwicklungsstand seines Denkens angeblich entsprechende Textschichten (A für die Ausgaben von 1580 und 1582, B für die von 1588 und C für die handschriftlichen Zusätze danach), wie sie der bekannte Montaigne-Forscher Pierre Villey Anfang des 20. Jahrhunderts vorgenommen hat*.

Ihn nicht (weiter) zu begehen rät daher schon ein kurzer editionshistorischer Rückblick. *Jede wissenschaftliche Ausgabe eines Textes der Renaissance*, schreibt Philippe Desan (*Montaigne Studies*, University of Chicago), *wirft unüberwindbare Probleme auf, wenn man nicht von vornherein präzise Regeln dafür festlegt. Wir gehen von dem Prinzip aus, daß es diesbezüglich keinerlei perfekte Ausgabe gibt, und das gilt vor allem für die »Essais«. Deshalb handelt es sich für die Verleger im wesentlichen darum, eine Wahl zu treffen und dem Leser die Gründe hierfür zu erläutern. Ihre erste Entscheidung betrifft natürlich den Ausgangstext. Im Fall Montaignes zeigt sich, daß im Lauf der Jahrhunderte die verschiedensten Editionen der »Essais« hierfür bevorzugt wurden.* *

Bis zum Auffinden des *Exemplaire de Bordeaux* und seiner Veröffentlichung Anfang des 19. Jahrhunderts hatten die Verleger den postumen Ausgaben der Marie Le Jars de Gournay von 1595, 1598 oder 1635 den Vorzug gegeben. Danach jedoch stürzten sich viele Montaignisten auf ebenjenes Exemplar, fasziniert, daß die vom Autor dort angebrachten Zusätze, Änderungen und Streichungen ihnen die erste und einzige handschriftliche Greifbarkeit der *Essais* boten. Zugleich begannen freilich die Auseinandersetzungen darüber, wie man den solcherart angereicherten oder verkürzten Text am besten, ja ob überhaupt im Druck wiedergeben könne. Bereits 1862 berichtete der Montaignist Reinhold Dezeimeris, den Faktor einer Druckerei habe *der Anblick* des »*Exemplaire de Bordeaux*« *regelrecht umgeworfen, da er dessen Drucklegung für unmöglich halte und denjenigen bedauere, den man hierzu zwingen würde.**

Andrerseits nahmen trotz der Veröffentlichung des *Exemplaire de Bordeaux* durch Naigeon im Jahre 1802 zahlreiche Verleger des 19. Jahrhunderts weiter die postumen Editionen der Marie de Gournay zum Ausgangstext. Erst mit der ab 1906 erschienenen historisch-kritischen Ausgabe der *Essais* (*Édition Municipale*) schien der Kampf für das *Exemplaire de Bordeaux* endgültig gewonnen. (Da der Gournay für ihre erste postume Ausgabe der *Essais* 1595 nur eine eigens für den Druck vom Autor, einem Sekretär oder dem Freund Pierre de Brach angefertigte Kopie zur Verfügung stand, das sogenannte *Exemplar*, sie dieses aber während ihres Besuchs bei Montaignes Witwe mit dem *Exemplaire de Bordeaux* offenbar kollationiert hat, gilt nunmehr ihre postume Ausgabe von 1598 als die zuverlässigste Fassung der *Essais*.)

Dezeimeris war es auch, der als erster auf den Gedanken verfiel, Montaignes Denken müsse, wenn man es in seiner Gesamtheit erfassen wolle, in Entwicklungsphasen aufgegliedert und entsprechend dargestellt werden — interessanterweise schlug er dafür bereits die Buchstabenfolge A-B-C vor (wenn auch anders als dann Villey 1922–1923). *Der Verlegertraum, in den* »*Essais*« *nichts auszulassen und jede Passage genau zu datieren, beherrschte jedenfalls die Montaignisten das ganze 19. Jahrhundert hindurch. Die meisten waren sich in einem entscheidenden Punkt einig: Da das Denken Montaignes ständig in evolutionärer Bewegung war, sei einzig eine Ausgabe möglich, die dem Leser diese Transformationen des Textes in zeitlicher Abfolge vor Augen führe: nach Maßgabe der Editionen.** Erwies sich der Plan von Reinhold Dezeimeris damals auch als undurchführbar, gab er doch den ersten Anstoß für die spätere historisch-kritische Ausgabe der *Essais* (1906–1933).*

Die »couchistes« (Verteidiger der »Essais« in Schichten) gehen bezüglich des Textes und der Arbeitsweise Montaignes von drei Annahmen aus:

Erstens: Montaigne hat in Etappen gearbeitet, die der heutige Herausgeber entsprechend kennzeichnen muß. Aufgrund einer außergewöhnlichen Koinzidenz entsprechen sie den gedruckten Editionen von 1580, 1588, 1595 und, streng genommen, 1582.

Zweitens: Diese Etappen sind der Beweis, daß eine Evolution zu einem immer perfekteren Text hin stattgefunden hat (was Montaignes häufigen Erklärungen gerade zu diesem Punkt freilich widerspricht). Von den unpersönlichen Abhandlungen der ersten Kapitel ist Montaigne also zu den Vertraulichkeiten der letzten »couches« gelangt — zur wahrhaftigsten Darstellung seines Ich.

Drittens: Trotz der Tatsache, daß die Änderungen und Zusätze des »Exemplaire de Bordeaux« nur durch jene Schicht sichtbar werden, die sich von 1588 bis 1592 erstreckt, haben wir gleichwohl die Möglichkeit, von ihr auf eine allgemeine Kompositionsmethode Montaignes zu schließen, die den gesamten Zeitraum von 1572 bis 1592 umfaßt. Kurz, das »Exemplaire de Bordeaux« bietet uns die Synthese aller vorgehenden Ausgaben und macht durch die verifizierbare Materialität der handschriftlichen Zusätze zugleich die Ansprüche der nach Montaignes Tod von Marie de Gournay revidierten Editionen der Jahre 1595 bis 1635 null und nichtig.

Wie man sieht, wird uns diese evolutionäre Lesart der Essais nach Maßgabe einer »Geschichte Montaignes in seinen Schichten« als eine Realität präsentiert, an der nicht zu rütteln ist. * Doch erst Villeys eigener Edition der *Essais* (1922–1923)* blieb es vorbehalten, den Text konsequent in die A-B-C-Schichtung zu zergliedern und so für die meisten folgenden Editionen verbindlich zu machen. Der Gipfel des Schematisierens war erreicht.

Den stärksten Einfluß auf Montaignes spätere Rezeption übte dabei Villeys philologische Obsession aus, den Schichten die als zeitgleich vermutete, im einzelnen meist auch penibel nachgewiesene Lektüre Montaignes zuzuordnen und diese wiederum mit dem jeweils vermuteten Entwicklungsstand von dessen Denken gleichzusetzen — die Schicht A weise ihn demnach als Stoiker aus, als Skeptiker die Schicht B und als Epikureer die Schicht C.

Ganz anders sieht es Arthur Armaingaud in seiner monumentalen Ausgabe der *Sämtlichen Werke von Michel de Montaigne**, die ab 1924 in zwölf Bänden erschienen sind und ihn zum führenden Vertreter der Montaigne-Forschung im ersten Drittel des zwanzigsten Jahrhunderts gemacht haben. Obwohl er nicht minder akribisch als Pierre Villey die *Essais* in Schichten zergliedert (*a* für die Ausgabe von 1580, *b* für die von 1588, eckige Klammern für die Zusätze danach) und diese durch Angabe aller Varianten von 1580, 1582, 1588 und 1595 sogar weiter differenziert, lehnt er die Festlegung des Montaigneschen Denkens auf Entwicklungsphasen nach Maßgabe der jeweiligen Lektüre des Philosophen kategorisch ab — und setzt ihr die noch reduktivere These eines von Anfang bis Ende rein epikureischen Montaigne entgegen: Stoiker und Skeptiker sei er niemals gewesen, stets jedoch ein Bonvivant.

In Wirklichkeit spricht vieles dafür, daß Montaigne immer noch Auch-Stoiker war, als er sich der Lektüre Pyrrhons von Elis und Epikurs zuwandte, und Auch-Pyrrhonist wie Auch-Epikureer schon, als er über Seneca die Stoa kennenlernte — und so fort in steter Gleichzeitigkeit des Zuvor und Danach. Während Seneca beispielsweise in der Ausgabe von 1580 (*stoische* A-Schicht) sechsundzwanzigmal zitiert wird, so in der von 1588 (*skeptische* B-Schicht) neunmal, und nach 1588 (*epikureische* C-Schicht) weitere neunmal: Insgesamt achtzehn Seneca-Zitate in den angeblich *post*stoischen Phasen.*

Was würde Montaigne wohl zu Villeys Versuch sagen, ihn ins Prokrustesbett lektürehöriger Entwicklungsphasen zu zwängen? Gott sei Dank erübrigt sich jede Spekulation hierüber, denn als hätte ihm dergleichen geschwant, *hat* er bereits alles Wesentliche hierzu gesagt:

Wer auf gelehrtes Wissen aus ist, möge da angeln, wo er es findet — es gibt nichts, was ich weniger wollte.(ES. 201/r)

Und: *Die Bücher haben mir weniger zur Belehrung denn zur Übung gedient.*(ES. 522/r)

Und: *Wenn mir das eine Buch mißfällt, nehme ich ein andres zur Hand; und der Lektüre widme ich nur die Stunden, in denen das Nichtstun mich anzuöden beginnt.* (ES. 202/r)

Und: *Statt die Bücher durchzuarbeiten, blättre ich bloß darin herum.* (ES. 324/l)

Und: *Welch mißliches Wissen, dieses reine Buchwissen! Ich wünschte mir, daß es allenfalls zur Zierde diene, nicht aber als Grundlage.* (ES. 84/l)

Und: *Wieviel Menschen habe ich zu meiner Zeit nicht schon aus blindem Wissensdrang verblöden sehn!* (ES. 90/l)

Und: *Das Bücherstudium ist ein langweiliges Tun, bei dem man nicht warm wird, während Gespräch und Diskussion einen zugleich belehren und in Übung halten.* (ES. 462/r)

Und: *So achte man nicht auf den Stoff, sondern auf die Form, in der ich ihn wiedergebe: plaudernd, reflektierend und bald fürs Pro plädierend, bald fürs Kontra.* (ES. 201)

Und: *Zu noch keinem seriösen Buch bin ich bisher in nähere Beziehung getreten, von den Werken Plutarchs und Senecas abgesehn.* (ES. 78/r)

Und: *Es sind über zwanzig Jahre her, daß ich eine volle Stunde ohne Unterbrechung über einem Buch verbrachte.* (ESS. 473/r–474/l)

Und: *Ich unterfange mich, bunt durcheinander von allem zu sprechen, was mir just in den Sinn kommt, und dabei nur meine eigenen, naturgegebnen Kräfte auszuschöpfen. Nun geschieht es mir aber immer wieder, daß ich bei guten Schriftstellern zufällig auf Ausführungen über dasselbe Thema stoße, das ich gerade behandle, und plötzlich erkennen muß, wie schwach und armselig, wie unbeholfen und verschlafen ich im Vergleich zu jenen Männern bin, so daß ich mich selber zu bemitleiden, ja zu verachten beginne. Andrerseits preise ich mich glücklich, daß meinen Meinungen die Ehre widerfährt, oft mit den ihren übereinzustimmen und ich ihnen, wenn auch lange danach, bestätigen kann: So ist es!* (ES. 81/l)

Die Nonchalance dieses *zufällig* und mehr noch die Selbstgewißheit des über alle Demutsanwandlungen schließlich triumphierenden *Andrerseits ich ihnen bestätigen kann: So ist es!* zeigen deutlich, daß Pierre Villeys von einem vorwiegend rezeptiven Aneignungsmodus Montaignes ausgehende A-B-C-Schichtung dessen kreativer Verarbeitung des Gelesenen in keiner Weise gerecht wird.

Dementsprechend klar ist die Schlußfolgerung, die in der heutigen Forschung daraus gezogen wird. *Die Konzeption einer linearen Lektüre Montaignes und einer progressiven Anhäufung seines Wissens*, schreibt zum Beispiel Gérard Defaux, *ist nicht mehr begründet, wenn man weiß, daß Montaigne die Bücher als Dinge betrachtet, aus denen man auf beliebige Weise schöpfen kann. Sie dienen ihm nur als Mittler für den Meinungsaustausch, und nur nach dessen Maßgabe kommen die antiken Schriftsteller zu Wort. So kann er jedes Mal seinem eigenen Text eine etwas höhere Autorität verschaffen, ohne die ihre für bare Münze zu nehmen. Was er von anderen entleiht, dient ihm nur dazu, besser darzustellen, was er, er selber denkt, nicht umgekehrt. Die von der Tradition eingeführte Hierarchie lehnt er daher ab.**

Umgekehrt lehnt er, siehe oben, im eigenen Werk ebenso entschieden jedes Aufwerten des Später gegenüber dem Früher ab — *Ich füge hinzu, doch ich korrigiere nicht.* (ES. 484/l) Damit verbietet er sich jede nachträgliche Selbstzensur: Kein neuer Gedanke verlangt die Tilgung der ihm entgegenstehenden, die ihrerseits dessen Verbuchung nicht entgegenstehn dürfen. Das führt zu einem Spiel der Gegensätze, dessen Spannung nie nachläßt. André Tournon (Université de Provence) schreibt, *die Art Wahrheit, die Montaigne anstrebt, verlangt keine Identität aus einem Guß, sondern umgekehrt eine Reflexionsarbeit, die das Subjekt daran hindert, mit sich selbst kongruent zu werden.** Seine Einheit findet dieses Subjekt in den *Essais*: Ihnen erst gelingt es, des Cusanus *coincidentia oppositorum* literarisch herzustellen — und damit auch existentiell, denn *wir gehen Hand in Hand und im gleichen Schritt: mein Buch und ich. Anderswo kann man ein Werk getrennt von demjenigen loben oder tadeln, der es bewerkstelligt hat, hier nicht — mit einem erfaßt man beide!* (ES. 399/r)

Was überdies gegen die Validität von Pierre Villeys A-B-C-Schichtung spricht, ist sein erstaunliches Desinteresse an allem, was den Stil der *Essais* betrifft. So bekennt er:

Selbstverständlich berücksichtigen die mit den Buchstaben A, B und C gekennzeichneten Schichten weder kurze Zusätze noch selbst lange Umänderungen des Textes, wenn sie mehr des Autors Arbeit am Stil als seine Geschichte des Denkens bezeugen. Uns geht es darum, daß der Leser erkennen kann, in welcher Epoche jede Idee in die »Essais« eingegangen ist. In Anbetracht von Montaignes Arbeitsweise [sic] reicht das.*

Villeys *selbstverständlich* (*il est bien entendu*) sagt alles: Nicht der Wortkünstler Montaigne interessiert ihn, sondern ausschließlich der Denker, in dessen Text er den vermuteten Entwicklungsphasen entsprechend seine Absteckpfähle einschlägt. Materie satt, doch mager die Manier, so könnte man das Resultat von Villeys Zerschichtungsarbeit an Montaignes Werk bezeichnen.

Villeys Schichten betreffen also vorwiegend den Inhalt, betont auch Philippe Desan, *der Stil interessiert ihn kaum. Ohne wissenschaftlich wirklich stringent zu sein (wie er selber ja zugibt), dienen sie ausschließlich dem Ziel, das er sich im voraus gesetzt hat. Ebendiese einseitige Festlegung ist es, die es zu entmystifizieren gilt.**

In der editorischen Praxis hat man mit dieser *Entmystifizierung* längst begonnen: Immer häufiger kehren die Herausgeber und Verleger zum historisch legitimierten Weg zurück, da allein er ein ganzheitliches Bild von Montaignes Denken und Darstellen vermittelt — zum höheren Gewinn des Lesers.

Der verdienstvolle Montaignist Maurice Rat zum Beispiel gab die *Essais* bereits 1958 wieder ohne A-B-C-Schichtung heraus.* Daß er in der Gesamtausgabe von Montaignes Werken* vier Jahre später einen Rückzieher machte, erklärt Philippe Desan mit dem nach wie vor beachtlichen Einfluß der Schichtenverteidiger (*couchistes*), dem Verlag und Herausgeber sich schließlich hätten beugen müssen.*

Doch das tun sie, wie gesagt, immer seltener. 1987 erschien André Lanlys großartige Übersetzung der *Essais* ins moderne Französisch* ohne die Villeysche Zerschichtung, ebenso die 2001 unter Jean Céards Leitung in der *Pochothèque* veranstaltete Edition* — unter ausdrücklicher Berufung darauf, daß, *wie allgemein bekannt ist, die Trennung der Essais in drei Schichten nur das simplifizierte und erstarrte Bild eines viel komplexeren Entfaltungsprozesses bietet.*

Vor allem hat sich die Hypothese der *couchistes* als unhaltbar erwiesen, jede der postulierten Schichten entspreche einem fortlaufenden Schreibvorgang, während, worauf André Tournon hinweist, *die nähere Prüfung der handschriftlichen Zusätze des »Exemplaire de Bordeaux« ergibt, daß die Unterschiede von Feder und Duktus für mehrere Etappen sprechen und es doch unwahrscheinlich wäre, wenn dies nicht auch für die vorhergehenden Seiten gelte, von denen wir nur die gedruckte Fassung kennen.*[*]
Kurz, den Text in Schichten zu trennen mache ihn zu einer Art *Blätterteig* — was der Autor weder gewollt habe noch akzeptiert hätte.

Ähnlich sieht es Philippe Desan: *Man muß sich doch fragen, ob die Parzellierung des Textes wirklich dem Schreibprozeß Montaignes entspricht und ob nicht vielmehr den willkürlich zu Bezugspunkten gewählten Erscheinungsdaten der »Essais« ein zu großes Gewicht beigemessen wird. Die »couches« führen jedenfalls zu einer scheibchenfixierten Lektüre und lenken die Aufmerksamkeit des Lesers allein auf die Evolution von Montaignes Denken. Es ist Zeit, Montaigne aus den Fesseln der »couches« zu befreien.*[*]

Man kann sich vorstellen, wie sehr es Montaigne belustigt hätte zu sehen, daß man im 20. Jahrhundert mit dem Furor der Gelehrtheit daranging, seine saft- und kraftvollen, kontrapunktisch komponierten Wortfolgen plattzupressen bis zur kognitiven Trockensubstanz — ohne zu merken, daß man so auf dem ausweglosesten aller Holzwege ist.

Kehren wir zum Ausgangspunkt dieser Wanderung zurück! Dort erwartet uns Montaigne mit einem das Thema blitzartig erhellenden Eingeständnis: *Mein Buch ist immer ein und dasselbe — außer daß ich mir erlaube, jedesmal, wenn die Drucker sich an eine Neuausgabe machen, ein paar zusätzliche Ornamente anzubringen, damit der Käufer nicht ganz mit leeren Händen davongehe (handelt es sich doch nur um eine schlecht gefügte Einlegearbeit). Das sind Zugaben, mit denen ich keineswegs die erste*

*Form verwerfen will, sondern bloß jeder folgenden durch sorgfältige
kleine Verfeinerungen einen besondren Pfiff zu geben suche. Das
kann freilich leicht zu einer gewissen Verschiebung der Zeitfolge
führen, da sich meine Geschichten mehr nach Anlaß als nach Alter
aneinanderreihn:* (ES. 484/r)

Montanus locutus, causa finita — Montaigne hat gesprochen,
die Sache ist entschieden.

ABSTECHER IN DIE
ÜBERSETZERWERKSTATT

Am Stück

Die vorstehenden Ausführungen handeln vom Diskurs über die
bestmögliche Präsentationsform der *Essais*. Mag hierbei die Waage
der Plausibilität auch bald für deren A-B-C-Schichtung ausschlagen, bald (wie in jüngster Zeit fast ausschließlich) dagegen, so
ist dem Übersetzer diesbezüglich jede Wahl verwehrt: Abgesehen
davon, daß keine Wiedergabe eines Werks in einer anderen Sprache historisch-kritisch sein kann (wie Flake/ Weigand es vortäu-
schen*), würde jeder Versuch einer Übernahme der Präsentation
in Schichten schon an den syntaktischen Unterschieden zwischen
Ausgangs- und Zielsprache scheitern, da sie eine exakte Zuordnung
unmöglich machten und die Lesbarkeit insgesamt erschwerten —
die Zerstücklung wäre heillos weiter zerstückelt.

Diese Überlegung hat neben der Tatsache, daß jede Angabe von
Textschichten der Absicht des Autors ja *expressis verbis* widerspricht,
den Ausschlag für meine Entscheidung gegeben, die *Essais* voll und
ganz am Stück zu übersetzen (*Mein Buch ist immer ein und dasselbe*,
siehe oben).

17. MASKENBALL DER ZITATE

TREFFPUNKT:

Ich habe kein bißchen studiert, um ein Buch zu schreiben; aber da ich halt eins schrieb, fing ich an, ein bißchen zu studieren — falls »ein bißchen studieren« heißt, bald diesen und bald jenen Autor abzutasten und prüfend in die Ohren oder die Füße zu zwicken: keineswegs um mir so meine Meinungen zu bilden, wohl aber, um die längst gebildeten weiter auszuformen und zu festigen. (ES. 330/r)

Wie man sieht, ist Montaigne bei seiner Beschäftigung mit anderen Autoren von einem Aneignungseros durchdrungen, wie er origineller kaum sein könnte: Um herauszufinden, was sie zu bieten haben, rückt er ihnen unmittelbar auf den Sprachleib. Soweit er seine palpatorisch ermittelten Befunde dem Leser nicht im (meist lateinischen) Urtext vorstellt, verleibt er sie seinem eigenen Denken und Darstellen auf die vielfältigste Weise ein, sei es als Entlehnung oder als Anleihe, sei es als frei paraphrasierende Übernahme oder als Imitation. Von seltenen Ausnahmen abgesehn, bleiben die Quellen dabei ungenannt, denn das Spurenverwischen erklärt Montaigne ausdrücklich zu seinem Ziel:

Mir macht es einfach Spaß, die Zitate nicht nur in einem anderen als dem ursprünglichen, sondern oft sogar im entgegengesetzten Sinn zu verwenden, und zuweilen füge ich sie meinem Argumentationsgang so nahtlos ein, daß man schon einen guten Blick braucht, um sie wiederzuerkennen. Wie die Pferdediebe, die ihre Beute unkenntlich machen, färbe auch ich der meinen Mähne und Schweif um ... Andere, so pedantisch wie unselbständig, weisen nach und stellen groß heraus, was sie von andern ergattert haben, darum sind ihnen die Richter gewogner als mir. Wir, die wir der eigenen Natur vertraun, sind umgekehrt der Meinung, daß der Ehre des Erfindens ein unvergleichlich hoher Vorrang gegenüber der Ehre bloßen Zitierens gebühre. (ES. 533/r)

Doch selbst die fremdsprachigen, meist lateinischen Originalzitate modifiziert er häufig, indem er etwa ihre Syntax zur besseren Eingliederung in den französischen Text abändert oder ihm nicht in den Zusammenhang passende Wörter durch andere ersetzt, die er, von Hause aus ja Lateiner, auf eigne Faust erfindet — so in einem Martial-Zitat*, bei dem es um die unteren Körperteile geht und er sich *nolens volens*, doch situationsgerecht für hinten statt vorn entscheidet: *culilingis* (ES. 441/l) statt *cunnilingis*.

Die oben so gepriesene *Ehre des Erfindens* (*inventer*) kann man in den frühen *Essais* als *inventio* im Sinne der klassischen Rhetorik verstehen, als Zusammensuchen und Sammeln des Stoffes (*Ich müßte mich sehr irren, wenn ein anderer Schriftsteller derart wesentliche Stoffmengen je zu Papier gebracht hätte,*ES. 130/r), während dessen immer feinere und vielfältigere Art der Einarbeitung in den eigenen Text eher ins Literarische gewendeten Bachschen *Inventionen* gleicht: kontrapunktische Wortgeflechte, die zur Musikalisierung der Montaigneschen Diktion beitragen (was auch daraus erhellt, daß in den *Essais* die Zahl der Vers- die der Prosazitate um mehr als das Zweifache übersteigt).

Die durch jene oft in *Mähne und Schweif umgefärbte Beute* weiter differenzierte doppelte Stimmführung ist nicht nur von großem sprachrhythmischen und -melodischen Reiz, sondern sie bildet auch die Basis des gedankenintensiven Dialogs mit dem jeweils herbeizitierten fremden Autor, wobei sich manchmal schwer ausmachen läßt, wer als Stichwortgeber auftritt. Anfangs ist es gewiß der andere (*Von meinen ersten Essais riechen etliche noch ziemlich nach Raub*[ES. 438/l]), doch später zunehmend Montaigne selbst. Zugleich prägt sich mit dem Verschwinden des fremden Stallgeruchs der persuasive Charakter seiner Darlegungen immer stärker aus — bis hin zu erzieherischen Finessen, die ihn gar zum Fallensteller machen:

Bei den Gedanken und Erwägungen, Argumenten und Vergleichen, die ich auf meinen Acker verpflanze und mit den meinen vermische, habe ich zuweilen deswegen ihren Urheber verschwiegen, weil ich jenen Kritikern eine Falle stellen wollte, die mit ihren leichtfertigen Verrissen über alle Arten von Schriften herfallen ... Ich möchte, daß diese Kritiker dem Plutarch einen Nasenstüber auf meine Nase verpassen; ich möchte, daß sie, indem sie in mir den Seneca verunglimpfen, sich die Zunge verbrennen. [ESS. 201/r–202/l]

Wäre Montaigne, der 1592 im Alter von neunundfünfzig Jahren gestorben ist, zwanzig Jahre älter geworden, hätte er freilich erleben müssen, wie man sich bereits daranmachte, ihm die Freude an den erfindungsreichen Versteckspielen gründlich zu verderben. Obwohl Marie de Gournay als elffache Herausgeberin der *Essais* nämlich alles in ihren Kräften Stehende tat, sein Werk vor postumen Manipulationen jeder Art zu bewahren, wurde sie von den als Verleger fungierenden Druckern immer stärker bedrängt, dem Publikumsgeschmack und den vermeintlichen Lesererwartungen entgegenzukommen und dem Willen des Autors eindeutig widersprechende Zugeständnisse zu machen.

Das betraf vor allem die grundsätzlich von ihm verschwiegenen Quellen und nichtübersetzten originalsprachlichen Zitate. Geradezu erpresserisch stellte man die Herausgeberin vor die Wahl, entweder dem Autor untreu zu werden oder es hinzunehmen, daß man ihr die Herausgabe entzöge und in andere Hände lege: ein Ansinnen, von dem man wußte, daß sie ihm nie und nimmer zustimmen würde. So ging sie für die Ausgabe von 1611 widerstrebend daran, eine Reihe von Montaignes originalsprachigen Zitaten zu identifizieren; in der Ausgabe von 1617 hat sie diese Arbeit dann fortgeführt und außerdem sämtliche lateinischen Zitate übersetzt.

Erst im neunzehnten und zwanzigsten Jahrhundert setzte das Bestreben ein, auch all den so vielfältig getarnten Einverleibungen in den französischen Text auf die Spur zu kommen und in einer Art positivistischem Monismus der Montaigneschen Beute *Mähne und Schweif* wieder zu entfärben. Konnte der Bischof und Schriftsteller Jean-Pierre Camus* im siebzehnten Jahrhundert noch sagen, er habe die *Essais* tausend und aber tausendmal gelesen, denn *Montaignes Worte sind Sentenzen, seine Zeilen Diskurse und seine Diskurse Bücher, und seine Art, ohne Zitieren zu zitieren, heiße ich gut*, so sollte das Vergnügen am Maskenball der Zitate nun gegenüber dem wissenschaftlichen Bedürfnis nach Aufdeckung der nackten Tatsachen zurücktreten.

Diese Entwicklung erreichte 1908 einen ersten Gipfel mit der Herausgabe der zweibändigen Untersuchung *Quellen und Entwicklung der Essais von Montaigne** von Pierre Villey — ein Meisterwerk an enzyklopädischer Gelehrsamkeit. Zum ins Detail gehenden Stellenkommentar erweitert, wurden die *Quellen* 1920 der historisch-kritischen Ausgabe der *Essais* (*Édition municipale*)* als vierter Band eingefügt, nachdem 1906 und 1909 die ersten beiden Bände erschienen waren, 1919 der dritte; als fünfter folgte 1933 das *lexique de la langue des Essais de Montaigne* (*Wörterbuch der Sprache von Montaignes Essais*).

Inzwischen sind von der weltweiten Montaigne-Forschung immer weitere (direkte oder indirekte) Quellen aufgedeckt worden, immer weitere Zusammenhänge ausgeleuchtet, so daß viele Stellen, die als doppelbödig zu erkennen man schon stolz war, jetzt gar drei- oder vierbödige Interpretationen zu ermöglichen scheinen.

Jedenfalls wissen wir nun, daß Montaigne in den *Essais* 867 Verse (davon 815 lateinisch) und 394 Prosatexte (lateinisch 388) direkt zitiert hat. Von den Dichtern stehen Horaz und Lukrez mit je 150 und 149 Zitaten an der Spitze, Vergil mit 117 nicht weit dahinter. Aber auch Ovid (71) und Catull (28) spielen keine unwesentliche Rolle*. Seine Lieblingsautoren in der Prosa sind Seneca und Plutarch.

Die Gesamtzahl der in den französischen Text indirekt eingearbeiteten Zitate zu ermitteln dürfte aufgrund der Umfärbungsmeisterschaft Montaignes auch in Zukunft unmöglich sein, und wieviel immer Pierre Villey davon nachgewiesen haben mag, bleiben seine Zuordnungen doch allzuoft spekulativ. Im ersten Band der *Quellen und Entwicklung der Essais von Montaigne* zum Beispiel häufen sich bereits im Kommentar zu den *Essais* eins und zwei zurückhaltende Formulierungen wie *man kann der Meinung sein, man könnte versucht sein zu glauben, man kann sich fragen, wahrscheinlich, höchstwahrscheinlich* und *vielleicht** — was Montaigne gewiß goutiert hätte, und dies nicht nur, weil er auf solche Weise ja weitgehend, wenn nicht gar völlig ungeschoren davonkommt, sondern auch wegen seiner Abneigung gegen assertorische Urteile überhaupt:

Ich sträube mich sogar gegen Wahrscheinliches, wenn man es mir als untrüglich hinstellt. Ich liebe vielmehr Ausdrücke, welche die Unbesonnenheit unsrer Behauptungen mildern und mäßigen, also: »vielleicht« und »gewissermaßen«, »ein wenig« und »man sagt«, »ich denke« und dergleichen. Und hätte ich Kinder erziehen müssen, würde ich ihnen die in Frage stellende und unentschiedne Art des Antwortens (etwa: »Was besagt dies?« und »Ich verstehe das nicht«, »kann sein« und »Ist das wahr?«) derart in den Mund gelegt haben, daß sie noch mit sechzig Jahren Lernende gewesen wären. (ES. 518/r)

Angesichts des Feuereifers der Forscher, das von Montaigne so geschickt Verwobene aufzudröseln, damit sich möglichst jeder Faden auf Herkunft und Farbechtheit prüfen lasse, kann einen die Frage beschleichen, ob der Text hierdurch nicht auf die Materialität von labortauglichen Textilien reduziert wird und so die für das Verständnis wie den Lesegenuß viel entscheidendere Tatsache aus dem Blick gerät, daß es sich bei den *Essais* um ein Denk-, Sprach- und Lebenskunstwerk von einmaligem Rang handelt.

Vor allem aber sollte man meines Erachtens im Auge behalten, daß Montaigne nicht für Gelehrte schreiben wollte, sondern eine ganz konkrete Wunschvorstellung vom *lecteur suffisant* hatte — und nach damaligem Sprachgebrauch heißt das: vom *aufgeschlossenen Leser*, der sich seines natürlichen Menschenverstands zu bedienen weiß. Hören wir uns Montaigne zunächst im zweiten Band der *Essais* selber an:

Und dann — für wen schreibt man eigentlich? Die Gelehrten, denen es obliegt, über unsre Bücher zu richten, lassen keinen anderen Wert gelten als den der Gelehrsamkeit und gestatten unserm Geist keinen andern Weg als den des Buch- und Schulwissens. Die gewöhnlichen und ungelehrten Seelen wiederum vermögen Eleganz und Würde eines hohen und freien Gedankenflugs ebensowenig zu sehn wie die gelehrten. Bedauerlich findet er es daher, daß die dritte nach seinem Opus greifende Gruppe, *jene der aus eigener Kraft und mit sichrem Blick Urteilenden*, so selten vorkomme, *daß sie ebendarum weder Rang noch Namen unter uns hat. Es ist folglich halbverlorne Zeit, wenn man sich in dem Bestreben, ihr zu gefallen, anstrengt und abmüht.* (ES. 326/r) Erfreulicherweise hat die Rezeptionsgeschichte jedoch anders entschieden und damit dem optimistischeren Urteil mehr als recht gegeben, wie der Autor es im ersten Band darlegt:

Unterzöge man meine »Essais«, falls sie dessen würdig wären, einer Beurteilung, könnte sich meiner Ansicht nach ergeben, daß sie den gemeinen, ungebildeten Geistern ebensowenig gefielen wie den ungemein gebildeten: Jene würden zuwenig davon begreifen, diese nur allzuviel. Auf der mittleren Ebene aber mögen sie vielleicht ihr Dasein fristen. (ES. 158/l)

Daß bei diesen *aus eigener Kraft und mit sichrem Blick Urteilenden* die *Essais* keineswegs nur *ihr Dasein fristen*, sondern umgekehrt längst als eines der größten Werke der Weltliteratur geschätzt und genossen werden, verdanken sie letztlich der fesselnden Form ihrer Lesbarkeit.

Henning Ritter hat es auf den Punkt gebracht: »Wissenschaftlicher Erfolg, recht haben und gegenüber Konkurrenten recht behalten sind eins, gelesen zu werden, aus Neugier, aus Langeweile oder aus vielen anderen edlen und unedlen Motiven, ist ein anderes. Wenigen Wissenschaftlern gelingt beides, auch wenn sie die größten Anstrengungen machen, ihre Einsichten in eine Form zu bringen, die auch das allgemeine Publikum fesseln kann. Am Ende bleibt oft das schriftstellerische Gelingen lebendiger als die Erkenntnis … Die meisten [Leser] wollen sich auf faszinierende Wege der Selbsterforschung locken lassen. Ähnlich dürfte es mit der Montaigne-Lektüre heute bestellt sein, zumal es die Pointe seiner *Essais* ist, daß sie nichts lehren, was sich von der Art, wie es gesagt ist, subtrahieren ließe. Sechzigtausend Exemplare der mit großem Geschick unter die Leute gebrachten neuen deutschen Übersetzung von Hans Stilett sollen mittlerweile verkauft worden sein — ein Erfolg, von dem die in den Regalen schlummernden philosophischen Werke nur träumen können … Das Nachleben auch der ernsthaftesten philosophischen Werke ist ein literarisches.«*

Zu diesem literarischen Nachleben Montaignes aber trägt die Art der textlichen Einverleibung dessen, was er seine *Beute* nennt, entscheidend bei. Man vergesse nie: Wir befinden uns hier auf *seinem* Maskenball der Zitate — stets bleibt er der *maître de plaisir*. Keine Maske hätte er sich je aufgesetzt, die nicht auf ihn hin transparent gewesen wäre, deren Andersartigkeit er nicht zur reicheren Selbstdarstellung genutzt hätte. Was seine Zitierkunst angeht, so gilt: *La masque, c'est moi!*

Reiz und Risiko des Reimens

Unübertrefflich weiß Christian Morgenstern zu sagen, was Sache
ist:

> *Ein Wiesel*
> *saß auf einem Kiesel*
> *inmitten Bachgeriesel.*
> *Wißt ihr*
> *weshalb?*
> *Das Mondkalb*
> *verriet es mir*
> *im stillen:*
> *Das raffinier-*
> *te Tier*
> *tat's um des Reimes willen.*

Kein Dichter ist gegen den Verdacht gefeit, ein solch *ästhetisches
Wiesel** zu sein — zumal dann, wenn er dem Reiz des Reimens allzu
widerstandslos willfahrt: Wer sich im Wortgeriesel nur an den Kie-
sel hält, sitzt bald auf dem trocknen.

Gegen dieses Risiko aber ist das Kraut der Erkenntnis gewachsen, daß es wie in der Prosa so auch beim Dichten zuvörderst auf
den Sinn ankommt (und sei er spaßeshalber Unsinn). *Rem tene, verba
sequentur*, heißt es schon bei Cato dem Älteren*: *Halte dich ans Wesen
der Sache, die Wörter werden folgen* — was die Wörter glücklicherweise nicht daran hindert, mehr zu besagen, als sie sagen: semantische
Diener und konnotativ-ästhetische Mehrwertschöpfer zugleich.

Was nun Montaignes direkte Dichtungszitate in den *Essais* angeht, darf man nicht aus dem Auge verlieren, daß er sie besonders
hervorgehoben sehen wollte. Anders als bei der Prosa, die er mit
Ausnahme eines einzigen *Essai* (I/44) völlig absatzlos setzen ließ,
wies er die Drucker folglich an, mit den Dichtungszitaten umgekehrt zu verfahren und sie vom Kontext nicht nur kursiv abzuheben,
sondern sie auch einzurücken, wodurch sie dem Leser auf der Suche
nach bestimmten Prosastellen zugleich eine typographische Orien-
tierungshilfe bieten — freilich die einzige.

Als Übersetzer sah ich mich damit der Frage konfrontiert, wie
ich dieser optischen und genremäßigen Sonderstellung in meiner
durch Absätze aufgelockerten, in modernem Deutsch geschriebe-

nen Wiedergabe am besten gerecht werden könne. Wäre es nicht hilfreich, überlegte ich mir, die im Original meist nur rhythmisch gebundenen Zitate in der Übersetzung durch zusätzliche Reimbindung für den heutigen Leser als Dichtung zu verdeutlichen und so der Intention Montaignes im Deutschen treu zu bleiben? Was spricht dafür, was dagegen?

Dagegen spricht:

– – – daß der Schönheit, Würde und Ausdruckskraft der hohen antiken Dichtung eine gereimte Wiedergabe niemals gleichkommen wird und

– – – daß im Gegenteil eine solche Lösung die von Montaigne immer wieder betonte Überlegenheit der klassischen Werke eher einzuebnen droht.

Dafür spricht:

+++ daß durch Montaignes oben geschilderte Aneignungsweise die Dichtungszitate in vielen Fällen nur noch Bruchstücke von Bruchstücken sind, die folglich (oft bis zur Hälfte, ja einem Drittel der Zeilen verkürzt) ohnehin keinen authentischen Gesamteindruck mehr vermitteln,

+++ daß Montaigne hinsichtlich der Stilarten nicht nur Zitate im höchst anspruchsvollen *genus sublime* herangezogen hat, sondern mindestens ebenso viele, die vom gefälligeren *genus medium* und vom derben, bis zum Obszönen reichenden *genus humile* geprägt sind (wer beispielsweise zu den Seiten ES.233/l, ES.427/r, ES.432/l oder ES.443/r bis ES.444/l wandert, wird sehen, welch pornographischen Exzessen die lateinischen Dichter gerade in dieser Stilart gefrönt haben),

+++ daß die Literaturgeschichte Beispiele in Hülle und Fülle für dem jeweiligen Zeitgeist entsprechende Übersetzungen aufweist, so etwa die Homer-Rezeption im 16. Jahrhundert, in der die Deutschen den Knittelvers, die Franzosen den Alexandriner und die Engländer das vielsilbige gereimte Verspaar bevorzugten,

+++ daß selbst der deutsche Alexandriner aus paarweise gereimten Jamben bestand, daß die lateinische Dichtung des Mittelalters den leoninischen Hexameter gar doppelt reimte: in der Zäsur und am Versschluß, daß kein Geringerer als Schiller schließlich viele seiner Übersetzungen der antiken Klassik zu knitteln pflegte, und

+++ daß vor allem sowohl John Florio, Autor der schon 1603 in London erschienenen ersten englischen Gesamtübersetzung der *Essais*, als auch Donald M. Frame, Autor der bekanntesten modernen Gesamtübersetzung ins Amerikanische*, die Plausibilität einer

jambisch-trochäischen *und* gereimten Übersetzung der Dichtungszitate eindringlich demonstriert haben.

Und wie lesen die Franzosen (soweit sie sich, falls des Deutschen
kundig, die Lektüre nicht anhand meiner Übersetzung erleichtern*)
ihren Montaigne heute? Im Vorwort zur vielgerühmten und in
Frankreich am weitesten verbreiteten Ausgabe des Gesamtwerks
schreibt Maurice Rat:

*Man muß gebührend berücksichtigen, daß, von einigen Gelehrten
abgesehn, neunzehn unter zwanzig Lesern Montaignes nicht auf den
Originaltext der Dichtungszitate achten, sondern sich unmittelbar der
Übersetzung zuwenden. Daher ist es gut, wenn die Übersetzung der Verse
sich auch für sie von der Prosaübersetzung unterscheidet … Ein um das
Fragment eines Hexameters erweiterter voller Hexameter kann entsprechend der mehr oder weniger dichten Fülle des Lateinischen etwa durch
einen einzigen Alexandriner übersetzt werden, durch einen anderthalben
oder durch zwei, je nachdem. Und eine Folge von zehn Hexametern kann
mit neun, zehn, elf oder zwölf Alexandrinern übersetzt werden. Die
lyrischen Metren werden von uns ohne feste Regeln bald durch Alexandriner übersetzt, bald durch zehn- oder achtsilbige Zeilen … Dieses für
die Übersetzung der Verse anerkannte Prinzip haben wir uns in einem
sachdienlichen Geist der Freiheit zunutze gemacht.* *

Das ist es: im s*achdienlichen Geist der Freiheit* übersetzen! Ich
hoffe, man wird nach meinen Darlegungen verstehen, daß auch ich
mir dieses Prinzip zu eigen gemacht habe.

18. HEISSE SPUR ZU HAMLET

TREFFPUNKT:

Die Alten haben sich eine so einfache, so reine Unschuld, wie wir sie bei den »Barbaren« genannten Eingebornen in der Wirklichkeit erblicken, nicht vorstellen können; sie haben nicht glauben können, daß eine Gesellschaft mit sowenig künstlicher Reglementierung der menschlichen Beziehungen lebensfähig sei. Hier haben wir ein Volk, würde ich zu Platon sagen, in dem es keinerlei Handel gibt, keine Kenntnis von Buchstaben, keine Rechenlehre, keine Bezeichnung für »Behörde« oder »Obrigkeit«, keine Dienstbarkeiten, keinen Reichtum und keine Armut; keine Verträge, keine Erbfolge und keine Güterteilung; keine beschwerlichen Tätigkeiten und keine Berücksichtigung einer anderen als der zwischen allen Menschen bestehenden Verwandtschaft; keine Bekleidung, keinen Ackerbau und kein Metall; keine Verwendung von Getreide oder Wein. Selbst Wörter wie »Lüge«, wie »Verstellung« und »Verrat«, wie »Habsucht« und »Neid«, wie »Verleumdung« und »Verzeihen«: unbekannt. (ES. 111/r)

Diese Worte, Leser, kennst du zum Teil bereits aus unsrer Begegnung mit den Menschenfressern (*Furioso, con dolore*); sie sollen uns hier als Treffpunkt für eine neue Wanderung dienen, die zu den weitesten gehören dürfte — ist sie doch gleichzeitig ein Abstecher in fremde Übersetzerwerkstätten, die schließlich in die eigne zurückführt: als Beispiel, wie sehr schriftstellerisches Schaffen, Vergleichende Literaturwissenschaft und translatorische Zuarbeit einander zu befruchten vermögen.

Das Zitat findet sich nämlich nicht nur sinngemäß, sondern teils sogar wortwörtlich in Shakespeares letztem Werk *Der Sturm* wieder (wie selbst der Vergleich von Übersetzung zu Übersetzung noch deutlich macht). Dort sagt *Gonzalo*:

Hätt ich, mein Fürst, die Pflanzung dieser Insel ...
Ich wirkte im Gemeinen Wesen alles
Durchs Gegenteil; denn keine Art von Handel
Erlaubt ich, keinen Namen eines Amts;
Gelahrtheit sollte man nicht kennen; Reichtum,
Dienst, Armut gäbs nicht, von Vertrag und Erbschaft,
Verzäunung, Landmark, Feld- und Weinbau nichts;
Auch nicht Gebrauch von Korn, Wein, Öl, Metall;
Kein Handwerk; alle Männer müßig, alle;
Die Weiber auch, doch völlig rein und schuldlos;
Kein Regiment ...
In der gemeinsamen Natur sollt alles
Frucht bringen ohne Müh und Schweiß; Verrat, Betrug,
Schwert, Speer, Geschütz, Notwendigkeit der Waffen
Gäbs nicht bei mir; es schaffte die Natur
Von freien Stücken alle Hüll und Fülle,
*Mein schuldlos Volk zu nähren.**

Hat Shakespeare also von Montaigne abgekupfert? Dergleichen Übereinstimmungen haben natürlich schon frühzeitig diese Frage provoziert. Man muß bedenken, daß im 16. Jahrhundert nicht nur Italien für Frankreich, sondern auch Frankreich für England *das* kulturelle Vorbild war, dem Adel und gebildetes Bürgertum nachzueifern suchten. So überquerte denn auch der Ruf von Montaignes *Essais* rasch den Kanal.

Francis Bacon veröffentlicht bereits 1597 seine ersten *Essays* und machte sein Land damit zum vorrangigen Erben der von Montaigne begründeten neuen literarischen Gattung.

Vermutlich im gleichen Jahr begann Sir William Cornwallis seinerseits *Essays* zu verfassen, die 1600 herauskamen. Darin befänden sich, so Jean-François Chappuit (Université de Versailles/Saint Quentin-en-Yvelines)*, Hinweise auf eine englische Übersetzung von Montaignes *Essais*, bei der es sich wohl um die von John Florio handle, habe dieser doch schon vorm Erscheinen seiner Gesamtausgabe (London 1603) zahlreiche Auszüge veröffentlicht. Und mehr noch: Im Vorwort zur Gesamtausgabe *brüstet er sich damit, er habe geschafft, woran zahlreiche andere Übersetzer Montaignes gescheitert seien.* Überdies sollen sich auch Shakespeares zeitgenössische Dramatiker bereits ausgiebig bei Montaigne bedient haben.

Daher begann man um so intensiver nach sowohl konzeptionellen als auch lexikalen Ähnlichkeiten zwischen den *Essais* und Shakespeares Dramen zu suchen, wenn nicht nach direkten Übernahmen. 1838 bezeichnete Sir Frederic Madden es als *unbestrittenes Faktum, daß Shakespeare die »Essais« für sein Gesamtwerk konsultiert habe*, und im selben Jahr sah John Sterling *als erster eine Parallele zwischen dem neuen Persönlichkeitstyp Hamlets und der neuen Tonlage der Essais.* Seine kühne Schlußfolgerung: *Der Prinz von Dänemark ist eine Art Montaigne.**

Anfang des 20. Jahrhunderts nun, schreibt Joshua Phillips (University of Memphis), *stürzten sich deutsche und englische Forscher mit fast religiösem Eifer in die Suche nach weiteren Übernahmen. Es gelang ihnen, Dutzende von Beispielen aufzuspüren, in denen Sätze oder der Sinn bestimmter Passagen bei Shakespeare dem Text Florios zu entsprechen scheinen. Die meisten entdeckten auf diese Weise ähnliche Ideen, gemeinsame Darstellungsweisen und Textstellen, die nahezu dasselbe ausdrücken. Hieraus geht klar hervor, daß Montaigne und Shakespeare eine gewisse Skepsis teilen, eine reservierte Haltung gegenüber den tatsächlichen Fähigkeiten des Menschen und einen suchenden und forschenden Geist, der Fragen den Antworten vorzieht.* Ebenso klar sei freilich, daß diese

Gemeinsamkeiten nicht nur für Shakespeare und Montaigne gälten, sondern sich einer gemeinsamen Kultur verdankten: *So teilten die beiden Schriftsteller das Interesse an den antiken Denkern, vor allem an Plutarch und Seneca.**

*1925 erstellte G. C. Taylor vielleicht das letzte große Inventar der textlichen Parallelstellen zwischen Montaigne und Shakespeare, das unter anderem siebenhundertfünfzig Worte der Übersetzung Florios enthält, die sich bei Shakespeare erst nach deren Erscheinen finden und sicher zuzuordnen sind, weil Florio darin viele lateinische Ausdrücke, phantasievolle Neologismen und seltene, ja bizarre Worte verwendet.**

Das letzte große Inventar? Nein, es wird weitergeforscht, und neuerdings weiß etwa Géralde Nakam, die mit vielen maßgeblichen Arbeiten über Montaigne hervorgetreten ist, von anregenden neuen Einsichten zu berichten.* Hierbei geht es ihr vor allem um die Frage, inwieweit hinsichtlich des *Vanitas*-Aspekts der menschlichen Existenz (*Alles ist eitel*) die *Essais* und *Hamlet*, Montaigne und Shakespeare konvergieren — und inwieweit beide Werke und ihre Autoren dem gleichen Andrang einer oft quälenden Melancholie ausgesetzt sind.

Der Vergleich vieler Textstellen bezeugt tatsächlich aufschlußreiche Konvergenzen in der scharfsinnigen Selbst- und Weltbeobachtung der Protagonisten, die von ihrer seelischen Gestimmtheit ebenso begünstigt wird wie auf sie zurückwirkt.

So heißt es bei Montaigne über das Alter: *Neben all der so dummen wie tattrigen Wichtigtuerei und anödenden Geschwätzigkeit, neben all den stachlig abweisenden Launen und abergläubischen Grillen, neben all dem lächerlichen Festhalten an den unsrer Nutzung längst entzognen Reichtümern finde ich das Alter auch durch wesentlich mehr Neid, Ungerechtigkeit und Hinterlist gekennzeichnet. Es läßt unsren Geist tiefer verrunzeln als unser Gesicht, und man trifft keine Seelen, oder nur sehr wenige, die im Alter nicht sauer und schimmlig zu riechen begännen.* [ES. 407/I] Und an anderer Stelle wünscht er, daß *die häßlichen und beschämenden Grimassen des Alters seine Mienen nicht verunstalten* möchten. [ES. 449/I]

Der mit einem Buch herumwandelnde Hamlet wiederum antwortet auf die Frage, was er da lese: *Verleumdungen, Herr, denn der satirische Schelm da sagt, daß alte Männer graue Bärte haben; daß ihre Gesichter runzlig sind; daß ihnen zäher Schleim und Harz aus den Augen trieft; daß sie einen völligen Mangel an Geist und daneben sehr kraftlose Lenden haben.* Hamlets anfängliche Witzelei überdeckt jedoch nur seine Betroffenheit — wie das Eingeständnis verrät, das vom *satirischen Schelm* Gesagte habe ihn sehr wohl *inniglich und festiglich überzeugt.**

Es ist ebendie klägliche Seite der *Conditio humana,* in deren Darstellung die beiden Werke an Drastizität einander kaum nachstehn. Montaigne beschwört seine Leser geradezu, sich ihre Endlichkeit immer wieder bewußt zu machen, um gegen jede Form der Selbstüberhebung gefeit zu sein:

Meint man denn, ein Schlaganfall lähme den Sokrates nicht ebenso wie einen Lastträger? Manche haben unter dem Würgegriff einer Krankheit sogar ihren Namen vergessen, während eine leichte Verletzung andre wahnsinnig werden ließ. Einer mag so weise sein wie er will, letztlich bleibt er ein Mensch — was aber gibt es Hinfälligeres, Erbärmlicheres und Nichtigeres?(ES. 171/r) Und: *Die Anmaßung ist unsere naturgegebne Erbkrankheit. Das unglückseligste und gebrechlichste aller Geschöpfe ist der Mensch, gleichzeitig jedoch das hochmütigste.* (ES. 223/r) Und: *Wer sich immer wieder überprüft, innen und außen, wer den Menschen ohne jede Schönfärberei betrachtet, wird in ihm kein Vermögen und keine Fähigkeit finden, die nicht nach Tod und Erde röchen.*(ES. 276/r) Und schließlich: *Das Mittel, dessen ich mich zur Niederzwingung des Wahnwitzes der Menschen bediene, besteht darin, ihren Hochmut und Stolz zuschanden zu machen und zu zertreten. Man muß sie in Ehrerbietung vor der Macht und Majestät Gottes den Kopf zur Erde beugen lassen, bis sie den Staub lecken.* (ES. 222/l)

Diese *Staub*-Metapher nun steigert *Hamlet* noch weiter — zur *Quintessenz* alles verbittert bloßgestellten menschlichen Wähnens und Wirkens:

Die Erde kommt mir nicht anders vor als ein fauler, verpesteter Haufen von Dünsten. Welch ein Meisterwerk ist doch der Mensch!

wie edel durch Vernunft! wie unbegrenzt an Fähigkeiten! in Gestalt und Bewegung wie bedeutend und wunderwürdig, im Handeln wie ähnlich einem Engel! im Begreifen wie ähnlich einem Gott! die Zierde der Welt! das Vorbild der Lebendigen! Und doch, was ist mir diese Quintessenz von Staube?*

So gleichen sich denn auch die makabren Bilder der unentrinnbaren Verfallenheit des Menschen ans Fressen und Gefressenwerden. Bei Montaigne lesen wir: *Was die Lebenskraft angeht, ist keine Kreatur so verwundbar wie der Mensch. Es bedarf gar keines Walfischs oder Elefanten, Krokodils oder anderen derartigen Tiers, von denen ein einziges zahlreiche Menschen töten kann — schon Läuse genügten, um die Diktatur Sullas zu beenden: Fleisch und Blut eines so großen und siegreichen Kaisers dienten dem kleinen Ungeziefer zum Frühstück!*(ES. 228/r)

Und bei *Hamlet: Wir mästen alle anderen Kreaturen, um uns zu mästen; und uns selber mästen wir für Maden. Der fette König und der magre Bettler sind nur verschiedene Gerichte; zwei Schüsseln, aber für e i n e Tafel.* Und: *Jemand könnte mit dem Wurm fischen, der von einem König gegessen hat, und von dem Fisch essen, der den Wurm verzehrte.* Damit wolle er nur zeigen, *wie ein König seinen Weg durch die Gedärme eines Bettlers nehmen kann.**

Gleich dieser schonungslosen Sicht auf das kreatürliche Elend des Menschen teilen beide das Urteil über die schändlichen Machenschaften der Mächtigen ihrer Zeit, die den Staat in Mitleidenschaft ziehn und das Gemeinwohl zerrütten. *Einen ärgeren Zustand als den, in dem die Niedertracht rechtmäßig wird und sich mit Billigung der Obrigkeit den Mantel der Tugend umhängen darf, kann man sich nicht vorstellen,* schreibt Montaigne. *Die schlimmste Form von Ungerechtigkeit liegt nach Platon dann vor, wenn das, was ungerecht ist, als gerecht gilt.* (ESS. 526/r–527/l) Die angebliche Gesundheit des französischen Gemeinwesens sei bereits vor Ausbruch der blutigen Religionskriege so beschaffen gewesen, daß *von den einzelnen Gliedern, die das große Ganze bildeten, eins verfaulter war als das andre, mit meist derart eingefressenen Geschwüren, daß es für sie keine Heilung mehr gab — und auch gar nicht verlangt wurde.*(ES. 528/r) Sein verzweifeltes Fazit:

Es scheint, als beschlössen selbst die Sterne, wir hätten lang genug gelebt und die gewöhnlichen Fristen bereits überschritten. (ES. 483/l)

Etwas ist faul im Staate Dänemark*, läßt Shakespeare *Marcellus*, den Gesprächspartner *Hamlets*, über das andere Gemeinwesen sagen, und diesen selbst: *Die Zeit ist aus den Fugen.** *Faul* also sind die Dinge hier wie dort, *mit eingefressenen Geschwüren*, und der Mensch ausgeliefert Würmern und Maden — mußten so ungemein sensible Menschen wie Montaigne und *Hamlet* darüber nicht zwangsläufig in tiefste Melancholie verfallen?

Ich habe seit kurzem, so der Dänenprinz, *alle meine Munterkeit eingebüßt, meine gewohnten Übungen aufgegeben, und es steht in der Tat übel um meine Gemütslage.** Dafür spreche *nicht bloß mein düstrer Mantel noch die gewohnte Tracht von ernstem Schwarz*, denn dies sei *nur des Kummers Kleid und Zier.**

Selbst bei dieser äußeren Ausstattung seines Melancholikers mag Shakespeare an Montaigne gedacht haben, der anders als die anderen Franzosen, die sich *gern kunterbunt kleiden*, von sich sagt, daß *ich nach dem Vorbild meines Vaters fast nur Schwarz oder Weiß trage.* (ES. 120/r) Wird das Gleichmaß der Tönung ihrer Gewänder durch Montaignes zweite Wahlfarbe Weiß auch eingeschränkt, führt sein Hinweis auf das Vorbild des Vaters doch wiederum zu einer weitgehenden Übereinstimmung, die diesmal sogar für Hamlet einen Lichtstrahl der Erinnerung in das ihn bedrängende düstre Geschehen fallen läßt:

Seht, welche Anmut wohnt auf diesen Braun!
Apollos Locken, Jovis hohe Stirn,
Ein Aug wie Mars, zum Drohn und zum Gebieten.
Des Götterherolds Stellung, wann er eben
Sich niederschwingt auf himmelnahe Höhn:
In Wahrheit, ein Verein und eine Bildung,
Auf die sein Siegel jeder Gott gedrückt,
Der Welt Gewähr für einen Mann zu leisten.*

Weniger poetisch verklärt und ins Mythische entrückt ist das Bild, das Montaigne uns von *seinem* Vater gleich liebevoll, doch mit weitaus lebenskräftigeren Strichen vor Augen führt, sorgsam Detail an Detail reihend:

Mein Vater sprach wenig, aber gut, und seine Rede zierte er zudem stets mit etlichen Zitaten aus volkssprachlichen Büchern, französischen, italienischen und vor allem spanischen.

Sein Auftreten hatte eine sanfte, schlichte, ja bescheidne Würde. Außerordentlich bedacht auf Untadligkeit und Dezenz in Körperhaltung und Kleidung, sei es zu Fuß oder zu Pferde. Unglaublich zuverlässig im Worthalten und durchgängig von skrupulöser, fast zu Übertreibung neigender Gewissenhaftigkeit. Für einen kleinwüchsigen Mann höchst kraftvoll und von aufrechter, wohlgeformter Statur. Angenehme Gesichtszüge, ins Bräunliche gehender Teint. In allen ritterlichen Übungen geschickt und sich auszeichnend.

Ich habe neulich wieder die mit Blei ausgegoßnen Stäbe sehn, mit denen er, sagt man, die Arme ins Stangenwerfen und Steinstoßen oder ins Fechten einübte, sowie seine bleibesohlten Schuhe, die seine Beine für ein leichtes Laufen und Springen kräftigen sollten. Im Hochsprung aus dem Stand vollbrachte er, wie sich die Leute noch erinnern, kleine Wunder. Ich sah ihn, wie er, unsere Gelenkigkeitsübungen belächelnd, mit mehr als sechzig Jahren im Pelzmantel aufs Pferd sprang oder nur vom Daumen gestützt sich überm Tisch drehte — und kaum je in sein Zimmer hinaufeilte, ohne voller Elan drei, vier Stufen auf einmal zu nehmen. (ES. 170/l–r)

Wie wir schon auf früheren Wanderungen anhand mancher Beispiele gesehen haben, machte sich der dynamische Vater daran, den kleinen Micheau bis zum großen Michel geistig und moralisch auf erfindungsreichste Weise zu fördern. Zunächst ging es ihm um eine entschieden lebenspraktische Grundlegung von dessen, wie wir heute sagen würden, *sozialer Kompetenz:*

Der gute Vater, den Gott mir schenkte (und dem ich seine Güte nur durch meine Dankbarkeit vergelten kann, dies aber tue ich wahrlich aus vollem Herzen), gab mich von der Wiege an in ein armes Dorf zur Pflege, das zu seinen Besitzungen gehörte, um mich an die einfachste und niedrigste Lebensweise zu gewöhnen. Sein Sinn war aber noch auf ein anderes Ziel gerichtet: mich mit dem Volk, mich mit dieser Schicht von Menschen vertraut zu machen, die unsrer Hilfe bedarf. Das war auch der Grund, warum er mich von

Leuten des niedrigsten Standes aus der Taufe heben ließ: Er wollte mich an sie binden und ihnen zugeneigt machen. (ESS. 555/r–556/l)

Noch origineller ist die Konsequenz, mit der dieser so ge-liebte Vater in der Erziehung seines Sohnes die humanistischen Ideale zu verwirklichen suchte, die er während der Teilnahme am italienischen Feldzug von König Franz I. kennengelernt hatte und deren Bewunderung ihn hinfort beseelte:

Mein Vater vertraute mich schon im Säuglingsalter und bevor sich meine Zunge zu lösen begann einem Deutschen an, der später als berühmter Arzt in Frankreich starb; er war unserer Sprache völlig unkundig, aber höchst bewandert in Latein. Dieser Mann, den mein Vater eigens hatte kommen lassen und den er reichlich entlohnte, trug mich ständig auf den Armen. Neben ihm gab es noch zwei weit-re mit geringeren Kenntnissen, die auf mich aufzupassen hatten, um ihn zu entlasten. Alle drei nun redeten in keiner anderen Sprache mit mir als Latein. Ohne System und Buch, ohne Grammatik und Lehrplan, ohne Rute und Tränen hatte ich so ein Latein gelernt, das an Reinheit dem meines Lehrers in nichts nachstand.

Was das Griechische angeht, das ich fast überhaupt nicht verstehe, hatte mein Vater vor, es mich nach allen Regeln der Kunst erlernen zu lassen, aber auf eine neue Weise: durch spielerische Einübung. So schoben wir uns die Deklinationsformen Zug um Zug wie jene Schüler zu, die Arithmetik und Geometrie mittels bestimmter Brettspiele erlernen; denn meinem Vater war unter anderem ge-raten worden, mich aus eignem Willen und Antrieb Geschmack an Wissenschaft und Pflichterfüllung gewinnen zu lassen und meine Seele in aller Milde und Freiheit heranzubilden, ohne Härte und Zwang. (ESS. 94/r–95/l)

Das führte schließlich sogar zu einem Übersetzungsauftrag, dem sich Montaigne derart intensiv widmete, daß wir seiner Auseinandersetzung mit dessen Inhalt den längsten und religi-ons- wie philosophiegeschichtlich interessantesten aller *Essais* (II/12) verdanken: *Einige Zeit vor seinem Tod trug mein Vater mir auf, von dem Buch des Raymond Sebond für ihn eine französische Fassung auszuarbeiten. Das war eine recht ungewohnte und neue Aufgabe für mich; aber da ich damals zufällig nichts anderes zu tun hatte und dem besten Vater, den es je gab, keine Bitte ausschlagen konnte, machte ich mich an die Arbeit und brachte sie so gut ich konnte zu Ende, worüber er sich außerordentlich erfreut zeigte. Er gab den Auftrag, sie drucken zu lassen, was denn (freilich erst nach seinem Tode) auch geschah.* (ES. 217/r)

Durch einen schrecklichen, vom Geist des Vaters an ihn ergangnen Befehl hingegen wird Hamlets Leben aufs schwerste belastet:

Wenn du je deinen teuren Vater liebtest,
Räch seinen schnöden, unerhörten Mord. *

Die Verzweiflung darüber, daß ihm diese Rache mißlang, stürzt Hamlet schließlich in den Tod.

Hier also eine ins Verderben führende Forderung, dort wohlwollende Förderung — wie hätte es da ausbleiben können, daß die Melancholien der Söhne sich hinsichtlich Tiefe und Dauer immer weiter voneinander abheben! Freilich fühlt sich Montaigne von der seinen kaum weniger oft heimgesucht als der Dänenprinz, im Gegenteil. Vor allem die Erinnerung an den von ihm nie verwundenen frühen Tod seines Freundes Étienne de la Boétie pflegt ihn im unerwartesten Augenblick zu überfallen. Im *Reisetagebuch* heißt es: *Als ich an diesem Morgen einen Brief an den Herrn d'Ossat schrieb, verfiel ich in ein derart quälendes Grübeln über den Herrn de la Boétie und konnte mich derart lange nicht daraus befreien, daß mich dies völlig niederwarf.* (RSS. 238–239) Während seines Aufenthalts in Rom andrerseits beschäftigen ihn, wie bereits erwähnt, seine vielen Unterhaltungen *hinreichend, so daß es weder zu Kummer noch zu Melancholie, die für mich der Tod ist, den geringsten Anlaß gab.* (RS. 190) Obwohl *zwischen Fröhlichkeit und Schwermut angesiedelt* (ES. 319/r), ist er nach eigenem Urteil seiner *Veranlagung nach kein Melancholiker, wohl aber ein Grübler.* (ES. 48/r)

Sollte es dergleichen Hang zum Grübeln gewesen sein, der William Shakespeare als entscheidende Inspirationsquelle für *Hamlets* charakterliche Ausstattung gedient hat, so verstärkt er ihn in seinem Protagonisten jedenfalls derart, daß dieser sich anschickt, im wohl berühmtesten Monolog der Literaturge-

schichte die menschliche Existenzberechtigung insgesamt, auf
Gedeih und Verderb zu durchdenken:

Sein oder Nichtsein, das ist hier die Frage:
Obs edler im Gemüt, die Pfeil und Schleudern
Des wütenden Geschicks erdulden, oder,
Sich waffnend gegen eine See von Plagen,
Durch Widerstand sie enden?

Dem Menschen bleibt demnach gegenüber dem Ansturm der
Schicksalsmächte nur die Alternative, sie zu *erdulden* oder
durch Widerstand zu *enden* — um den Preis des Todes:

Sterben — schlafen —
Nichts weiter! — und zu wissen, daß ein Schlaf
Das Herzweh und die tausend Stöße endet,
Die unsres Fleisches Erbteil — 's ist ein Ziel,
Aufs innigste zu wünschen. Sterben — schlafen —
Schlafen!

Was aber hindert den Menschen, diesen Weg unverzagt einzu-
schlagen? Die Antwort des Prinzen kommt derjenigen Montaignes, wie wir sehen werden, in Formulierung und Fazit
erstaunlich nahe:

Vielleicht auch träumen! Ja, da liegts:
Was in den Schlaf für Träume kommen mögen,
Wenn wir den Drang des Ird'schen abgeschüttelt,
Das zwingt uns still zu stehn. Das ist die Rücksicht,
Die Elend läßt zu hohen Jahren kommen.
Denn wer ertrüg der Zeiten Spott und Geißel,
Des Mächt'gen Druck, des Stolzen Mißhandlungen,
Verschmähter Liebe Pein, des Rechtes Aufschub,
Den Übermut der Ämter und die Schmach,
Die Unwert schweigendem Verdienst erweist,
Wenn er sich selbst in Ruhstand setzen könnte
Mit einer Nadel bloß? Wer trüge Lasten
Und stöhnt und schwitzte unter Lebensmüh?
Nur daß die Furcht vor etwas nach dem Tod —
Das unentdeckte Land, von des Bezirk
Kein Wandrer wiederkehrt — den Willen irrt,

Daß wir die Übel, die wir haben, lieber
Ertragen als zu unbekannten fliehn.
So macht Gewissen Feige aus uns allen. *

In Montaignes Worten: *Warum beschwerst du dich über diese*
Welt? Sie hält dich nicht zurück. Zum Sterben braucht man nichts,
als es zu wollen. Der freiwilligste Tod ist der schönste. Das Leben
hängt von fremdem Willen ab, der Tod von unserm. Fehlt dem
Leben die Freiheit zu sterben, wird es zur Fron. Wie ich die Gesetze
gegen Diebstahl nicht verletze, wenn ich mein eignes Hab und Gut
davontrage oder mir selber den Geldbeutel abschneide, noch die gegen
Brandstiftung, wenn ich mein Holz verbrenne, so breche ich auch
nicht die Gesetze gegen Mord, wenn ich mir das Leben nehme. Wenn
du im Jammer lebst, ist deine Feigheit der Grund. (E.S. 175/l–r)

Anders aber als *Hamlet* sieht er die Hemmschwelle gegen
eine Selbstentleibung nicht in der *Furcht vor etwas nach dem*
Tod — so wenig wie mit Hoffnung erfüllt unseren Philosophen das Jenseits mit Furcht —, sondern in der dankbaren
Hinnahme von Freud und Leid, von Schmerz und Lust, die
unser Dasein durchpulsen: *Nicht alle Widrigkeiten sind es wert,*
daß man, um ihnen zu entgehen, in den Tod geht. Zudem läßt sich
in Anbetracht der vielen jähen Wendungen in den menschlichen
Dingen schwer beurteilen, wann wir wirklich am Ende unsrer
Hoffnungen sind. Hundert Hasen habe ich sich noch aus den Zähnen
der Jagdhunde retten sehn, und »mancher Mensch hat schon seinen
Henker überlebt« *.

Die Auffassung, wir müßten unser Leben geringschätzen, finde
ich lächerlich — schließlich ist es doch unser Sein, unser ein und alles!
Wesen, denen ein höheres und reichres Sein eignet, mögen auf das
unsere verächtlich herabschaun, aber es ist wider die Natur, daß wir
uns selbst verachten und für wertlos halten. Sich abzulehnen und zu
hassen stellt eine absonderliche Krankheit dar, die sich bei keinem
andren Geschöpf findet. (E.SS. 176/l–177/l)

Was die Melancholien von Königssohn und Philosoph
letztlich unterscheidet, ist deren Effekt: bei *Hamlet* nach ge-
nialischem Aufbegehren Scheitern und Tod, bei Montaigne
Selbstfindung in Wort und Tat. Dem *Mein Leben ist keine Nadel*

*wert** des einen steht des andern *Ich liebe das Leben*^(ES. 562/r) gegenüber — *avant la lettre* der *amor fati* des Friedrich Nietzsche: *Das Notwendige nicht bloß ertragen, noch weniger verhehlen — aller Idealismus ist Verlogenheit vor dem Notwendigen —, sondern es l i e b e n .**

Mental fallen also die Unterschiede zwischen Montaigne und *Hamlet* trotz mancherlei Gleichheiten schwer ins Gewicht. Das dürfte die Frage nach dem Ausmaß der *stilistischen* Analogien und Konkordanzen nur um so spannender machen.

Unübersehbar ist, daß Shakespeares *Hamlet*-Drama unter seinen Werken, wie Gisela Hesse hervorhebt, *auch sprachlich eine besondere Stellung einnimmt. Das Vokabular ist reicher als je zuvor und danach. Die Metaphern gewinnen eine neue Qualität; sie tauchen wie Wellenkämme aus dem Sprachstrom auf, überrollen einander und gehen ineinander über, den alogischen Gesetzen der Assoziation folgend.**

Doch schon bei Montaigne *haben die Bildfiguren (Tropen) absoluten Vorrang*, schreibt Hugo Friedrich, *und unter diesen wiederum die Metaphern. Später geht die Metapher in die Breite, neigt zur Schwellmetapher, bei der ein zweites und neues Bild aus einem ersten erzeugt wird. Tropen sind Montaignes stilistische Leidenschaft. Seine Produktivität hierin ist etwas ganz Ungewöhnliches im französischen 16. Jahrhundert.* Und so unternimmt auch der Doyen der deutschen Montaigne-Forschung den Brückenschlag: *In zeitlicher Nähe läßt sich nur Shakespeare damit vergleichen.**

Was aber Montaignes Spur zu Hamlet zur wirklich heißen macht, sind die lexikalen Indizien. Wenn Joshua Philipps betont, daß G.C. Taylors großes *Inventar der textlichen Parallelstellen zwischen Montaigne und Shakespeare siebenhundertfünfzig Worte der Übersetzung Florios enthält, die sicher zuzuordnen sind,* so weiß er dies mit solch handfesten Beispielen zu belegen wie *pilfering* (stibitzen), *imbecillitie* (Schwachsinn, Dummheit), *sophisticated* (anspruchsvoll, raffiniert, gekünstelt), *allurements* (Verlockungen), *regardful* (rücksichtsvoll) und *handy-dandy* (etwa: pri-

missima).* Ehe Florios Übersetzung der *Essais* (und sei es nur in Auszügen) erschien, fehlten diese Worte in Shakespeares Vokabular. Damit weist Philipps nicht nur auf die maßgebende Rolle hin, die John Florio als Sprachmittler zwischen Montaigne und Shakespeare zu spielen vermochte, sondern auch auf den Beitrag, den er als nach- und neuschöpfender Literat zur Bereicherung des Englischen geleistet hat.

Hierzu war Florio freilich auf ungewöhnliche Weise gerüstet. Sohn eines nach England geflüchteten italienischen Protestanten, der sich als Lexikograph, Übersetzer und Fremdsprachenlehrer betätigte, machte er sich daran, ebenfalls unermüdlich Sammlungen von fremdsprachigen Wörtern, Ausdrücken und Dialogen sowie ein italienisch-englisches Diktionär in mehreren Auflagen herauszugeben. Seine berufliche Laufbahn begann er 1580 als Dozent der Universität Oxford. Überdies lehrte er an der französischen Botschaft in London, wo er auch wohnte. Das verschaffte ihm das Privileg, freundschaftliche Beziehungen zu den führenden aristokratischen und literarischen Kreisen zu unterhalten. Während der Herrschaft von Jakob I. diente er sogar der Königin Anna als Geheimer Kammerdiener.

Bereits im Lauf der neunziger Jahre des 16. Jahrhunderts begann er mit der Übersetzung von Montaignes *Essais*, die als erste Gesamtausgabe 1603 in London herauskamen und derart erfolgreich waren, daß sie 1611 und 1632 erneut aufgelegt wurden. Nach Joshua Philipps wurde freilich auch gesagt, sie seien von John Florio *seinem eigenen Stil unterworfen worden, weil sie in der Übersetzung noch überladener und weitschweifiger wirkten als bei Montaigne selbst.* Zugleich habe man kritisiert, daß darin *Ton und Sinn des Originals oft verfehlt* würden.*

Demgegenüber gibt der Literaturkritiker George Saintsbury (1845–1933) in seiner Einführung zum Nachdruck der dritten Auflage von Florios Übersetzung zu bedenken, daß diese *trotz ihrer Freiheiten und gelegentlich unbestreitbaren Fehler nicht untreu genannt werden kann. Es ist unendlich weniger wichtig, daß eine Übersetzung nach dem Wort-für-Wort-Prinzip*

unternommen wird, als daß sie soweit wie möglich im Leser dieselbe
Wirkung hervorruft, die das Original im Leser hervorgerufen hat.
Damit sie das aber erzielen kann, müssen ihre unerläßlichen vitalen
Qualitäten viel stärker im Elan der Worte, im charakteristischen
Gusto der Wendungen zum Ausdruck kommen als in simpler Treue
zum Original. In diesen *vitalen Qualitäten seiner besten Passagen*
aber habe kaum ein anderer Übersetzer John Florio jemals den
Rang ablaufen können.*

So wurden denn auch die empathischen und emphatischen
Reize seiner Übersetzung im 20. Jahrhundert wiederentdeckt,
was zu zahlreichen Neuausgaben geführt hat. Kein Wunder
also, daß sich ein Mann wie Shakespeare mancher Wörter
daraus teils unmittelbar, teils als Steilvorlagen für eigene For-
mulierungstreffer glänzend zu bedienen wußte — namentlich
im *Hamlet!* Anhand des Vergleichs einer dortigen Stelle mit
der folgenden Passage aus Florios Übersetzung der *Essais* läßt
sich das schön demonstrieren:

Im Ausgangstext vertritt Montaigne die Meinung, daß auch
die durchdachtesten Planungen des Menschen niemals deren
Erfolg gewährleisten könnten und ein Erfolg wiederum kein
Beweis für die Güte der Planungen sei: *Der Grundsatz ist zu*
Recht allgemein anerkannt, daß man ein Vorhaben nicht nach seinem
Resultat beurteilen dürfe. Der Erfolg gibt oft einem durch und durch
unzulänglichen Vorgehen recht. So erlebt man es Tag für Tag, daß
die größten Simpel unter uns höchst beachtliche Dinge vollbringen,
öffentlich und privat. Die meisten Dinge der Welt geschehn von selbst.
Glück und Unglück sind, finde ich, zwei souveräne Mächte. Es ist
Unvernunft zu meinen, die menschliche Vernunft sei in der Lage, die
Rolle des Schicksals zu übernehmen; und ein eitles Unterfangen ist es,
sich einzubilden, man könne sowohl Ursache wie Wirkung einer Sa-
che erfassen und mit eigner Hand ihren Fortgang lenken. [ES. 470/l–r]

Daraus zieht er für sein eigenes Verhalten folgenden Schluß:
Bevor ich an eine Sache herangehe, suche ich anhand meiner ersten
Eindrücke mir in groben Umrissen ein Bild von ihr zu machen;
alles weitere, das Wichtigste und Wesentlichste also, pflege ich dem
Himmel zu überlassen:

>*Getrost vertraue dann*
  den Rest den Göttern an«. *(ES. 470/r)

Original: *Ma consultation esbauche un peu la matiere, et la consi-
dere legierement par ses premiers visages; le fort et principal de la
besongne, j'ay accoustumé de le resigner au ciel:*
  »*Permitte divis cetera.*«*

John Florio übersetzt diese Stelle so: *My consultation doth
somewhat roughly hew the matter, and by its first shew, lightly
consider the same: the maine and chiefe point of the work, I am wont
to resign to heaven.*
  »*Permitte divis cetera*«.
  How all the rew shall goe,
  Give leave to Gods to know. *

Joshua Philipps* schreibt, es sei *ebendiese Stelle*, an die nach
Meinung vieler Kritiker Shakespeare gedacht haben dürfte, als er
Hamlet in der zweiten Szene des fünften Aktes sagen lasse:
  Let us know,
  Our indiscretion sometimes serves us well
  When our deep plots do pall; and that should teach us
  There's a divinity that shapes our ends,
  Rough-hew them how we will. *

Nach Schlegel/Tieck:
  Laßt uns einsehn,
  Daß Unbesonnenheit uns manchmal dient,
  Wenn tiefe Plane scheitern; und das lehr uns,
  Daß eine Gottheit unsre Zwecke formt,
  Wie wir sie auch entwerfen. *

Offensichtlich hat Shakespeare beim Erfinden von *Hamlets*
Reflexionen jedoch nicht nur an diese Stelle *gedacht*, sondern
nach ihrer Vorgabe auch sprachinnovatorisch *gehandelt*, indem er Florios *roughly hew* (*auf grobe Weise behauen*, Adverb
plus Verb) zum kraftvolleren *rough-hew* (*grobbehauen*, Verb)
komprimierte, das zu seiner Zeit recht ungebräuchlich war
(obwohl es schon 1530 einmal aufgetaucht ist und von Florio seinem italienisch-englischen Diktionär 1598 eingefügt
wurde).

Mit dem Verrücken dieses *rough-hew* ans Ende der Passage in syntaktisch neuer Einbindung gibt Shakespeare ihm zugleich eine *semantisch* größere Relevanz, um so die von Montaignes ruhiger Haltung abstechende Aufgewühltheit *Hamlets* zu verdeutlichen: Während jenem aus der fehlenden Erfolgsgarantie seines Sinnens und Trachtens die Zuversicht erwächst, daß der Himmel *alles weitre, das Wichtigste und Wesentlichste also*, schließlich auf ihn so oder so förderliche Weise richten werde, sieht dieser, wenn des Menschen *tiefe Plane scheitern*, den Grund ebendarin, daß *eine Gottheit unsre Zwecke formt, wie sehr wir auch an ihrer Rohform herummeißeln* (frei für: *rough-hew them how we will*) — woraus er die Lizenz, ja das Gebot ableitet, notfalls unbesonnen loszuschlagen.

So dürfte mein Versuch einer Sicherung der stilistischen, lexikalen und bei allen Unterschieden auch mentalen heißen Spur zu Shakespeare, namentlich aber *Hamlet* recht aufschlußreich sein. Gerade das letzte Exempel zeigt, daß Shakespeare, obwohl des Französischen kundig und ihm mit unübersetzten Wortspielen in seinen Werken sogar Glanzstücke abgewinnend, auf jeden Fall immer wieder Florios englische Fassung der *Essais* zu Rate zog: ein Musterfall geglückter Staffelübergabe von Autor zu Übersetzer zu Autor.

Montaignes Welten erstrecken sich somit in Raum und Zeit weit über ihre Rezeption im eigenen Land hinaus. Seine Worte, und seien sie noch so verwandelt wiedergegeben, schlagen Wellen bis an die fernsten Gestade, wie auf unsren Wanderungen die Beispiele aus mehreren Kontinenten und Kulturkreisen vor Augen geführt haben.

19. LICHTES FINALE

Ich liebe das Leben und hege und pflege es so, wie Gott es uns zu geben gefallen hat. (ES. 562/r)

Nichts brandmarkt Montaigne in den *Essais* häufiger als die Manifestationen der menschlichen Vermessenheit. Schier unermüdlich spürt er ihnen nach, um sie bloßzustellen und seiner Verachtung preiszugeben. Ein Netzwerk elegischer, ironisch zugespitzter oder in flammender Empörung vorgetragener *Nein* scheint das ganze Opus zu grundieren:

Nein zu jeder Form von eingebildeter Größe und Erhabenheit, denn *wir mögen auf noch so hohe Stelzen steigen — auch auf ihnen müssen wir mit unseren Beinen gehn.*
Nein zu Heuchelei und Verlogenheit, denn *in Wahrheit ist das Lügen ein verfluchtes Laster.*

Nein zu Fremdenfeindlichkit und Intoleranz, denn *ich schäme mich, wenn ich sehe, wie meine Landsleute vor Verhaltensweisen zurückscheun, die den ihren entgegengesetzt sind.*

Nein zu jeder Form von Menschen- und Tierquälerei, denn *ich habe einen grausamen Haß auf die Grausamkeit.*

Nein zu Krieg und Folter, denn *ich für mein Teil finde die Folter zutiefst unmenschlich, und zutiefst sinnlos obendrein.*

Nein zur Vernichtung der *Wilden* und ihrer Kulturen, denn *wir übertreffen die »Barbaren« in jeder Art von Barbarei.*
(ESS. 566/r, 23/r, 497/r, 214/l, 183/r, 113/r)

Vor allem das schonungslose Anprangern der schändlichen Machenschaften und abscheulichen Verbrechen, welche die in seinem Land wütenden Religionskriege mit sich brachten, hätten Michel de Montaigne Kopf und Kragen kosten können. Die rückhaltlose Offenheit dieses praktizierenden Katholiken beobachteten die Kirchenoberen mit steigendem Argwohn, so wenn es in den Essais heißt: Wollte Gott, daß die allzu großen Freiheiten, die ich mir beim Schreiben herausnehme, in unseren Menschen den Mut zu eigner Freiheit erweckten: über all die feige nur vorgeheuchelten Tugenden hinweg, diese Ausgeburten unsrer Mängel und Makel.(ES. 423/l)

Gleichwohl wagte der Vatikan nicht, gegen ihn jene *Maßnahmen* zu ergreifen, denen sonst alle der Ketzerei Verdächtigten ausgesetzt waren — zu weit hatte sich sein Ruhm schon ausgebreitet und zu gewichtig war seine Rolle als unermüdlicher Vermittler zwischen den sich blutig bekriegenden Parteien geworden. (Erst im Jahre 1676 wagte man ja, die *Essais* auf den Index zu setzen.)

Doch auf andere Weise verfolgte man ihn um so härter. Nicht nur wurde er mehrmals überfallen und übel zugerichtet, sondern vorübergehend gar in die Bastille geworfen. *Ich bekam die Widrigkeiten zu spüren,* schreibt er, *die eine gemäßigte Haltung in solch krankhaften Wirren mit sich bringt. Alle wollten mir etwas am Zeuge flicken. Dem Ghibellinen war ich ein Guelfe, dem Guelfe ein Ghibelline.* (ES.527/l) Und: *Was Bürgerkriege bedrohlicher macht als andre Kriege, ist, daß jeder von uns im eigenen Haus Wache stehn muß. Tausendmal habe ich mich zu Hause mit dem Gedanken schlafen gelegt, man könnte mich in dieser Nacht verraten und ermorden, und vom Schicksal erbat ich mir nur, dies möge ohne Entsetzlichkeiten und lange Qualen vor sich gehn.* (ES. 487/r)

Und es kam noch schlimmer: *Vor und in meinem Haus bleckte plötzlich die Pest in ihrer bösartigsten Form gegen mich die Zähne. Schon der Anblick meines Hauses jagte mir Angst und Schrecken ein: Alles, was darin war, mußte ich schutzlos zurücklassen, jedem peisgegeben, der es haben wollte. Ich, der ich so gastfrei bin, sah mich größten Schwierigkeiten gegenüber, eine Zufluchtsstätte für die Meinen zu finden: eine verstört herumirrende Familie, die, selbst von Furcht ergriffen, ihren Freunden und Bekannten Furcht einjagte, überall auf entsetzte Abwehr traf.* (ESS. 528/r–529/l)

Überdies wurde er in den letzten fünfzehn Jahren seines Lebens von heftigen Nierenkoliken heimgesucht, die ihm immer grausamer zusetzten (*Der Schmerz tobte in mir wie ein tollwütiges Tier* RS. 289).

Als den größten Schicksalsschlag empfand er jedoch den allzu frühen Tod seines Freundes Étienne de la Boétie. Noch mitten in seiner erlebnisreichen, seine Aufmerksamkeit fesselnden, ja ihn immer wieder in Hochstimmung versetzenden Italienreise wirft ihn die plötzliche Erinnerung an diesen Tod zurück in tiefste Trauer.

Was wäre verständlicher gewesen, als wenn diese persönlichen Widerfahrnisse im Bund mit den rundum andrängenden und von ihm beißend kommentierten Zeugnissen der Verkommenheit Michel de Montaigne zu einem Misanthropen gemacht hätten, zu einem verbitterten Menschenfeind?

Daß es dazu nicht gekommen ist, daß dieser unablässige Ich-und-Wir-Ergründer sich von den Dunkelheiten der *Conditio humana* den Blick auf die lichten Seiten des Lebens nicht nur nicht trüben, sondern erst recht schärfen ließ: vom Vergehen aufs Entstehn, vom Leid auf die Lust, vom Unglück aufs Glück — davon legen unsere Wanderungen durch seine Welten ein beredtes Zeugnis ab.

Montaignes stete Aufmerksamkeit nach allen Seiten hat dazu geführt, daß er die Phänomene der Welt synästhetisch wahrnahm und ihren Facettenreichtum immer wieder überdachte. Dabei ist ihm ein kompositorisches Prinzip kosmischen Ausmaßes bewußt geworden: das des ständigen Wechselspiels von dunkel und hell — in seinen Worten sei es wiederholt:

Unser Leben ist wie die Harmonie der Welt aus Gegensätzlichem zusammengefügt, aus ungleichen Tönen: weichen und harten, hellen und dunklen, sanften und strengen. Ein Musiker, der nur die einen liebte, was hätte der uns schon zu sagen? Er muß sie vielmehr gemeinsam zu benutzen und recht zu mischen wissen, wie wir das Gute und das Böse, die beide unserm Leben wesenseigen sind. (ES. 550/l)

Und mehr noch: Nicht nur fügen sich die Gegensätze zur Harmonie der Welt zusammen, sondern sie dynamisieren sich hierbei auch wechselseitig, wobei die stärkere Triebkraft oft von der dunklen Seite ausgeht — was an sein nachdenkliches Diktum über jene Maler erinnert, die ihre Bilder eigens zur Steigerung von *deren Leuchtkraft durchschatten.* (ES. 440/r)

Gäbe es das Dunkle nicht, würden sie folglich weniger stark leuchten: eine Erkenntnis, die sich auf Montaignes Lebensphilosophie entscheidend ausgewirkt hat.

So erweitert er die Gültigkeit der Beispiele, die er aus dem ästhetisch-musischen Bereich anführt, in die Tugendlehre wie in die alltägliche Prosa der menschlichen Befindlichkeiten und Leiden hinein: *Gibt es etwas Wohligeres als den nach den jähesten und schärfsten Koliken eintretenden Umschwung, wenn man durch den Abgang eines Steins aus äußerstem Schmerz blitzartig wieder ins strahlende Licht einer völlig beschwerdefreien Gesundheit versetzt wird? Gibt es in der durchlittnen Pein etwas so Niederdrückendes, das nicht durch die Freude einer solch plötzlichen Beßrung aufgehoben würde? Wieviel schöner scheint mir die Gesundheit, wenn sie der Krankheit derart unmittelbar folgt, daß ich beide gleichzeitig beobachten kann, wie sie sich mit ihrer vollen Rüstung um die Wette in die Brust werfen und einander den Platz streitig machen!* (ES. 552/l)

Freilich kann das Dunkel auch übermächtig werden und sich zur völligen Verdrängung des Hellen rüsten. Wo und wann immer diese Gefahr droht, ist es Aufgabe des Menschen, ihr nach Maßgabe seiner Möglichkeiten entgegenzuwirken.

Wie man das zu unserm Wohle am besten ins Werk setzt, führt Montaigne uns anhand seiner Lese- und Lebenserfahrungen für die verschiedensten Situationen vor Augen: bald drastisch verkürzt, bald breit ausgefächert und bis ins kleinste differenziert — stets aber ungemein lebendig. Dabei sitzt ihm nicht selten der Schalk im Nacken, denn seine spontane Ausspählust und die Spannweite seines sprachlichen Spieltriebs sind so groß, daß er nicht einmal vor Kalauern und, würde man heute sagen, *Stammtischwitzen* zurückschreckt. *Ich hasse*, sagt er, *einen mißmutigen Geist*[ES. 420/r]; man müsse vielmehr nach besten Kräften *die Traurigkeit mindern und mehren die Freude.*[ES.492] Jenen Verdunklern des menschlichen Lebens und Zusammenlebens geht er daher aus dem Weg, wo immer er kann: *Ich fliehe finstre und zänkische Gemüter wie die Pest.*[ES. 511/l]

Die tiefere Grundierung der *Essais* sind eben nicht jene eingangs angeführten *Nein*, sind nicht die gegenüber Religion und Philosophie geltend gemachten Prüfungsvorbehalte, die Montaigne als ausschließlichen Skeptiker abzustempeln scheinen (und bisher weitgehend abgestempelt haben) — die tiefere Grundierung ist ein vorbehaltloses *Ja* zum Leben. Zu dessen Abgrenzung gegen alles Lebens*feindliche* aber tragen die *Nein* wesentlich bei: Sie geben dem *Ja* eine um so deutlichere Kontur, damit es sich nicht ins Unverbindliche verliere.

Aus welch bunter Mischung von einzelnen *Ja* setzt sich dieses eine *große Ja* doch zusammen:

Ja zur Liebe, denn *keine Leidenschaft ist unabweisbarer als diese.*
Ja zu Freundschaft und Geselligkeit, denn *die Freundschaft bildet die Krönung der Gesellschaft.*
Ja zum Reisen, denn *die Verschiedenheit der Lebensweisen von einem Volk zum andern löst in mir nichts als Freude an solcher Vielfalt aus.*
Ja zum Essen und Trinken, denn sie sind *eine der wesentlichsten Verrichtungen unsres Lebens.*

Ja zum maßvollen Genuß von Mode und Luxus, denn *wenn man die Kleidung auf ihren eigentlichen Zweck zurückführn wollte, dem Körper und seiner Bequemlichkeit zu dienen*, würde man erkennen, daß von daher *ihre ursprüngliche Anmut und Angemessenheit* stammt.

Ja zum klugen Umgang mit Geld, denn Wohlstand und Bedürftigkeit *hängen von der Einstellung jedes einzelnen ab.*

Ja zum Lesen, denn *die Bücher bieten denen, die sie recht auszuwählen wissen, viele Annehmlichkeiten.*

Ja zum praxisbezognen Philosophieren, denn *die Philosophie hält ihre Lehren für jeden Menschen bereit, vom Kindesalter bis zum Wiederkindischwerden.*

Ja zur eigenen Erfahrung, denn *ob eines Kaisers oder eines einfachen Mannes Leben, stets ist es allem ausgesetzt, was Menschen begegnen kann.*

Ja zum Schlafen und Träumen, denn *ich glaube, daß Träume unsre Neigungen zutreffend interpretieren.*

Ja zum Lehrmeister Tier, denn *in den meisten ihrer Werke erweisen sich die Tiere als uns überlegen.*

Ja zur Krankheit, denn *wehzuklagen, weil einem etwas zustieß, das allen zustoßen kann, ist unangebrach*t, und überdies lassen uns die Krankheiten die Gesundheit um so dankbarer genießen.

Ja zu einer gelassenen Haltung gegenüber dem Tod, denn *da es gute Todesarten für Narren gibt, und gute für Weise, machen wir doch solche ausfindig, die gut sind für die Menschen dazwischen.* (ESS. 428/l, 99/r, 497/r, 556/l–r, 65/r, 37/r, 413/r, 89/r, 542/l, 555/l, 225/l, 550/l, 496/r–497/l)

Es ist diese das Dasein, Denken und Darstellen Montaignes prägende Kunst, das Leben zu lieben, die jedem Menschen in seinem jeweiligen Hier und Jetzt etwas zu sagen hat.

Keiner hat das klarer erkannt als Friedrich Nietzsche, und keiner rückhaltloser bekannt: *Daß ein solcher Mann wie Montaigne geschrieben hat, dadurch ist die Lust, auf dieser Erde zu leben, vermehrt worden. Mit ihm würde ich es halten, wenn die Aufgabe gestellt wäre, es sich auf der Erde heimisch zu machen.**

QUELLEN

VORWORT: IN MONTAIGNES DIENSTEN

20 * *Les Essais de Michel de Montaigne*, hg. von Fortunat Strowski, François Gebelin und Pierre Villey (*Édition Municipale*), Bordeaux 1906–1933

22 * Jürgen von Stackelberg: *Weltliteratur in deutscher Übersetzung*, München 1978, 55

22 * Hans-Horst Henschen: *Die hurtige und langsame Beredsamkeit*, in *Süddeutsche Zeitung*, 26./27. September 1992, 13

25 * Rudolf Burger: *Suche nach Gewißheit und Sicherheit*, in *Merkur*, April 2007, 332

I. DAS HINTERSTÜBCHEN

28 * Antoine Furetière: *Dictionnaire universel*, Den Haag 1727

28 * Horaz: *Oden* III, I, 40
   * Persius: *Satiren* V, 158

30 * Seneca: *Consolatio ad Polybium* XXVI

31 * Frédéric Brahami, Université Franche-Comté: *Société* (*Gesellschaft*), in *Dictionnaire de Michel de Montaigne*, Paris 2004, 925/l
   * Lionel Sozzi, Università degli Studi Torino: *Arrière-Boutique* (*Hinterstübchen*), in *Dictionnaire de Michel de Montaigne*, a.a.O., 66/l

35 * Übersetzung: Sabine Sprinkmeier/Ofra Keck. (Zum Vergleich

Jean Paul, *Vorschule der Ästhetik*, § 56, S.208: *In jedem Menschen wohnen alle Formen der Menschheit, alle ihre Charaktere*)

4. FURIOSO, CON DOLORE

5. DAS ELFTE GEBOT

6. DER PÄDAGOGISCHE PIONIER

7. VON VENUS ZU PALLAS ATHENE

107* Mary McKinley, University of Virgina: *Marguerite de Vallois*, in *Dictionnaire de Michel de Montaigne*, a.a.O., 634 f.

109* *Der kleine Pauly*, Band 1, München 1979, 681 ff.

111* François Rigolot, Princeton University: *Franco, Veronica (Venedig 1546 – Venedig 1591)*, in *Dictionnaire de Michel de Montaigne*, a.a.O., 418

111* Alessandro d'Ancona, a.a.O.

114* Michel de Montaigne: *Essais*, hg. von René Bernoulli, Genf/Paris 1987

114* *Essais de Montaigne (Exemplaire de Bordeaux)*, hg. von Philippe Desan, Fasano/Chicago 2002

114* Vergil: *Aeneis*, IV, 175

118* *Diversorum poetarum in Priapum lusus (Priapea)*, griechische und lateinische Gedichte auf den Fruchtbarkeitsgott Priapos, LXXX, 1/VIII, 4

118* *Bulletin de la Société des Amis de Montaigne*, Paris, VIIIᵉ Série, No. 11–12, Juli–Dezember 1998

119* Dass., a.a.O., VIIIᵉ Série, No. 4, Juli–Dezember 1996

119* Pierre Leschemelle: *Montaigne ou le mal à l'âme (Montaigne oder das Seelenleid)*, Paris 1991

119* *Bulletin de la Société des Amis de Montaigne*, a.a.O., VIIIᵉ Série, No. 13–14, Januar-Juni 1999

8. DER ESS- UND TRINKGELÜSTE WECHSELSPIEL

130* *IV. Centenaire de la naissance de Michel de Montaigne 1933 (Vierhundertster Jahrestag der Geburt Michel de Montaignes 1933)*, Genf 1969 (reprint)

134* Roy E. Leake: *Concordance des Essais de Montaigne*, Genf 1981

10. IM TURM UND AUF TOUR

145* Johann Wolfgang v. Goethe: *Einführung zu »Der deutsche Gil Blas«*, in *Sämtliche Werke*, a.a.O., Bd.14, 497 ff.

145* John Murray: *The significance of Montaignes »Journal de voyage« in relation to his »Essais« (Die Bedeutung von Montaignes »Reisetagebuch« in bezug auf seine »Essais«)*, in *The Modern Language Review* XXIX, Cambridge 1934, 295

146* Roger Judrin: *Montaigne*, Paris 1971, 18

146* Hugo Friedrich, a.a.O., 313

147* Alexandre Micha: *Le singulier Montaigne* (*Der einmalige Montaigne*), Paris 1964, 108

147* Guido Piovene: *Viaggio in Italia* (*Die Reise nach Italien*), Mailand ²1958 (deutsch: *18 x Italien*, München 1959)

153* Friedrich Nietzsche: *Gesammelte Werke*, 20 Bde, große Oktav-Ausgabe 1895–1912, zit. nach Johannes Hoffmeister: *Wörterbuch der philosophischen Begriffe*, Hamburg ²1955, 33

158* Lino Pertile: *Montaigne in Italia, arte, tecnica e scienza dal »Journal« agli »Essais«* (*Montaigne in Italien: Kunst, Technik und Wissenschaft vom »Reisetagebuch« bis zu den »Essais«*), in *Saggi e ricerche di letteratura francese* (*Abhandlungen und Forschungen über die französische Literatur*), Band. XII neue Serie, Rom 1973, 63

11. WIDER DIE WORTENTWERTUNG

162* Gottfried Keller: *Abendlied*, 1883

165* Titus Livius: *Ab urbe condita libri* (*Vom Ursprung der Stadt an*), VIII, XVIII

167* Gérard Defaux, John Hopkins University: *Parole* (*Wort*), in *Dictionnaire de Michel de Montaigne*, a.a.O., 753/r

168* Bert Brecht: *Dreigroschenoper*, 1928

173* Nicola Panichi, Università degli Studi di Urbino: *Rhéthorique*, in *Dictionnaire de Michel de Montaigne*, a.a.O., 874/l

173* Dies.: *Conférence, conférer* (*Gespräch und Diskussion, diskutieren*), in *Dictionnaire de Michel de Montaigne*, a.a.O., 191/l

174* Claire Couturas: *Conversation*, in *Dictionnaire de Michel de Montaigne*, a.a.O., 215/l–r

175* Floyd Gray, University of Michigan: *Langue (Sprache)*, in *Dictionnaire de Michel de Montaigne*, a.a.O., 565/r

 * Urs Widmer, Frankfurter Poetikvorlesungen 2007 (verkürztes Zitat), in *Frankfurter Allgemeine Zeitung*, 15. Februar 2007, 31

12. KATARAKTE DER KOMIK

178* Bruno Roger-Vasselin: *Humour*, in *Dictionnaire de Michel de Montaigne*, a.a.O., 484 ff.

179* Petronius, zit. nach Justus Lipsius: *De Constantia* (*Über die Charakterfestigkeit*) I, VIII

179 * Quintus Curtius: *Alexander-Monographie* II/II, 18
189 * Menander, zit. nach *Recueil de Crispin (Crispins Sammlung)*
1569–1570
189 * Horaz: *Ars poetica (Dichtkunst)*, 372
189 * Martial, a. a. o. XII, LXIII, 13

13. GEDANKENFLUCHTEN

195 * Larousse: Dictionnaire du moyen français (Diktionär des Mittelfranzösischen), Paris 1992
195 * *Les Essais de Michel de Montaigne (Édition Municipale)*, a. a. O.,
Band 5: *Lexique (Wörterliste)*, Bordeaux 1933

14. PANORAMA DER GRÜNDE

199 * Lukan: Pharsalia IV, 704
202 * M. A. Screech: *The Essays of Michel de Montaigne*, London
1987/1991
203 * Horaz: *Ars Poetica*, 133
203 * Hieronymus: *Brief an Pammachius*, in Hans Joachim Störig:
Das Problem des Übersetzens, Darmstadt 1973, 3
  * Martin Luther: *Sendbrief vom Dolmetschen*, in Hans Joachim
Störig, a. a. O., 21, 25

15. IM WANDELGANG DER FORMEN

205 * Hugo Friedrich: *Montaigne*, a. a. o., 193
207 * Horaz, a. a. O., 25–26
208 * Hugo Friedrich, a. a. O., 343
208 * Karl Heinz Bohrer: *Was heißt unabhängig denken?*, in *Merkur*,
Juli 2007, 565
209 * Erich Auerbach: *Mimesis*, Bern ⁷1982, 276
213 * Wolf Peter Klein, Rezension von Mechthild Habermann: *Das
sogenannte Lutherische »e«. Zum Streit um einen armen Buchstaben*, in *Frankfurter Allgemeine Zeitung*, 1. Juli 1998

216* *Les Essais de Michel de Montaigne*, hg. von Pierre Villey, 3 Bände, Paris 1922–1923

216* Philippe Desan, *Montaigne Studies*, University of Chicago: *Montaigne dans tous ses états (Montaigne in all seinen Zuständen)*, Fasano di Brindisi 2001, 297

217* Ders., ebenda, 299

217* Ders., ebenda, 303

217* *Les Essais de Michel de Montaigne (Édition Municipale)*, a. a. O.

218* Philippe Desan, a. a. O., 306–307

218* *Les Essais de Michel de Montaigne*, hg. von Pierre Villey, a. a. O.

219* *Œuvres complètes de Michel de Montaigne, Les Essais (Sämtliche Werke ..., Die »Essais«)*, hg. von Arthur Armaingaud, Paris 1924–1927

219* Philippe Desan, a. a. O., 337, adaptiert

221* Gérard Defaux, John Hopkins University: *Livres (Bücher)*, in *Dictionnaire de Michel de Montaigne*, a. a. O., 598/l-r

221* André Tournon, Université de Provence: *Allongeail/s (Nachtrag/Nachträge)*, in *Dictionnaire de Michel de Montaigne*, a. a. O., 23/r

222* *Les Essais de Michel de Montaigne*, hg. von Pierre Villey, 3 Bände, Paris 1930, Bd.1, XIV

222* Philippe Desan, a. a. O., 331

222* Maurice Rat: *Montaigne, Essais*, Paris 1958

222* *Montaigne: Œuvres complètes (Sämtliche Werke)*, hg. von Albert Thibaudet und Maurice Rat, *Bibliothèque de la Pléiade*, a. a. O.

222* Philippe Desan, a. a. O.,313

222* *Michel de Montaigne: Essais. Adaptation et traduction en français moderne par (Bearbeitet und ins moderne Französisch übersetzt von) André Lanly*, Genf/Paris 1987

222* *Montaigne: Les Essais*, hg. v. Jean Céard u. a., *La Pochothèque*, Paris 2001, XXVIII

223* André Tournon: *Couches des Essais (Schichten der »Essais«)*, in *Dictionnaire de Michel de Montaigne*, a. a. O., 225/r

223* Philippe Desan, a. a. O., 317

224* *Michel de Montaignes Gesammelte Schriften. Historisch-kritische Ausgabe* [!] *mit Einleitungen und Anmerkungen unter Zugrundelegung der Übertragung von Johann Joachim Bode herausgegeben von Otto Flake und Wilhelm Weigand*, München/Leipzig/Berlin 1908–1915

17. MASKENBALL DER ZITATE

226* Martial, a.a.O. VII, XCV, 10

228* Jean-Pierre Camus: *Diversitez* VIII, 1613, zit. nach Gilles
Banderier: *Réception de Montaigne (XVIIᵉ siècle)*, in *Dictionnaire de Michel de Montaigne*, a. a. O., 856/r

228* Pierre Villey: *Les sources et l'évolution des Essais de Montaigne
(Quellen und Evolution von Montaignes Essais)*, Paris 1908

228* *Les Essais de Michel de Montaigne (Édition Municipale)*, a. a. O.

229* Michael Metschies: *Zitat und Zitierkunst in Montaignes Essais*,
Genf/Paris 1966, *passim*

229* Pierre Villey, a. a. O., 348–349

231* Henning Ritter: *Nachlebenskunst*, in *Frankfurter Allgemeine
Zeitung* 19. Oktober 2005, N 3

232* Christian Morgenstern: *Galgenlieder*, Berlin 1905

232* Cato der Ältere: *Ad Marcum filium*, Fragment 15

233* Donald M. Frame: *The Complete Essays of Montaigne*, Stanford
California, 1943 ff.

234* Prof. André Eyquem über Hans Stiletts Übersetzung der
Essais: *Sa traduction est en général d'une lecture plus aisée que le
texte original pour les lecteurs bilingues non-montaignistes. (Hans
Stiletts Übersetzung liest sich für den zweisprachigen französischen
Laien durchweg leichter als das Original)*, in *Bulletin de la Société
Internationale des Amis de Montaigne*, VIII. Série, Nr. 13–14
(Januar–Juni 1999), 79.

234* Montaigne: *Œuvres complètes (Sämtliche Werke)*, hg. von Albert
Thibaudet und Maurice Rat, *Bibliothèque de la Pléiade*, Paris
1962 ff., XI

18. HEISSE SPUR ZU HAMLET

236* Shakespeare, *Der Sturm*, in *Sämtliche Werke in einem Band*,
übersetzt von August Wilhelm Schlegel, Neuausgabe Wies-
baden (R. Löwith), o. J., 7/r

237* Jean-François Chappuit, Université de Versailles/Saint
Quentin-en-Yvelines: *Shakespeare et Montaigne vers un nouvel
humanisme*, Actes du Congrès organisé par la *Société Française
Shakespeare* en collaboration avec la *Société Internationale des
Amis de Montaigne 13–15 mars 2003* (*Shakespeare und Mon-
taigne unterwegs zu einem neuen Humanismus*. Dokumenta-

tion des von der französischen *Shakespeare-Gesellschaft* und der *Internationalen Gesellschaft der Freunde Montaignes* 13.–15. März 2003 organisierten Kongresses), Paris 2003, 5–6
* Ders. a. a. O., 3–4
238 * Joshua Phillips, University of Memphis: *Shakespeare, William*, in *Dictionnaire de Michel de Montaigne*, a. a. O., 916/l
238 * Ders., a. a. O, 916/r
238 * Géralde Nakam: *La Mélancolie de la »Vanitas«*, in *Shakespeare et Montaigne vers un nouveau humanisme ...*, a. a. O., 221–243
239 * Shakespeare, *Hamlet*, in *Sämtliche Werke in einem Band*, a. a. O., 810/l (adaptiert)
240 * Ders., dass., a. a. O., 811/l (adaptiert)
240 * Ders., dass., a. a. O., 820/r
241 * Ders., dass., a. a. O., 806/l
241 * Ders., dass., a. a. O., 807/r
241 * Ders., dass., a. a. O., 810/r-811/l
241 * Ders., dass., a. a. O., 803/l–r
242 * Ders., dass., a. a. O., 818/r
244 * Ders., dass., a. a. O., 806/r (adaptiert)
246 * Ders., dass., a. a. O., 813/r
246 * Seneca, a. a. O., XIII, 11
247 * Shakespeare: *Hamlet*, a. a. O., 806/l
247 * Friedrich Nietzsche, a. a. O.
247 * Gisela Hesse: *The Tragicall Historie of Hamlet, Prince of Denmark* (*Die tragische Geschichte von Hamlet, des Prinzen von Dänemark*), in *Kindlers Literatur Lexikon*, Bd. X, Zürich 1970, 9494/r
247 * Hugo Friedrich, a. a. O., 343
248 * Joshua Phillips: *Shakespeare, William*, a. a. O., 916/r
248 * Ders.: *Florio, John*, in *Dictionnaire de Michel de Montaigne*, a. a. O., 401/r
249 * George Saintsbury: *Introduction* (*Einführung*) zu *The Essays of Montaigne, done into English by John Florio* (*Die Essays von Montaigne, ins Englische übertragen von John Florio*), London ³1632, Nachdruck London ¹1892, New York ²1967, XVII
250 * Horaz: *Oden* I, IX, 9
250 * *Les Essais de Michel de Montaigne*, hg. von Pierre Villey, Neuausgabe von Verdun-Louis Saulnier, Paris ³1978, 934
250 * *The Essays of Montaigne, done into English by John Florio* (*Die Essays von Montaigne, ins Englische übertragen von John Florio*), a. a. O., 173

250* Joshua Phillips: *Shakespeare, William*, a. a. O., 917/l

250* *The Complete Works of William Shakespeare* (*William Shakespeares Sämtliche Werke*) nach der ersten Folio-Ausgabe von 1623, London (Abbey Library) o. J., 879/l

250* Shakespeare: *Hamlet*, in *Sämtliche Werke in einem Band*, a. a. O., 827/r

19. LICHTES FINALE

258* Friedrich Nietzsche: *Sämtliche Werke*, Kritische Studienausgabe in 15 Einzelbänden, KSA 1, *Unzeitgemäße Betrachtungen III*, München 1988, 348

KLEINE LISTE DER SUPERLATIVE

Längster *Essai*:
Apologie für Raymond Sebond II/12, ESS. 217/l-300/r   4500 Zeilen

Kürzester *Essai*:
Der Gewinn des einen ist des anderen Schaden, ES. 60/l   30 Zeilen

Längstes Gedicht: ES. 257/r   14 Zeilen

Kürzestes Gedicht: ES. 11/r   2 Zeilen

MONTAIGNE & SEINE ZEIT

1533 *Michel de Montaigne wird am 28. Februar geboren, Sohn von Pierre Eyquem aus einer reichen Handelsfamilie in Bordeaux und Besitzer des Schlosses Montaigne. (Michel legt später als erster den Familiennamen Eyquem ab.)*

1534 *Luthers Bibelübersetzung vollendet.*

1535 **Michel wird, nachdem ihn der Vater seinen Vorstellungen von Volksverbundenheit und höherer Bildung gemäß einer dörflichen Amme in Pflege gegeben hat, von einem deutschen Hauslehrer erzogen, der ausschließlich Latein mit ihm spricht.**

1539 bis 1546 **Er besucht als Internatsschüler das angesehene Collége de Guyenne, an dem berühmte Humanisten lehren.**

1545 *Beginn der Ketzerverfolgungen in Frankreich.*

1546 bis 1554 **Jurastudium in Bordeaux und Toulouse.**

1554 **Rat am Steuergericht von Périgeux, danach am Parlament (ständiger Gerichtshof als oberste Berufungsinstanz) von Bordeaux.**

1560 *Ketzerverbrennung in Bordeaux. Darauf Erhebung der etwa siebentausend Protestanten, Hinrichtungen.*

1562 *Beginn des ersten der acht Hugenottenkriege mit dem Blutbad von Wassy (Niedermetzelung von zum Gottesdienst versammelten Protestanten durch den katholischen Herzog Franz von Guise).*

1563 **Tod von Montaignes Freund Étienne de la Boétie.** *Ermordung des Herzogs.*

1565 Montaigne heiratet die begüterte Tochter eines Amtskollegen, Françoise de la Chassaigne.

1568 Tod seines Vaters. Michel wird als ältester Sohn Herr zu Montaigne.

1569 Er veröffentlicht die von ihm auf Wunsch des Vaters aus dem Latein übersetzte Theologica naturalis von Raymond Sebond (dessen Apologie im Essai II/12 ihm zur Widerlegung gerät).

1570 Montaigne verkauft sein Amt als Parlamentsrat und gibt in Paris die nachgelassenen Gedichte und Übersetzungen Étienne de la Boéties heraus. Geburt seiner ersten Tochter, die nur zwei Monate lebt.

1571 Montaigne zieht sich an seinem Geburtstag »der öffentlichen Pflichten und Bürden müde«, in seinen Turm zurück, um sich ganz dem Nachdenken über sich und die Welt zu widmen. Aufnahme in den Sankt-Michaels-Orden und Ernennung zum Kammerherrn Karls IX. Geburt seiner zweiten Tochter Léonor (der einzigen, die am Leben bleibt).

1572 Er beginnt mit der Arbeit an den Essais. Das Blutbad der Bartholomäusnacht verschärft die Religionskriege.

1573 Geburt der dritten Tochter. Sie lebt sieben Wochen. Heinrich von Navarra wird Führer der Hugenotten.

1574 Die vierte Tochter stirbt drei Monate nach der Geburt.

1576 Montaigne liest Sextus Empiricus. Er läßt eine Medaille prägen, auf der eine Waage mit völlig gleichgerichteten Schalen und seinem Wahlspruch WAS WEISS ICH? dargestellt ist, dazu als Umschrift des Pyrrhon von Elis Devise: ΕΠΕΧΩ (Ich enthalte mich des Urteils). Im Frieden von Beaulieu setzen die Hugenotten ihre Forderungen durch. Im Gegenzug Gründung der katholischen Heiligen Liga unter Heinrich von Guise.

1577 Beginn von Montaignes Nierensteinleiden. Geburt der fünften Tochter; sie stirbt nach einem Monat. Heinrich von Navarra ernennt ihn zu seinem Kammerherrn.

1580 Veröffentlichung der ersten beiden Bände der Essais, die Montaigne in Paris König Heinrich III. vorlegt. Er unternimmt über die Schweiz, Süddeutschland und Österreich eine Reise nach Italien, auf der er berühmte Badeorte besucht, von denen er sich eine Linderung seines Leidens erhofft. Ende des Jahres Audienz beim Papst.

1581 Besuch der Bäder von Lucca. Dort erreicht ihn die Nachricht seiner Wahl zum Bürgermeister von Bordeaux. Rückkehr zur Amtsübernahme nach dringender Aufforderung des Königs.

1582 *Zweite Ausgabe der ersten beiden Bände der* Essais, *überarbeitet und erweitert.*

1583 **Wiederwahl zum Bürgermeister von Bordeaux.** *Seine sechste Tochter stirbt bei der Geburt.*

1584 *Durch den Tod des Herzogs von Anjou wird Heinrich von Navarra als erster Bourbone gegen den gleichen Anspruch des Hauses Guise Thronprätendent.* **Heinrich von Navarra ist mit großem Gefolge zwei Tage lang Gast bei Montaigne und schläft in dessen Bett.**

1585 *Heinrich III. widerruft im Edikt von Nemours alle den Protestanten eingeräumten Rechte und löst damit den achten Hugenottenkrieg aus,* »*Krieg der drei Heinriche*« *genannt (Heinrich III., Heinrich von Navarra, Heinrich von Guise).* **Ausbruch der Pest im Périgord. Um ihr zu entgehen, verläßt Montaigne mit allen Angehörigen vorrübergehend das Schloß und sucht Unterkunft bei Freunden und Bekannten.**

1587 **Dritte Ausgabe der Essais als (leicht veränderter) Nachdruck der zweiten.**

1588 **Veröffentlichung der vierten (fälschlich als** »**fünften**« **bezeichneten) Ausgabe der überarbeiteten und um einen dritten Band erweiterten Essais in Paris. Auf dem Wege dorthin wird Montaigne von bewaffneten Anhängern der Liga überfallen und ausgeraubt. Begegnung mit Marie le Jars de Gournay, seiner späteren geistigen** »**Adoptivtochter**«**, die ihm ihre Bewunderung für die Essais mitgeteilt hat. Im Sommer mehrwöchiger Aufenthalt bei ihr und ihrer Familie auf deren Landsitz in der Picardie.** *Aufstand der Liga in Paris. Heinrich III. beruft die Generalstände nach Blois ein, läßt Heinrich von Guise und dessen Bruder ermorden und flieht zu Heinrich von Navarra.*

1589 **Montaigne arbeitet bis zu seinem Tod an einer neuen Ausgabe der Essais, indem er sein Handexemplar der vierten Ausgabe mit zahlreichen Änderungen und Zusätzen versieht (Exemplaire de Bordeaux).** *Ermordung Heinrichs III. Heinrich von Navarra ist nun Heinrich IV., wird aber von der Liga nicht anerkannt. (In Paris kann er erst nach seinem Übertritt zum katholischen Glauben einziehen, den er angeblich mit den Worten vollzieht:* »*Paris ist eine Messe wert.*«*)*

1591 **Geburt einer gesunden Enkelin.**

1592 **Montaigne stirbt am 13. September an einer schweren Angina, die ihn in den letzten drei Tagen bei vollem Bewußtsein sprechunfähig macht.**

1595 **Marie de Gournays posthume Ausgabe der** Essais, **die an** *etwa dreitausend Stellen vom* Exemplaire de Bordeaux *abwei-chen. Auf dieser von ihr bis 1635 in elf Neuauflagen herausge-gebenen Fassung basieren alle Ausgaben und Übersetzungen bis 1802, als erstmals Jacques-André Naigeon, ehemaliger Sekre-tär Diderots, seiner Ausgabe das verloren geglaubte* Exemplaire de Bordeaux *zugrunde legt.*

Ich danke dem Vorschlagskünstler Wolfgang Hörner, außerdem meinem Prälektorat Christine Faulseit, Dr. Harald Stang und Klaus Lichtenberg